a
HSTAN
stan
Almaty
Ürümqi
Taschkent
Samarkand
chara
ed
CHINA
Peking
Xi'an
SHANGHAI

DELIUS KLASING

Tina Uebel

UEBEL UNTERWEGS

SKURRILES UND BEMERKENSWERTES VOM LANDWEG HAMBURG–SHANGHAI

DELIUS KLASING VERLAG

ON
ON
ON
ON
25-28

Für Karin Uebel-Lund.
Und für Daniel, Frank und die anderen Nachtmenschen.

Gespräche im Zug und anderswo

Ich wünschte, ich wäre noch jung, sagt N., sie ist 47. Das Kadonkkadonk-Kadonkkadong der Zugräder unterlegte seit zwei Tagen unsere Konversation mit Beat, während wir durchs wilde Kurdistan und seine schroffe, karstige Verweigerung von Landschaft fuhren. Am Lake Van kamen wir spätnachmittags an, stiegen in die Fähre um, das Boot ward am Ufer losgemacht in pastellenem Licht. Ein großer Mond räuspert sich in der Garderobe und schickt sich an aufzutreten.

Warum, frage ich. Wir alle sind gerannt, um Sitzplätze zu ergattern, wir alle sitzen nicht dort, sondern auf dem Achterdeck, auf wenigen Stühlen, auf ausreichend Boden, die Nacht ist körperwarm. Um neu entscheiden zu können, was ich mit meinem Leben mache, sagt N. Wir rauchen, der Fahrtwind trägt die Asche fort.

Du bist siebenundvierzig, sage ich, was kannst du nicht mehr mit deinem Leben machen, frage ich, was würdest du machen, wenn du alles tun könntest. Ich würde militärischer Kämpfer werden, sagt N. Sie ist eine Person von koboldhafter Erscheinung, eher still, es hat, nachdem wir von Istanbul losgefahren waren, ein paar Stunden gedauert, bevor sich zeigte, wie gut ihr Englisch eigentlich ist.

N. lebt in Teheran, sie hat ihre Tochter besucht, die in Istanbul studiert, und ihren Liebhaber, zehn Jahre jünger, der versuchen wird, sich von der Türkei illegal nach Schengeneuropa einzuschleichen. Gelingt es ihm, wird sie ihn vermutlich nie wiedersehen. Sie liebt ihn so sehr, ihm das zu wünschen. Ich würde für ihn barfuß durchs Gebirge gehen, sagt sie; das ist sein Plan, durch die italienischen Alpen in die Schweiz zu gelangen. Ich wandere viel in den Alpen, jedes Jahr, nur so aus Daffke, erst letzten Sommer ging ich von der Schweiz nach Italien und zurück in 24 Stunden, ich stieg durchs weglose Hochgebirge und genoss die Landschaft, das Abenteuer und die gute Luft.

Wofür würdest du kämpfen, wenn du ein Kämpfer wärest, frage ich; für die Freiheit, sagt N. Für die Freiheit, und zwar nicht nur in meinem Land. Dort würde ich anfangen, und dann würde ich weitermachen, überall, überall dort, wo es keine Freiheit gibt. Erst wenn alle frei sind, gäbe ich Ruhe. Ich denke flüchtig an all die Militärstellungen, in die Berge Kurdistans gegraben, die wir durchs Zugfenster gesehen haben. N.s Gesichtsausdruck changiert zwischen Hobbit und vollkommener Schönheit.

Wir führen dieses Gespräch zum Kadonkkadonk der Schienen, wir führen dieses Gespräch im Wellnesslicht des Mondes über Lake Van.

Währenddessen erzählt ein jugendlicher Proll in zu engem Poloshirt Exiliranerin Katy, unserer Abteilgenossin, davon, wie es war, bei den Demonstrationen nach der Wahl letztes Jahr von der Straße weg verhaftet zu werden, die Augen verbunden zu bekommen, für zwei Wochen, während dieser gefoltert zu werden, mit verbundenen Augen, zwei Wochen lang, und nicht mehr daran geglaubt zu haben, es zu überleben, bis man ihm die Augenbinde abnahm und ihn freiließ, zwei Wochen später. Freunde von ihm sind nach wie vor abhanden, wer weiß, wo sie blieben, der Mond vielleicht, der Mond, der gute. Man hat dem Poloshirtjungen in der Türkei das Asyl verweigert, jetzt kehrt er zurück.

Noch vor Lake Van sprach mich im Zug ein neugieriges Kopftuchfrauchen an, auf Farsi – ich bin als alleinreisende Deutsche naturgemäß immer und überall ein Ereignis –, ich bornierter Blödian schätzte das Frauchen zunächst gering, sie trägt Kopftuch in der Türkei, wir anderen legen es halbherzig und widerwillig erst kurz vor der Grenze an, eine bizarre Kollektivmutation, besonders bei den Highheelgirlies in Mini und Paillettentops.

Ihre Tochter, sagt das Frauchen, Katy übersetzt, sei während der Demonstrationen verhaftet und misshandelt worden, habe nach ihrer Freilassung in die Türkei fliehen können und beantrage dort gerade Asyl; sie selbst aber, sagt sie, werde das niemals davon abhalten, weiter zu demonstrieren. Sie wird weiter demonstrieren, für die Freiheit, trotz ihrer Angst.

Animal Farm, sagt N., um ihr Land zu beschreiben, und sie erzählt davon, wie Internet und Mobilfunk überwacht oder abgeschaltet werden, wie Menschen verschwinden, von dem Mädchen, das mit ihrer Freundin zur Schule ging und nie wiederkam. Mord und Lügen, sagt sie. Sie wäre gerne Che Guevara, sagt sie und lächelt wie eine Hobbitsphinx.

Sie erzählt davon, und nun lehnen wir an der Reling, während sich der mitternächtliche Mond im Kielwasser bewundert, wie beschissen es sei, Frau zu sein in diesen Ländern und Kulturen, wo eine Frau weniger gelte als ein Tier, ein Möbelstück, eine Dienstleistung. Die zwei vorangegangenen Stunden saß sie im Kreise von iranischen Männern und dominierte das

Gespräch, ein Gespräch über Politik, was sonst; nachdem wir wenig später, der zunehmenden Kälte wegen, reingegangen sein werden, wo drei Kerls zu Musik tanzen, beklatscht und angefeuert von allen Passagieren, bis auf den einen Hodscha, der dies für verwerflich hält, unzumutbar seiner Familie, wird es N. sein, ihm mal so richtig theologisch Bescheid zu stoßen.

Unser Zug ist in Istanbul losgefahren, drei Tage verbrachte ich dort, zwei Nächte tanzte ich Tango, ich tanze seit eineinhalb Jahren Tango und Istanbul ist berühmt für seine Tangoszene. Ich lernte Serdar, Attila, Özar kennen und tanzte mit ihnen. Ich komme aus einem Land, in dem man miteinander tanzen darf.

Ob ich Tourist sei, spricht mich A. an einer Straßenkreuzung in Teheran an, weil das ja auch leicht zu übersehen ist. Wir setzen uns vorm Theater, in dem gerade ein internationales Puppenspielerfestival stattfindet, auf eine Bank, und er erzählt mir davon, wie an der Universität die Leute verhaftet wurden, wie sie verschwanden, wie man die Professoren entließ und durch linientreue Schwachmaten ersetzte, wie gar überlegt wird, die Universität in eine Vorstadt zu verlegen, um ihren Einfluss auf das Teheraner Stadtgeschehen zu mindern. Er erzählt, dass man niemandem trauen dürfe, jeder vermeintliche Gesinnungsgenosse könne sich als Spitzel und Verräter erweisen. Sie würden trotzdem niemals aufgeben, sagt er, wie könnte man es aufgeben, um die Freiheit zu kämpfen.

Ar., Student, spricht mich im White Palace an, und wir unterhalten uns lange inmitten der Besucherströme, die an Pomp und Prunk, Thronen und Lüstern des Schahs staunend vorbeiziehen. Alle hier würden wir den Schah sofort zurücknehmen, sagt Ar., wie unvergleichlich besser ging es unserem Land mit dem Schah. Immer noch tausendmal besser als jetzt. Ich denke an den SAVAK* und sage nichts. Ar. hat, wie seine Freunde, versucht, einen Postgraduate-Studienplatz im Ausland zu bekommen, wird jedoch erst seinen Militärdienst ableisten müssen. Danach aber versuche er es wieder, er habe nur ein Leben, um das müsse er kämpfen. Ein Dinner-for-One-Tiger grinst vom Parkett mit gefletschten Zähnen zu uns empor.

Vielleicht werden meine Kinder Freiheit haben, sagt M., oder meine Enkel, in zwanzig oder dreißig Jahren. Er selbst ist eher zwanzig als dreißig. Wir haben uns auf dem Wanderweg getroffen, sie sind zu fünft, vier

* Der unter dem Schah für Überwachung, Unterdrückung und Folter berüchtigte Geheimdienst.

Jungs, ein Mädchen, dem gleich mir beim Aufstieg dauernd das Kopftuch verrutscht und der Manteau schweißnass am Leibe klebt. Sie haben Zelt und Proviant dabei, sie werden bis Anbruch der Nacht weitergehen und hoch oben in den Bergen übernachten, ob ich nicht mitkommen wolle. Ich würde gern. Die ersten Stunden läuft man durch Getümmel und Trubel, ein Patchwork aus Restaurants, Picknickplätzen, Cafés, die am Hang kleben wie Mauerseglernester. Dann bleibt alles zurück und der Himmel weitet sich über Gipfeln und uns. Nur noch Stein und Geröll lauscht unseren Gesprächen. Wir alle lieben unser Land, und wir alle wollen nur raus hier, wenn wir's bloß könnten. Wir leben wie unter Hitler, wie in Nordkorea. Was man im Ausland von den Iranern denke, fragen sie, das will jeder von mir wissen, ich bin als alleinreisende Deutsche naturgemäß immer und überall eine unzensierte Presseagentur, und ob die Menschen in Deutschland glücklich seien. Bevor wir uns verabschieden, machen wir ein Gruppenfoto. M. steht an der Kamera, *Say „Ahmadinedschad" and smile*, sagt er, als er den Auslöser drückt. Unter uns, gerahmt von den Hängen des steilen Tals, gehen in einem weichgezeichneten Ausschnitt Teherans die ersten Lichter an.

Er müsse es ins Ausland schaffen, sagt Alexej, nach Deutschland mit dem DAAD* oder Japan oder Australien oder Russland, egal wohin, er liebe sein Land, aber hier in Usbekistan habe er keine Zukunft. Wir laufen im Abendlicht einen Bergpfad hinab, sprechen erst über Fotografie, dann über die Welt. Das System sei zu korrupt und kaputt, sagt er, alle seine Freunde bewerben sich auf Auslandsstipendien, und er sei schon sechsundzwanzig, er habe nicht mehr viel Zeit, aus seinem Leben etwas zu machen. Hier könne er höchstens Lehrer werden, er aber sei Wissenschaftler, als solcher wolle er arbeiten und forschen. Wir überholen einen jungen Hirten, dessen Familie ihre Zelte weiter oben am Berg aufgeschlagen hat, und zwängen uns an der Schafherde vorbei. Ein Lamm folgt uns blökend bis hinunter zum Zeltplatz, wo Alexej und andere Jungs seines Alters Zelte für die Trekkingtouristen aufbauen, deren Rucksäcke sie morgen über die Berge tragen werden.

Keiner, der nicht versteht, dass ich reise. Keiner, der mich nicht deswegen beneidet. Um meinen Pass, mit dem ich jederzeit aus- und überall problemlos einreisen darf. Mit Staunen halte ich an jeder Grenze diesen

* Der Deutsche Akademische Austauschdienst.

meinen Pass in den Händen und frage mich, womit ausgerechnet ich ihn verdient habe.

Meine Mutter hat die halbe Welt bereist, aber ich bin zu alt, sagt Asemkhan – er ist einunddreißig –, und habe Frau und zwei kleine Kinder; wären die nicht, ich würde alles daransetzen, ins Ausland zu gehen. Ich verfüge über eine so gute Ausbildung, und jetzt fahre ich Taxi. Er fährt Taxi, bis vor zwei Wochen noch war er Banker. Das Taxi ist sein eigener BMW. Er liebt BMWs, aber mit Schaltgetriebe, Automatik, das sei doch kein echtes Autofahren. Auf seinem T-Shirt prangt das BMW-Logo direkt über dem Herzen, ein weiteres ziert seine Gürtelschnalle. Hier in Kasachstan habe ich keine berufliche Chance, sagt er, ohne Beziehungen bekäme man keinen Job, und seien die Universitätszeugnisse noch so gut, man könne ein verdammtes Genie sein und würde ohne Beziehungen doch bloß Taxifahren, Beziehungen oder Bestechung, anders laufe hier nichts. Dann will er von mir den Preis für BMWs in Deutschland wissen und ob die Menschen dort glücklich seien.

Wir sind inzwischen eine Minderheit in unserem eigenen Land, sagt B., er spricht von den Uiguren, dem muslimischen Turkvolk im Westen Chinas, deren Proteste im Vorjahr von Peking niedergeschlagen wurden und deren Kultur, ähnlich wie die Tibets, unter dem massiven Zuzug von Han-Chinesen erstickt. Ich habe weder in der Schule noch an der Universität meine Sprache sprechen oder schreiben dürfen, sagt er, und die Chinesen behandeln uns wie minderwertige Kreaturen. Heute Nachmittag bin ich in dem deprimierenden Einkaufszentrum gewesen, das *Ethnic Culture Street* heißt, wo dem chinesischen Touristen neben *Kentucky Fried Chicken* und *Carrefour*-Supermarkt uigurischer Souvenir-Kitsch und Folkloreshows geboten werden, und habe überlegt, ob ich je vergleichbar Zynisches sah. Das Poster der Folkloreshow, zwei glückliche Frauen in bunten Folklorekleidchen, war übrigens lediglich chinesisch beschriftet.

N., A., Ar., M., Alexej, Asemkhan, B., die Kopftuchfrau und viele andere, als hätten sie sich abgesprochen haben sie mir die Frage gestellt, ob die Menschen in Deutschland glücklich seien. Ich habe diese Frage nie zuvor und in den letzten Wochen ununterbrochen gehört, und nicht gewusst, wie ich sie beantworten sollte. Ich denke, Freiheit ist, wahrscheinlich, wie Licht. Man bemerkt sie erst in ihrer Abwesenheit. Ich denke, wüssten wir, wie glücklich wir sind, wir ertaubten unter dem permanenten ohrenbetäubenden Jubelgeschrei, das durchs Land gellte. Aber was weiß ich schon, ich denke, ich weiß nicht viel, deshalb reise ich, in der Hoffnung, vielleicht ein klein bisschen weniger dumm zurückzukehren. Ich kann reisen, ich habe den Pass, es zu tun, und gedenke davon ausgiebig Gebrauch zu machen, in Demut und Dankbarkeit, in einer unermesslich großen Welt, die sich in bloß sieben Wochen per Bahn schon halb durchqueren lässt.

8. Juli 2010

T minus 8 Tage

2 Uhr früh, Deutschland hat gegen Spanien verloren. Präziser vielleicht: Deutschland hat gegen Spanien einfach nicht stattgefunden. Es ist an der Zeit, sich daran zu erinnern, dass Fußball mir eigentlich gar nicht so viel bedeutet, nein, wirklich nicht, bloß ist es manchmal nicht leicht, mich daran zu erinnern. Ich wate heim durch welke Flaggen und die Körper schluchzender Menschen, auf die Reeperbahn geschmiert wie Margarine, und denke: Es ist an der Zeit abzureisen.

Morgen, nein: *Heute* werde ich mutmaßlich, hoffentlich erfahren, ob ich ein Visum für den Iran bekomme, die hochspannende Frage, die mich seit Wochen umtreibt; bekomme ich keines, muss ich innerhalb von fünf Arbeitstagen einen Plan B entwerfen.

Plan B gestaltet sich begrenzt. Georgien–Aserbaidschan wäre eine Route – man vergesse Armenien; na, man hat Armenien ja schon vergessen, wenn mal wer fragt, wozu Armenien eigentlich gut ist, dem sei gesagt: Es ist im Weg. Sehr. Vier Grenzen, zwei davon dicht. Deswegen wohl trifft man wenig Armenier. Wenn mal wer fragt, warum, dem sei gesagt: Türkei Völkermorddifferenzen, Aserbaidschan Bergkarabach. Bergkarabach so was wie die Karottenhose[*] unter den Geopolitkonflikten: War mal in, für kurze Zeit, war unverständlich, kommt auch nicht wieder und wird auf sein Revival warten bis zum Jüngsten Tag. Währenddessen wird man da durch nicht reisen können. Georgien ginge, ein Aserbaidschanvisum aber würde mich mindestens zehn Tage kosten; dies ist zeitlich kaum eine Option. Und ob und wann die Fähre Baku–Turkmenbashi fährt, ist unergründlich. Geheimnisvoller Kaukasus.

Diese Reise: ohnehin eine Schnapsidee. Stipendium in Shanghai bekommen, Vorschlag gehört, ich solle doch über den Landweg anreisen, mit der Transsibirischen, und darüber von unterwegs bloggen. Jedoch, so sehr mein Herz an Sibirien hängt, so wenig lockt die Transsib: Separatabteile für Studiosusgeronten und minderjährige US-Backpacker-Mallmuffins, währenddessen draußen: Birken. Wochenlang. Birken. Und Birken. Wenig Menschen machen sich klar, welch schwer erträgliche Überbebirkung Sibirien eigentlich darstellt. Auf Vorschlag geantwortet, wenn schon Überlandanreise, dann aber auf dem interessanteren Weg: Iran, Turkmenistan, Usbekistan, Kasachstan. Selbst verblüfft, dass ich das nun wohl zu tun gedenke.

[*] Eine Modeverirrung der Achtziger. Der optische Eindruck vermittelt, nomen est omen, Karottenförmigkeit des Trägers; warum das einst für erstrebenswert erachtet wurde, ist für die Nachwelt schwer zu erfassen.

Diese Route bedarf natürlich sieben Monate Zeit für ausreichend Muße unterwegs. Ich kann grad sieben Wochen investieren, das ist so unperfekt wie das Leben selbst.

Recherchiere mich seit Monaten wund an Rechner und Atlas. Mein Pass mäandert unterdes seit Wochen durch Konsulate. Ich möchte, wenn ich darf, eine Hymne vorschlagen, die unsere Kinder des Morgens im Klassenzimmer absingen, nicht das Deutschlandlied oder ein Eurovisionsjingle, es wäre die Schengenraumhymne, die des barrierefreien Reisens von hier nach dort, *O Schengenraum, O Schengenraum, wie grün sind deine Blätter,* an den Strophen arbeite ich noch.

Und wir sind ja noch die, die in der begehrten Oase sitzen, Gnade der geografischen Geburt, ich bekomme meine Visa natürlich, wenn auch zäh. Ein Freund aus Kamtschatka bereiste unlängst Europa, ich musste ihm für sein Schengenvisum einen Pakt mit meinem Blut unterschreiben, in dem ich mich verpflichtete, finanziell für alles aufzukommen, was ihm zustoßen könnte oder seinen Kindern, die er während seines Schengenaufenthaltes zu zeugen in der Lage wäre, oder auch für den Blechschaden eines Autofahrers, dem sein schengengezeugter Enkel dereinst vor den Kühler laufen mag. Wer sich über das vergeigte Halbfinale ärgert, dem sei gesagt: Gott hat uns so überreichlich mit unserem Pass und unseren Geburtsgeokoordinaten gesegnet, wir sollten nicht undankbar sein, sondern den ganzen Tag singen. *O Schengenraum, O Schengenraum, wie grün sind deine Blätter.*

9. Juli 2010

Das Visaspiel

Tja. Pustekuchen. Keinerlei Neuigkeiten gestern in Sachen Iranvisum, diverse Pässe, so die Visaagentur, hätten sich auf unbestimmte Zeit in der Bürokratie verheddert, Dienstag könne man mal wieder nachfragen. Freitag früh muss ich den Zug nehmen, um schleunigst nach Istanbul zu kommen und unterwegs wenigstens kurze Blicke auf Sofia und Istanbul selbst zu werfen. Am 21. fährt mein Zug von dort nach Teheran. Werde weinen, wenn mich der Iran nicht reinlässt oder das Visum schlicht nicht rechtzeitig kommt. Findet dieses Land doch nur in medialer Hyperventilation statt und würde ich mich so gerne vergewissern, dass dort einfach Menschen leben, wie überall. Lese ich doch seit Monaten persische Literatur und knie mich nieder, sowohl vor den messerscharf-poetischen Erzählungen der Zeitgenossen wie vor der frappierenden Ironie des 11. Jahrhunderts. Erzählt mir mein Vertrauensperser so viel von seinem Land und seiner Sprache, dass wir kein Ende finden. Heute schickte er mir einen Link zu einem Iran-Reisebericht, der die Freundlichkeit und Schönheit des Landes hymnisch besingt. Ich würde mächtig gern selbst mal da vorbeischauen.

Die ganze Logistik hat damit eine Phase haarsträubender Lastminutehaftigkeit erreicht – die Züge Hamburg–Sofia–Istanbul bedürfen Reservierungen, weil Nachtzüge, keine Ahnung, ob man mich auslachen wird, wenn ich Dienstagabend erst am Schalter stehe. Die einzig verbliebene Alternative, sollte ich nicht durch den Iran reisen können, ist ein Flug von Istanbul nach Ashgabat, auch den sollte man eines Tages buchen. Dass damit die Reinheit der Konzeption perdü wäre, jeden Meter Hamburg–Shanghai auf dem Landweg zurückzulegen, stimmt mich entschieden betrübt, ließe sich dann aber nicht mehr ändern, will ich am 1. September in Shanghai sein – und das will und muss ich, mein Stipendium des Shanghaier Schriftstellerverbandes erstreckt sich auf September/Oktober.

Mein Pass ist, wie gesagt, seit Wochen allein unterwegs, ich kann nicht mal sicher sein, dass meine Visa auch wirklich auf die richtigen Zeiträume ausgestellt sind. Einige Visa übrigens haben eine Haltbarkeitsspanne, die nur unwesentlich über der von Joghurt liegt, man muss bei einer solchen Reise im Auge behalten, dass nicht, wenn man das letzte Visum beisammen hat, welche von den ersten schon schlecht geworden sind. Das nur nebenbei. Diese Reisevorbereitung gestaltet sich mit derart viel *suspense*, die Reise selbst kann dagegen nur erholsam wirken.

12. Juli 2010

Angst & Apokalypse

Nun also, nach heutiger Zeitungslektüre, ist klar, welcher Haupttodesgefahr ich unerschrocken ins Auge schauen muss: dem plötzlichen ICE-Klimaanlagenausfalltod. So manch einer wähnt Fährnisse im wilden Dingsdastan, wo der Reisende doch heuer sein Leben auf dem Bielefelder Bahnsteig aushaucht. Da meine eigenen Reisewagnisse sich nach wie vor aufs Visawarten und Knöpfe-an-Hemden-Nähen beschränken, vielleicht ein kleiner Exkurs über Angst. Aus aktuellem Anlass, lautet doch der erste Kommentar zu meinen Reiseplänen nicht selten: Hoffentlich hast du dein Pfefferspray/ein Messer/die Kalaschnikow/eine Mittelstreckenrakete eingepackt.

Natürlich habe ich Angst. Man ist recht nackt, legt man den vertrauten Kulturkreis ab, recht amputiert ohne Verständnis der Landessprache. Alleinreisen ist das Tollste, was es gibt, solang es einem gut geht, und die Pest, wird man krank oder schwächelt. Fraglos gibt es Fies- und Finsterlinge zuhauf, wer's nicht glaubt, kann sich wahrscheinlich bei mir gegenüber auf der Davidwache die Bestätigung abholen. Fraglos ist der Finsterling in der Ferne zumeist einer, dessen Lebensumstände den gehobenen Rucksacktouristen aussehen lassen wie ein schlachtreifes Sparschwein. Ein gerüttelt Maß an Vorsicht ist kein schlechter Reisebegleiter. Das Maß an Paranoia Nichtreisender meinen Reisezielen gegenüber aber verblüfft mich schon seit Jahren zutiefst. Man besehe sich Statistiken und lege sich dementsprechend realistischere Ängste zu. Vor dem Fahren auf deutschen Autobahnen beispielsweise. Oder mit einem ICE im Sommer.

Wir scheinen mit einem Weltbild zu hantieren, das durch Medienerregung geformt ist, ohne uns bewusst zu machen, dass Medien bloß durch Erregung leben. Auch ich würde meine Auflagenhöhe nicht mit Schlagzeilen wie „Heute wieder nix passiert in Kasachstan" erzielen wollen. Ich erinnere mich an ein ebenso bizarres wie bezeichnendes Gespräch mit einem – durchaus intelligenten und gebildeten – Menschen, der über die Kanaren nie hinausgekommen war, aber eine elaborierte Expertise darüber abgab, wie Afrika so sei. Böse und voller Bestien, wobei sich Letzteres explizit nicht auf die Fauna bezog. Sein Fachwissen entstammte einer TV-Reportage über Kindersoldaten in Sierra Leone, Berichten befreundeter Werber über Warnungen vor Car-Napping in Johannisburg und einer Fotostrecke über Halbstarke mit Hyänen an der Leine. Besonders lustig daran, dass er diesen Vortrag gegenüber einem langjährigen Afrikareisenden hielt, dessen –

naturgemäß höchst konträre – Erzählungen er nicht gelten ließ. Selbst das Konzept, dass Afrika ein Kontinent sei, mit vielen durchaus verschiedenen Ländern, erwies sich als ihm nicht vermittelbar. Er hatte das Elend schließlich mit eigenen Augen im Fernsehen gesehen. Es ist ein Dschungel da draußen, gleich hinter Bielefeld.

Auch die USA hat eine beachtliche Gewaltkriminalitätsrate, und war da nicht einst was mit Car-Napping in Florida? Ich möchte aber mal den sehen, der auf Erwähnung eines bevorstehenden sechswöchigen USA-Trips als Erstes fragt, ob man sein Pfefferspray dabei habe.

Ich weiß nicht, wie sich's mit der exakten Relation verhält, nehme aber aufgrund persönlicher Empirie mal an, auf jeden Finsterling kommen in etwa 500 nette, freundliche, hilfsbereite Leute, die einen oft und gerne vor Widrigkeiten jedweder Art in Schutz nehmen. Wahrscheinlich werde ich eines Tages auch einem der Ersteren begegnen (500 der zweiten Sorte habe ich locker schon durch), dann händige ich artig Geld und Kamera aus und hoffe, er wird mir nicht an Leib und Leben wollen. Bislang stieß mir auf Reisen folgende Unbill zu: Ich hatte mehrfach leichten Reisedurchfall und eine schwere Lebensmittelvergiftung auf dem British-Airways-Flug L. A. –London. Ich ließ mir in Ulan Bator meine Brieftasche klauen, weil ich wegen Reisedurchfalls transusig war; war aber bloß die *Na-gut-dann-klau-halt-diese-Brieftasche*-Brieftasche mit nix außer 40 Dollar drin, von denen ich vermute, die drei ebenso untalentierten wie zerlumpten Trickdiebe hatten weit bessere Verwendung dafür als ich. Aus Papua brachte ich ein paar langlebige Mikroben in aufgekratzten Mückenstichen mit, und in der Mongolei fiel ich beim Yak-Scheuchen vom Pferd und brach mir meinen Stolz. Es ist in der Tat ein Dschungel da draußen.

Wovor ich allerdings richtig Angst habe, ist, morgen wieder nichts von meinem Visum zu hören. Vorletztes Jahr scheiterte eine Angolareise daran, dass auch nach sieben Wochen noch kein Visum in Sicht war. Andererseits: Was will man denn in Angola. Da reiten doch bloß machete-schwingende Kindersoldaten auf Hyänen einher wie die personifizierten Reiter der Apokalypse.

Stefan Zweig & die bulgarische Bahn

Hier klappt gar nichts, amüsant, habe ich doch das Große Nichtklappfestival erst in den Stans* oder so erwartet. Weit gefehlt. Auch heute keinerlei Nachricht wegen des Iranvisums, ich setze per Mail den sehr netten Menschen vom Teheraner Reisebüro darüber in Kenntnis, dann entscheide ich, vom Warten die Faxen dicke zu haben und mir jetzt das Ticket Hamburg–Sofia–Istanbul zu kaufen, bedarf es doch besagter Nachtzugreservierungen und somit einer gewissen Dringlichkeit. Sollte ich kein Visum kriegen, steige ich halt schon in Belgrad aus, tingele noch eine Woche durch den Balkan und nehme den Zug von Sofia eine Woche später; mit der Variante wäre dann nur geringfügig Ticket verschwendet. Und der Kauf einer Fahrkarte nach Istanbul scheint mir ja nun das geringfügigste meiner Probleme.

Doch siehe! Es müssen bei der letzten Kontinentalplattenverschiebung klammheimlich sämtliche Landmassen östlich von Sofia und westlich von Istanbul perdü gegangen sein. An ihrer Stelle klafft nun ein großes, bodenloses Loch. Kein Wunder, dass dort keine Züge fahren.

So jedenfalls stellt sich das Bild dar, das nach zwei Stunden im Bahn-Reisecenter Altona Form angenommen hat. Wir – ein enthusiastischer jungscher Typ am Schalter und ich – gamen an seinem Rechner sämtliche Zugverbindungen dieser Gebiete durch. Zwischendrin spielt er auch mal ein Level alleine, derweil hole ich mir einen Kaffee. Die zwanzig Wartenden hinter mir empfinden, ich bin mir sicher, währenddessen tiefe Liebe für mich.

Keinerlei Zugverkehr im östlichen Bulgarien, in der westlichen Türkei oder im nördlichen Griechenland. Beziehungsweise ist natürlich ein ganzer Haufen Bahnverbindungen ausgewiesen, nur einbuchen lassen sie sich nicht; nach halbstündiger Telefonwarteschleife erreicht jungscher Bahntyp irgendeinen Systemadministrator, der behauptet, er hätte irgendwie mal gehört, da gäbe es jetzt Schienenersatzverkehr. Das sind 'ne Menge Busse bei mindestens drei betroffenen Ländern.

Ich kaufe mir ein Ticket bis Sofia und denke, mit der Zugverbindung nach Istanbul ist es ein bisschen wie mit Gott: Man kann Zeichen lesen, die auf ihre Existenz deuten, beweisen aber lässt sie sich nicht. Man muss halt glauben.

Noch im Bahnhof ruft mich sehr netter Mensch aus Teheraner Reisebüro an. Der Mann macht sich in der Tat krumm für mich, obgleich

* Salopper englischer Sammelbegriff für die zentralasiatischen Länder, die auf „-stan" enden: Kasachstan, Kirgistan, Tadschikistan, Turkmenistan, Usbekistan.

an mir ja nicht mal so recht was zu verdienen ist. Gerade hat er mehrfach im Hamburger Konsulat angerufen, wo es nun hieße, meine Visumsgenehmigung läge zwar angeblich vor, bloß mein Pass nicht. Man sage, ich solle dort morgen früh selbst erscheinen, mitsamt allen Reiseunterlagen und Bahntickets, plus einer Bescheinigung der Visaagentur über die Einreichung meines Passes.

Die Bahntickets Istanbul–Teheran und Teheran–Maschhad liegen bei der Mutter vom sehr netten Menschen aus Teheraner Reisebüro. Ich fahre am frühen Abend in ihrer Hamburger Wohnung vorbei, und es wird erst mal ausführlich geplaudert und Melone gegessen. Wenn der Rest der Iraner auch nur halb so beschämend nett ist wie diese beiden, muss ich meine grundlegende Menschenskepsis komplett überdenken. Wir verplaudern ein Stündchen, und sehr netter Mensch ruft auch noch mal an und sagt, wenn er an dem Abend Zeit hat, schwingt er sich aufs Fahrrad und holt mich persönlich am Bahnhof Teheran ab. Die ganze übernächtigte Erledigungshektik der letzten Tage weicht sukzessive der typischen entspannten Reiserelaxtheit. So ist es halt, was immer passiert, passiert; und wenn was nicht klappt, passiert halt stattdessen was anderes. Und fast alles, was passiert oder nicht passiert, ist ziemlich amüsant. „Das Unbequeme, das Lästige, das Ärgerliche“ gehöre zum richtigen Reisen, so las ich unlängst Stefan Zweig zitiert. „Reisen soll Verschwendung sein, Hingabe der Ordnung an den Zufall, des Täglichen an das Außerordentliche ... retten wir uns dieses kleine Geviert Abenteuer in unserer allzu geordneten Welt.“ Ich bemühe mich um reiseadäquate Tiefenentspannung, sorge mich heute Abend nicht mehr und gehe stattdessen runter an die Elbe, zum Tangotanzen mit Containerhafenblick in warmer Sommernacht.

16. Juli 2010

Abschiede & Abfahrten

Stehe tatsächlich um 7:45 Uhr am Hauptbahnhof, in Begleitung von Freunden, Familie, Pressevertretern und geistlichem Beistand. Wir trinken standesgemäß auf dem Bahnhofsvorplatz wie die anderen Asozialen; um Leute wie uns zu vergrämen beschallt man das hier mit klassischer Musik. Es gibt Champagner aus Pappbechern, die eine Freundin von einer Kaffeebude geklaut hat, der Geistliche stimmt ebenso fromme wie minderharmonische Choräle an, zur spirituellen Erbauung: „Wem Gott will rechte Gunst erweisen, den schickt er in die Welt hinaus".

Mich schickt er übrigens mit Iranvisum. Es geschehen noch Zeichen und Wunder! Mittwoch bei persönlicher Vorsprache ward mein Pass aufgefunden und mir das Visum zumindest mündlich zugesagt, gestern Nachmittag konnte ich, Last-Minute-Woman, den Pass bei der Agentur abholen. Habe sämtliche Visa, habe mein Geraffel organisiert und gepackt, habe keine Stunde geschlafen, da ich die letzten Abschiedsfeierlichkeiten erst zwei Stunden vor Zugabfahrt verließ.

Allein deswegen sollte man ab und an mal auf ernstliche Fahrt gehen, um in den Genuss der Abschiede zu kommen. Feiere seit einer Woche ringsum das große Adieu, bin von den vielen innigen Umarmungen schon ganz abgewetzt. Ziehe einen schweren Extrakoffer hinter mir her, voll mit Geschenken und Talismanen. Sorgenpüppchen, selbst gebastelte Medaillons und Amulette, Antiangstmantras, Taschenmonster und -meerschweine, eine mit guten Wünschen signierte Packung Zigaretten. Die gestrigen Zeremonien – inklusive eines Abschiedsfrühstückspicknicks mit Portugiesentörtchen um zwei Uhr morgens – evolvierten aus einer Milonga in meinem Lieblingstangoschuppen, letzten Freitag saß ich mit meiner Literatenmischpoke bis zum Morgengrauen bei kaltem Bier auf warmem Dach, vorgestern ging ich innerfamiliär essen, und die Mutter vom sehr netten Menschen aus Teheraner Reisebüro rief auch noch mal an, um mir alles Gute zu wünschen. Wird Zeit, dass ich loskomme, sonst werde ich vor tiefer Rührung noch ganz malade.

Ich komme los. Mit halbstündiger Verspätung schnappen die Zugtüren zu und ich bin unterwegs. Wird wahrscheinlich bis circa Istanbul dauern, dass ich mir das alles selbst so richtig glaube.

Die Konstrukteure moderner Züge verstehen nichts vom Reisen. Haben sie doch das Abteil, den Nukleus des Bahnfahrens, abgeschafft. Im

Abteil, und nur im Abteil, entwickelten sich Kommunikation und Interaktion zwischen den Reisenden naturgegeben und organisch. Im Großraumwagen hingegen starren alle in dieselbe Richtung (und zwar *immer* gegen die Fahrtrichtung, es gehört zu den großen unerforschten Geheimnissen der Welt oder zumindest des Fernverkehrs, warum es noch nie wer geschafft hat, die Dinger richtig rum anzukoppeln).

Von Klimaanlagen verstehen sie übrigens auch nichts. Wer in den letzten Tagen nicht selbst per Bahn unterwegs war, dem sei gesagt: ja. Es *ist* genauso schlimm, wie's in den Zeitungen beschrieben wurde. Insofern wär's mit Kommunikation eh Essig, ein jeder ist mit dem eigenen Überleben bei 50 °C beschäftigt, der EC-Großraumwagen ähnelt einem Lazarett. In Tschechien überholen uns bisweilen Züge osteuropäischer Provenienz, deren Erbauer noch über das uralte Geheimwissen um die ausgestorbene Kulturtechnik des FENSTER AUF verfügten. Glückliche Reisende halten die rosigen Wangen aus den Fenstern, Fahrtwind spielt in ihren Locken, ihre Brustkörbe sind gebläht von lupenreinem O_2. Wir schluchzen neidisch und winken mit den Nothämmerchen.

Die Tortur dauert bis Budapest, wo unser mobiler Toaster nach Station unter anderem in Dresden, Bratislava und einem Ort, der ausschließlich aus Konsonanten besteht, gen Mitternacht mit einer Stunde Verspätung eintrifft, macht aber nichts, der Zug nach Belgrad hat zweieinhalb, das passt schon. Zwei Sofiakurswagen hängen am Belgradzug und sind von ergreifender Abgerocktheit. In einer früheren Inkarnation scheinen sie für die Deutsche Bundesbahn gefahren zu sein – deutschsprachige Beschilderung –, und ich vermeine, das Schlafwagendesign aus meiner frühesten Kindheit zu erinnern. Ungefähr dieselbe Epoche sah auch die letzte Putzkolonne, die sanitären Anlagen sind nachgerade morbide. Der grantige Bulgare aber, der etwas igorhaft über Wagen 418 herrscht, erweist sich als gar nicht so grantig, pflückt mich aus dem mit drei Frauen hoffnungslos verstopften Abteil und weist mir ein eigenes zu. Ich mache darin jubilierend das FENSTER AUF, und sobald wir losfahren, wehen durch den ganzen Waggon linde Lüfte, es ist ein Fest.

17. Juli 2010
Belgrad

Auf dem Abstellgleis

Nachts um 3:30 Uhr und 4:30 Uhr begehrten Menschen, meinen Pass zu sehen, ansonsten anständig geschlafen bis zehn. Der Zug steht. Irgendwo. In der Sonne. Wo wir sind, lässt sich nicht sagen; unser Zug ist flankiert von weiteren Zügen, die sich augenscheinlich hierher zum Sterben zurückgezogen haben. Geräuschkulisse lässt die Nähe eines urbanes Environments vermuten, um welches es sich handelt, oder um welches Land wenigstens, ist unklar. Ich stelle keine Fragen und schreibe stattdessen; es ist erstaunlich, wie die Mischung aus reisemodaler Schicksalsergebenheit und Unterkoffeinierung meine sonstige Hyperaktivität auf das Aktionslevel einer Seepocke zu senken vermag. Erst drei Stunden später mache ich mir erste leise Sorgen, irgendwann zu verdursten.

Um 13:30 Uhr Tumult auf dem Gang: Zwei junge Interrail-Pärchen zetteln eine Revolte an, prallen aber an unserem stoischen Igor mangels gemeinsamer Sprache recht ineffektiv ab. Das schwedische Mädchen, Eva, schnaubt vor Wut, Martin, der dazugehörige Schwede, weiß mir zu berichten, wir befänden uns in Belgrad, seit 8:30 Uhr, und weiter ginge es wohl erst um 21:15 Uhr. Eva schnaubt, sie wolle wenigstens wissen, was vor sich geht; ich erkläre ihr das, denn dazu braucht's weder Bulgarischkenntnisse noch die geistigen Kapazitäten Stephen Hawkings: Da der Zug, an dem unsere zwei Sofiakurswagen hingen, nur bis Belgrad ging und zudem zwei Stunden Verspätung hatte, müssen wir den Anschluss an die Lokomotive nach Sofia schlicht verpasst haben, fertig ist die Laube. Außerdem erkläre ich ihr, sich zu ärgern mache exakt einen einzigen Unterschied: dass man sich ärgert. Und wir nähmen jetzt einfach unser Gepäck, deponierten es im Gepäckdepot und sähen uns dann mal schön Belgrad an, da bin ich nämlich noch nie gewesen.

Ich lasse mir vorsichtshalber auch selbst von Igor die Sachlage erläutern, und der Igor vom Nachbarwaggon gibt mir in irgendeiner höchst slawischen Sprache Sightseeingtipps plus handgezeichneten Stadtplan; sobald man sich nicht ärgert, sind die beiden bezaubernd.

Das holländische Pärchen hingegen ist paralysiert. Ich könne doch nicht einfach in die Stadt gehen, das sei doch gefährlich, wenn der Zug weiterfahre, sei das Gepäck weg. Hase, sage ich, ich lasse mein Gepäck gewiss nicht hier, und falls dieser Zug einst irgendwohin fährt, wird er gewiss vorher noch aus alter Gewohnheit an einem Bahnsteig vorbeischauen. Holland schenkt mir keinen Glauben, ihren schreckgeweiteten Augen sieht man an, dass sie sich weniger in Belgrad als in Bagdad wähnen. Sie haben noch einen knappen Liter Wasser und die Zuginnentemperatur liegt bei 40 °C und steigend. Ich schätze meine Überlebenschancen deutlich höher ein als die ihren.

Die zwei Schweden und ich brechen zur Expedition durch die Wastelands auf, Schienengewirr an Eisenbahnmuseum, treffen irgendwann aber tatsächlich auf einen Bahnsteig, dem wir zum dazugehörigen Bahnhof folgen. Am Gepäckdepot gabeln wir einen plietschen jungen Briten auf, der Serbisch spricht, wobei das klärende Gespräch am Infoschalter dann doch auf Deutsch stattfindet: zwei tägliche Züge nach Sofia, unsere Wagen werden voraussichtlich am Abendzug um 21:15 Uhr hängen, bis dahin passiert gewiss nichts.

Außer Belgrad. Wie schön. Wir trinken zunächst in einem Café literweise eiskaltes Wasser, essen vergleichsweise viele Dinge und haben Spaß. Dann schlendere ich alleine durchs sommerlich heiße Belgrad, erfreue mich am Kalemegdan, alten Festungsanlagen mit spektakulärem Donaublick und weitläufigem Park, in dem es sich hervorragend lungern und lustwandeln lässt. Hier oben erwischt man zudem die eine oder andere kühlende Brise. Greise spielen Schach im Schatten, Kinder quengeln nach Eis am Stiel. In der Fußgängerzone Mihailova finde ich spätnachmittags ein Café mit tadellosem Cappuccino, Raucherlaubnis, exaltierten Lüstern und kostenlosem WiFi, und meinen Stecker darf ich auch in deren Steckdose stecken; ganz fabelhafte Stadt, dieses Belgrad, hatte Peter Handke doch recht, der alte Fuchs.

Auch meinen Zug finde ich abends problemlos dort wieder, wo ich ihn vermutete, am Bahnhof nämlich, ich erkenne ihn schon von Weitem am Geruch. Um 21:45 Uhr setzt er sich gar in Bewegung, unter unseren anfeuernden Rufen und kollektivem Jubelgeschrei. Es bleibt abzuwarten, bis wohin wir kommen werden.

18. Juli 2010
Sofia

Stellt Europafragen

Unser Zug ist manisch-depressiv. Ich habe vollstes Verständnis, anstrengend ist es nichtsdestotrotz. Entweder kacheln wir volle Kanne über Katzenkopfschienen, oder wir stehen. Der Übergang von der manischen zur depressiven Phase vollzieht sich stets mit einer Vollbremsung, bei der die Fliehkräfte den ahnungslos Herumliegenden quer durchs Abteil schmettern und mit Schmackes an die gegenüberliegende Wand klatschen. Wenn wir stehen, stehen wir ausgiebig im sehr dunklen Nirgendwo. Durch das geöffnete Fenster hört man Frösche quaken und Grillen zirpen, irgendwann beginnt in einem der anderen Abteile eine klare Frauenstimme ein Lied zu singen, fremd und melancholisch. Romantik schlägt Effektivität.

Sofia, wie schön. Wie schön vor allem, tatsächlich hier zu sein, frühmorgens. Leider sind meine Vitalzeichen wegen Schlafmangels nur schwach, und prompt fange ich mir einen Lästling. Der Lästling weist mir ungefragt den Weg zum Gepäckdepot, dann weist er mir trotz meines zähen Widerstands den Weg zum RILA-Office, wo ich rausfinden muss, in welchem Zustand sich die Realität befindet: Zugverkehr nach Istanbul vs. klaffender Schlund zwischen hier und da. Lästling bleibt in der Warteschlange weiterhin an mir kleben und geht auch durch Gabe von circa einem Euro in Wie-auch-immer-die-Währung-gerade-heißt nicht ab. Hinterher will er fünf, ich lache ihn aus, gebe ihm zwei, wir scheiden als Freunde.

Naturgemäß *gibt* es Züge nach Istanbul. Abfahrt 19:15 Uhr, Umsteigen in Dimitrovgrad um 23:42 Uhr in die Liegewagen, morgens ab 6 Uhr allerdings tatsächlich noch zwei Stunden Schienenersatzverkehr mit Bussen, die Realität wählt den Kompromiss. Ich kriege die angeblich letzte Koje.

Wie ich es mir erhofft habe, ist beim Reisen per Zug spannend, wie sich die Welt mählich ändert. Wir sind es gewohnt, in einem generischen Flughafenterminal einzuchecken und x Stunden später durch ein nahezu gleiches wieder in die Welt zu treten, mitten in eine fremde Kultur. Ich verlasse Europa Zug um Zug, das Wortspiel ließ sich jetzt irgendwie nicht vermeiden, und es ist interessant, was sich langsam, sehr langsam verschiebt.

Bei Ankunft fühlt sich Sofia nahezu russisch an. War der Belgrader Bahnhof ein nettes Kleinod historischer Architektur, so stehe ich jetzt im sozialistischen Beton. Ein düsteres subterranes Terminal mit kargen Shops und kargen Imbissstübchen. Ich trinke einen 20-Cent-Espresso, am

Nachbartisch trinken zwei Männer eine 2-Liter-Flasche Bier, es ist 8:30 Uhr morgens. Ein eher slawisches Frühstück.

War noch in Belgrad die Beschilderung fifty-fifty in lateinischer und kyrillischer Schrift gehalten, regiert hier ausschließlich Kyrillisch. Schon ist die Welt ebenso pittoresker wie unverständlicher geworden. Ich kann zwar Kyrillisch lesen, was aber ja bei Weitem nicht heißt, irgendwas zu verstehen.

Nicht, dass ich kyrillisch notwendigerweise als „uneuropäisch“ empfände, ich habe mit ein bisschen Reiserei in den letzten Jahren an meiner eigenen mentalen Osterweiterung gearbeitet, und die Griechen haben schließlich auch eine schrullige Schrift und sind trotzdem pleite.

Ich laufe Richtung Innenstadt, und mit jedem Schritt fühlt es sich weniger russig und mehr „europäisch“ an, whatever that means. Schwer festzumachen. Die Architektur spielt sicher eine Rolle, die Innenstadt Sofias ist wunderschön, Nebenstraßen mit hübschen alten Häusern, alle von Bäumen gesäumt, in der Sonntagsruhe hört man Vögel zwitschern. Haufenweise hippe Cafés mit üppig WiFi.

(Wenngleich *Free WiFi* allerorts wohlfeil ist – in Istanbul sogar in öffentlichen Parks –, so hapert's doch zusehends an *Free Steckdose.* Ich navigiere Computer, Kamera und iPhone stets auf dem allerletzten Watt und Volt, eine logistische Herausforderung.)

Auf der Shoppingstraße dieselben Ladenketten wie weltweit überall, Adidas, Nike, MNG, die ganze Mischpoke. Chart-, House- und Loungemusik. Die Markennamen erwartungsgemäß in lateinischer Schrift.

Wenn allerdings nun dauerhaft mein überaus erbärmliches Russisch die Konversation mehr voranbringt als das noch erbärmlichere Englisch meines jeweiligen Gegenübers, merke ich wieder, dass ich mich von meinem veralteten Standardeuropa entferne. In Belgrad sprach noch jeder Englisch, zumeist ausgezeichnet.

Ich sehe die erste Moschee. Sie steht Aug in Aug mit einer orthodoxen Kirche, in der eine Hochzeit stattfindet, der ätherische Gesang eines versteckten Chors fängt sich unter der Kuppel.

Die Musik abseits der Charts ändert sich. Unbewusst vernehme ich unterwegs immer wieder Melodien, die zunächst stets balkanesker werden und dann mehr und mehr orientalisch, in subtil fließendem Übergang.

Ich verlungere ein müdes Stündchen im Park, tun alle anderen schließlich auch. Kernstück des Stadtparks ist ein gigantomanisches Juwel sozialistischer Überlegenheit, ich habe keine Ahnung, welch repräsentativen Funktionen es einst diente, jetzt hausen dort nur noch Gespenster. Nein, nicht ganz, ich mäandere durch bizarre Architektur um den verwaisten Komplex herum, und siehe, irgendwo oben hat sich in leeren Räumlichkeiten eine Hipsterbar angesiedelt, wie eine Flechte auf einem Relikt. Loungige Grooves legen sich über schrundigen Beton. Über die Brüstung blickt man in eine unterirdische Brunnenanlage. Sozialistenarchitektur kann man gar nicht hoch genug schätzen.

Abends begebe ich mich entspannt eine Stunde vor Abfahrt zum Bahnhof, um herauszufinden, dass der Zug in fünf Minuten fährt. Hatte ich in Belgrad noch die souveräne Einsicht, dass ich ostwärts wohl irgendwann Stunden verlieren werde, hat sich dieser brillante Gedanke hier in meiner Übermüdung ebenso verflüchtigt wie ebendiese nicht unwesentliche Stunde. Ich entreiße der Gepäckgreisin meinen Rucksack, breche meinen persönlichen Geschwindigkeitsrekord und erreiche röchelnd den Zug. Es ist der allererste, der auf die Minute pünktlich abfährt.

Lebensform Tourist: Der Hässlichster-Hund-der-Welt-Effekt

Kaum eine Lebensform stellt eine derartige Zumutung für Auge und Geist dar und existiert so vollendet konträr zu allen darwinschen Parametern wie der Tourist. Die Rede ist hierbei nicht vom Reisegruppentourist, der in geordneter Formierung hinter dem erhobenem Schirmchen/Stöckchen seines Guides hertrabt und dabei auch nicht viel bescheuerter aussieht, als er's zu Hause tut; nein, die Rede ist selbstverständlich von uns Alternativtouristen. Unsere Individualität und Abgrenzung zum Reisegruppentouristen tragen wir durch größtmögliche Uniformierung zur Schau. Wir sehen alle gleich aus, und gleich meint: gleich dämlich.

Das mag zwar Notwendigkeiten geschuldet sein, wird dadurch aber keineswegs schöner. In Khaki-Cargohosen und übersolidem Schuhwerk, Expeditionsrucksäcke in Hinkelsteingröße auf den Rücken, stiefeln wir weltweit an den Prada-Läden und Lounge-Cafés der Innenstädte vorbei als wären wir im Begriff, auf der Suche nach Colonel Kurtz den Mekong hochzurudern. Gottlob bewege ich mich gerade in heißem Klima, sonst trügen wir auch noch alle Funktionsjacken.

Es ist schier unmöglich, dem zu entkommen. Wir beugen uns dem Diktat würdeloser Pragmatik. Wir brauchen Hosentaschen, viele, viele Hosentaschen, für all die Deppenaccessoires, die zu unserer Existenz untrennbar gehören. Straßenkarten. Reiseführer, in 99 % aller Fälle der *Lonely Planet*. Die Wasserflasche. Wir haben immer eine Wasserflasche dabei, selbst während des Tauchkurses. Jeans sind keine Alternative – viel zu warm, mangelhaft betascht, und nasse Jeans trocknen nie wieder.

Wir müssen uns dort auf der Farbskala bewegen, wo Schmuddel nicht gleich so stark auffällt. Wobei es Cargohosen ohnehin nicht in Pink gäbe. Einem Farbphobiker wie mir ist es zudem verwehrt, wenigstens mit dem Oberteil den Eindruck abzumildern, ich sei auf der Suche nach den Quellen des Nils – grau, oliv und khaki, zu Hause oft und gern getragen, wirken unterwegs idiotisch. Schwarz, von mir favorisiert, ist zu warm. Ich habe mir allein deswegen einige leicht bunte Hemdchen zugelegt, in denen ich mich daheim nie blicken ließe. Helfen tut's trotzdem nicht.

Jedes muntere Müsterchen wird verdeckt von den halbmeterbreiten Rucksacktragesystemgurten. Wir haben zwei Rucksäcke, den Trekkingrucksack mit unseren Habseligkeiten und den in der Fachsprache sogenannten *Day-Pack* mit dem Tagesbedarf – Kamera, Wasserflasche, *Lonely*

Planet, Funktionsjacke. Beide sind unvermeidlich. Rollkoffer havarieren auf unebenem Boden, Reisetaschen stehen seitlich zu weit ab. Und wer je versucht hat, den Day-Pack durch eine Umhängetasche zu ersetzen, wird von seinen Reisezielen wenig mehr zu sehen bekommen als die örtliche Orthopädie.

Auf dem Weg zu und vom Bahnhof bzw. Flughafen verwandeln wir uns deswegen in die noch würdelosere Untergattung des Frontbeutlers. Da der Hinkelstein unseren Rücken okkupiert, müssen wir den Day-Pack wie einen Schwangerschaftsbauch vor uns hertragen. (Die unterste Form des Frontbeutlers ist übrigens der, der seinen Hinkelstein zwar schon sicher deponiert hat, aber aus Angst vor Tunichtguten und Langfingern in Basargassen und öffentlichen Verkehrsmitteln freiwillig frontbeutelt. Vor diese Option gestellt, bevorzuge ich das Risiko eines Wertsachenverlustes und behalte lieber meine kümmerliche Restwürde.)

Immerhin harmoniert unser Deppenoutfit vorzüglich mit unserem jammervollen Gesamtauftritt. Der Segnungen eines kundigen Reiseleiters nicht teilhaftig, irren wir stumm und dumm über die Kontinente. Stets haben wir irgendein dringendes Bedürfnis, es sind immer dieselben: Wir suchen Bahnhof/Bus/Hotel/Internetcafé/Geldwechsler/Bankomaten/einen Ort, an dem wir unseren Rucksack deponieren können. Wir müssen mal Pipi (die vielen Wasserflaschen). Wir haben Hunger. Wir haben keine Ahnung. Selten beherrschen wir in der Landessprache mehr als die Wörter *hallo, tschüss* und *zu teuer;* mit Ausnahme des Satzes *Darf ich hier mal Pipi machen,* den können wir in 35 Sprachen. Trotz Studium des *Lonely Planet* und demütigen Bemühens ecken wir in kultureller Unwissenheit überall an, weil wir ja unbedingt überall hinmüssen und uns nicht mit Kirchen und Schlössern begnügen können. Dann lächeln wir dümmlich und stammeln *hallo* mit falscher Betonung. Wir betonen immer alles falsch, weil wir die Umschrift im *Kauderwelsch*-Sprachführer nicht verstehen; weil wir auch alle Orte, die wir suchen, nicht aussprechen können, versteht man noch weniger, wohin wir wollen. Im Zweifelsfalle weist man uns den Weg zu einem Hotel, der Toilette oder dem Teppichladen von Alis Cousin.

Dass wir trotz unserer plakativen Lebensunfähigkeit nicht umgehend aussterben, liegt daran, dass wir in unserer unansehnlichen, hilflosen Erbarmungswürdigkeit dem *Hässlichsten Hund der Welt* gleichen, einem bizarren Pinscher, dessen Bild unlängst durch die Presse ging. Wir sind so albern, doof und widernatürlich, man kann anscheinend nicht umhin, uns irgendwie putzig zu finden. Und so schlägt uns allerorts liebevolles Mitleid entgegen, eine uferlose Bereitschaft, uns zu helfen, zu begöschern, den Weg zu erklären; es ist ja nicht zu übersehen, wie dringend wir Hilfe und Zuneigung benötigen, man wiese ja auch keinem Dodo die Tür.

Ich übrigens habe mich in einem sinnlosen Akt des Aufbegehrens jahrzehntelang wenigstens dem klobigen Schuhwerk verweigert. Ich ging durch die Welt auf blutenden Füßen. Bis Sofia. Dort wurden die Schmerzen der schwärenden Wunden so groß, ich stand vor der Wahl, entweder auf Beinstümpfen in Shanghai anzukommen oder zu kapitulieren. Ich humpelte in den nächsten Schuhladen und erwarb das letzte mir noch fehlende Zubehör: die Schwachmatensandale. Ihre Optik gemahnt an die Bereifung eines Sattelschleppers, aber oh, wie lässt es sich wunderbar darin laufen! Mir war nicht bewusst, dass eine solch schmerzfreie Art der Fortbewegung dem Menschen überhaupt gegeben sein kann. Federnden Schrittes werde ich meinen Weg zum Bosporus nunmehr zu Fuß fortsetzen und mich in ebenjenem umgehend ertränken, um der unerträglichen ästhetischen Schmach ein Ende zu setzen.

Schwachmatensandalen an der Blaue Moschee, Istanbul

19. Juli 2010
Istanbul

Tango und Tötungsgründe

Bis Dimitrovgrad lief alles hochkommod; nachdem ich den Schaffner, der mich beim ersten Zwischenhalt fürs Rauchen an der Zugtür tadelte, ausreichend handzahm charmiert hatte, durfte ich gar mit ihm und seinem Kumpel im hintersten Abteil herumrauchen, wobei wir höchst vergnügliche Gespräche über meine Reise, die Ehe und europäische Zigarettenpreise im Vergleich führten, in einem Festival von Mimik-Gestik-Körpersprache, mit gelegentlichen Gastauftritten von jeweils circa fünf englischen und fünf russischen Wörtern.

Nachts um eins in Dimitrovgrad bricht dann das Chaos aus. Drei Dutzend minderjährige Interrail-Backpacker (ich bin ein Geront unter Kindern!) stehen verloren auf dem Bahnsteig wie sehr viele Hänsel und Gretel, fassen sich an den Händen und trauen sich nicht, in die angehängten Liegewagen zu steigen. Liegewagenchef spricht naturgemäß nur türkisch, hat aber gewieft größere Mengen der reservierten Pritschen bereits anderweitig verhökert. Ein großes Jonglieren beginnt. Die zwei deutschen Mädchen, mit denen ich vorhin plauderte, hätten im gleichen Abteil wie ich unterkommen sollen, wird aber nix, dort liegen bereits zwei fette Frauen. Der Rest wird mit mir, einem Backpackerpärchen und einer jungen Lettländerin gefüllt. In völliger Unkenntnis der Sachlage legen wir uns schlafen.

Bulgarische Passkontrolle 2:30 Uhr. Wir zücken die Pässe im Schlaf, nur mit den fetten Frauen gibt's undurchschaubare Probleme. Türkische Passkontrolle 3:30 Uhr, damit wir diesmal auch ein bisschen was davon haben, dürfen wir raus und Schlange stehen. Ich ahne so was und bin hurtig die Erste am Schalter, um mich wieder hinlegen zu können und gerade eingeschlafen zu sein, als die türkische Zollkontrolle um 4:30 Uhr durch den Zug kommt.

All das sind halt so Gegebenheiten. Die fetten Frauen allerdings sind ein Tötungsgrund. Die Tochter – beider degenerierte Züge zeugen von Verwandtschaft – führt unablässig langatmige, lautstarke Gespräche übers Handy. Wenn gerade keiner anruft, führt sie langatmige, lautstarke Gespräche mit Mutti. Oder spielt auf dem Handy ein Spiel, das sehr, sehr laut düdelt bei jedem Spielzug. Mutter hingegen macht um 5:30 Uhr das Licht an und beginnt, endlich mal nach all den Jahren, ihre Angelegenheiten zu sortieren. Unnötig zu erwähnen, dass weder Höflichkeit noch Ingrimm unsererseits in irgendeiner Form zur Kenntnis genommen wird. Herr, gib mir die Kraft, hinzunehmen, was ich nicht ändern kann; und zu töten, was derart an meinen Nerven sägt; und die Weisheit, das eine vom anderen zu unterscheiden.

Ich versuche mir in Erinnerung zu rufen, dass sich zu ärgern nichts ändert, außer: man sich ärgert. Ein Meuchelmord hingegen änderte natürlich viel, bloß muss ich davon absehen: Sie sind fetter und fieser als ich und zudem in der Überzahl.

Katatonisch schleppe ich mich um halb acht in den Transferbus, schlafe unruhig bis Istanbul und erwache dort weinend aus Albträumen (kein Scheiß!).

Istanbul funkelt in der Sonne, von mir kann man das nicht sagen. Die kranke Frau am Bosporus. Fahre mit Taxi ins Hotel, das ich gestern telefonisch klarmachte, beziehe winziges Zimmerchen mit Blick über die Dächer, bin begeistert. Ein Zimmer für mich allein. Das Badezimmer ist so klein, es dauert ein wenig, bis ich es finde, hat dann aber bizarrerweise eine Whirlpoolduschwanne. Um hineinzukommen, muss man über die Toilette klettern, egal, bin ich erst mal unter der Dusche, komme ich da eh die nächsten Tage nicht wieder raus. Bemerkenswert, wie überaus grindig man nach nur drei Tagen im Zug schon ist; trotz Seifenorgie hinterlasse ich Schmierspuren im Handtuch.

Eigentlich bin ich zu müde. Andererseits: bin ich in Istanbul. Da ich in der Touristenhölle gelandet bin, ist's zu den Kulturdenkmälern nicht weit, und da Kulturdenkmäler unseligerweise zumeist mit Menschenmassen verbunden sind, kann eine gewisse Sedierung nicht schaden. Ich hasse Menschenmassen.

Es ist übrigens heiß. Andauernd. Wer wissen will, wie heiß es ist: Meine Hautcreme ist schlecht geworden. Ich dachte, so was beherrschen nur Milchprodukte.

Ich schleppe mich zur Hagia Sophia, die wie jedes anständige Museum montags geschlossen hat, aha, ich bin deutlich noch in Europa. Besichtige ich halt Blaue Moschee und den Topkapi-Palast. Tausendundeinenacht-Schwelgereien, Bauhaus geht anders. Details entnehme man bitte Wikipedia.

Ich diniere auf einem Dach und lege mich ein Stündchen schlafen. In einem echten Bett, toll, wow, unglaublich, was die Menschheit nicht so alles erfunden hat. Um neun stehe ich auf und versuche mit meinen mageren Ressourcen, mich in einen echten Menschen zu verwandeln, einen möglichst ansehnlichen, denn jetzt gehe ich Tango tanzen.

Wer wissen will, wie ein Tango-Dachschaden aussieht: Mein Gepäck für sieben Wochen besteht aus drei Hemden, zwei Tops, einem islamfähigen Langhemd, zwei Hosen, zwei Paar Schuhen, drei Paar Socken sowie einem Doppelzentner Buch (unvermeidlich bei langen Zugfahrten). Aus meinen Reiseführern habe ich gnadenlos – *Ich! Die ich keinem Buch was zuleide tun kann!* – zur Gewichtsreduktion jede einzelne Seite rausgeschnitten, die ich nicht brauche. Aber Tangoschuhe habe ich dabei, zumindest bis Istanbul.

Die Milonga* findet in einem Hotel in Gehweite statt. Bei den ersten Tangoklängen durch die offenen Fenster fühle ich mich zu Hause. Ein verblüffender Effekt des Tangos ist, dass man fast überall in der Ferne darin ein Zuhause hat. Dass in diesem Moment die Muezzins anfangen zu singen, fügt sich zu einer hübsch abwegigen interkulturellen Collage.

Es ist eine bezaubernde Milonga. Wenig Menschen, die aber gemeinsam an großen Tischen dinieren und zwischendrin tanzen. Ich freunde mich mit drei jungen Istanbulern an, zwei Frauen, ein Typ, sie haben gerade erst mit Tango begonnen. Wir plaudern über Tango und die Welt, fahren hinauf auf die spektakuläre Dachterrasse – Istanbuls favorisierter Hochzeitsort mit Blick auf Bosporus, Blaue Moschee und Hagia Sophia – zum Rauchen, gehen wieder hinunter zum Tanzen.

Istanbul ist berühmt für seine Tangoszene. Ob man in Deutschland als Frau auch die Männer auffordere, fragt mich die Frau mit dem besten Englisch, eine Ärztin, in Istanbul tue man das. Ich tue das weder hier noch dort, sage ich, ich bin zu schüchtern.

Ich bin schüchtern. Was mir keiner glaubt, denn ich bin ein großer Kommunikator. Aber es kostet mich jedes Mal und immer wieder und immer noch große Überwindung. Die ich nur aufbringe, weil es das wert ist. Es gibt nichts Aufregenderes als Menschen, im Vergleich dazu kann mir jedes Kulturdenkmal gepflegt den Buckel runterrutschen.

Gottob werde ich aufgefordert. Ich tanze mit Attila, der ganz und gar nicht so tanzt, wie man's vom gleichnamigen Hunnenkönig erwarten würde. Dann tanze ich mit Serdar, der die Milonga organisiert, er

* Ein Tango-Tanzabend.

unterrichtet auch, dementsprechend fabelhaft ist es, mit ihm zu tanzen. Zum Abschied schenkt er mir eines dieser blauen Augen aus Glas, zur Abwehr des bösen Blickes. Kann nie schaden. Ich verspreche, wiederzukommen. Ich gedenke, das zu tun. Im Tango hat man nicht nur ein Haus in der Fremde, es wohnen auch bereits lauter Freunde darin. Durch warme Nacht und steile Gassen schlendere ich hoch zum Hotel und fühle mich durch und durch beglückt.

20. Juli 2010
Istanbul

Das Kennenlernen von Städten

Wer eine exotische Stadt kennenzulernen wünscht, vergesse Sehenswürdigkeiten oder ziellose Flaniererereien und lege sich stattdessen den Wunsch nach einem Gebrauchsgegenstand zu. Dieser ist weder zu abwegig noch zu naheliegend zu wählen. Ein Garant für unendlichen Spaß! Man kommt in Gegenden, die man nie zuvor für möglich gehalten hätte, hat herausfordernde Konversationen mit vielen, vielen unvermuteten Menschen zu bestehen und lernt nebenbei Vokabular, das man garantiert nie wieder braucht („Eisenkette" auf Guatemaltekisch zum Beispiel). Gut ist natürlich, den Gegenstand wirklich zu benötigen, das intensiviert den eigenen Elan, aber wahrscheinlich geht's auch nur so aus Daffke.

Ich entfliehe Sultanahmet, einem Inferno aus Backpacker-Bespaßung, Kleinhotels im Orient-Overkill-Design und Kebab-Essereien, und erkunde Istanbul anhand folgender Bedürfnisse: Ich will einen berühmten Tangoschuster finden, in einer Gasse, die zu klein ist, um auf Stadtplänen aufzutauchen, und die selbst der freundliche Hotelmensch nicht zu lokalisieren imstande ist; ich brauche Duct Tape; ich hätte, eingedenk der Schmerzen im Bus, gerne ein kleines Kissen; und außerdem habe ich mein Sarong-Tuch daheim gelassen, zur Gewichtsreduktion, was sich umgehend rächt, so ein Ding hat etwa 200 Verwendungsmöglichkeiten, fünfzig davon irre praktisch, zehn unentbehrlich (Decke und/oder Laken in kalten oder schmuddeligen Zügen beispielsweise), ist ein bisschen wie mit dem *Anhalter-durch-die-Galaxis-Handtuch* (als Handtuch geht's übrigens auch). Prompt habe ich Spaß.

Mit der hochmodernen Tram fahre ich über die Galata-Brücke in den echten Teil der Stadt. Hiermit möchte ich die dringende Bitte an die deutschen Eisenbahningenieure richten, sich doch mal von den Istanbuler Straßenbahningenieuren erklären zu lassen, wie man Schienenfahrzeuge klimatisiert.

Vom Taksim-Platz gehe ich ein Stück die Hauptlebensader der Stadt entlang, die Istiklal, eine schwer sympathische Shoppingstraße, in der es alles gibt außer Duct Tape, Kissen und Baumwolltüchern, und die erfreulicherweise nicht ausschließlich aus denselben öden Hochglanz-Filialen besteht, die sonst überall den endemischen Handel ausgerottet haben. Beiderseits locken zudem kleine Passagen mit allem möglichen überraschenden Leben darin.

Ich zweige rechts ab, auf Tangoschustersuche, und befinde mich wenige Blocks weiter in einer anderen Welt. Gässchen, Geschäftchen, es wird geschustert, geschneidert, gewerkelt, jegliche Form von Handel getrieben, und was aber ganz und gar neu ist für mich: Es gibt keine Frauen auf der Straße. Gar keine. Nicht mal eine Mutti, die einkauft. Es gibt Männer, Kinder und überproportional viele Katzen, und obwohl ich eine halbe Stunde im Viertel herumirre, in diverse Richtungen gewiesen von diversen sehr netten, sehr hilfsbereiten Menschen, die kein Wort Englisch sprechen, sehe ich keine einzige Frau. Es ist höchst befremdlich.

Mein Tangoschuster macht Ferien. Bis zum 26. August. Ich finde das heraus mithilfe eines weiteren dieser überaus bemühten Menschen, die dem doofen Touristen stets aus der Klemme zu helfen bereit sind (siehe auch: *Exkurs. Lebensform Tourist*). Die Sache mit dem Datum erklärt er mir anhand des Kalenders auf seinem Handy. So doof kann der Tourist gar nicht sein, als dass sich nicht immer noch wer fände, der's ihm trotzdem zu erklären schafft.

Die Istiklal geht irgendwann in eine Straße der Musikinstrumente über, dann bin ich unten in Karaköy und es beginnt zu regnen. Per Tram fahre ich zurück, schaue kurz bei der Hagia Sophia vorbei, aber die Schlange am Eingang reicht von ihrem europäischen Beginn bis weit nach Kleinasien hinein, wenn ich mich da jetzt einreihe, verpasse ich morgen Abend meinen Zug.

Pflichtschuldig besuche ich stattdessen den Großen Bazar. Tolle Architektur, nerviger Gedönsverkauf. Im Anschluss ziehe ich durch echte wie durch Touristenviertel, durch Kleinstläden, Kaufhäuser und Supermärkte, und versuche überall mit großem Vergnügen und total vergeblich ein Kissen und ein Baumwolltuch zu kaufen. Ich lerne dabei, was *Kissen* auf Türkisch heißt („Yastik" oder so ähnlich und *danke* – bloß klingt das so ähnlich wie „Testikular", und so was laut auszusprechen, dazu bin ich zu verschämt).

Das Lustige ist, dass diese Stadt, zumindest in den Touristenvierteln, eigentlich aus nichts anderem besteht als Kissenbezügen. Maßlose Kunsthandwerkkissenbezugmengen, man könnte jedem eurasischen Haushalt zwei zuteilen und sie würden immer noch nicht knapp. Bloß Kissen gibt's keine. Der Rest der Stadt besteht aus Tüchern und Schals, auch ihre

Zahl ist Legion, nur sind die ausschließlich aus Pashmina (zu warm) oder Seide (Quatsch). Gab's da nicht mal diesen Song: It's like ten thousand spoons when all you need is a knife?

Duct Tape übrigens finde ich bei einem charmanten Eisenwaren-und-ganz-was-anderes-Höker; auch welche Warenangebotszusammenstellungen verschiedene Völker für sinnvoll und plausibel erachten, ist stets ein Quell von Staunen und Freude.

Abends besteige ich ein Taxi, um zum Taksim-Platz zu fahren, wo eine der vielen heutigen Milongas stattfindet. Ich begehe den ersten Fehler, in dem ich, Macht der Hamburger Gewohnheit, vorne einsteige, was man eigentlich nirgendwo sonst tut. Dass ich an meinen ersten Tunichtgut gerate, dafür kann ich nichts.

Hässlicher Honk am Steuer. Erkläre hässlichem Honk Adresse, hässlicher Honk fährt los, ohne das Taxameter anzustellen. Sage hässlichem Honk wohllaunig-streng, er solle das Taxameter anmachen; hässlicher Honk sagt: Jaja. Ich sage scherzend (hilft oft!), ich zahlte genau das, was auf dem Taxameter stände, stehe da nichts, bekäme er kein Geld; hässlicher Honk sagt: Jaja. Okay, sage ich, und vollziehe eine Aussteigepantomime (wozu ich eigentlich zu faul bin, außerdem bin ich spät dran, sonst hätte ich eh die Tram genommen), hässlicher Honk stellt Taxameter an. Manchmal muss man nur kurz klären *who's boss*, ist wie bei Caniden.

Manchmal nicht. Hässlicher Honk palavert in schwer verständlichen Zungen, gräbt mich an und fasst mich am Knie. Beim zweiten Mal sage ich wohllaunig-streng *do not touch me;* er sagt: Jaja. Beim dritten Mal scheiße ich ihn zusammen. Manchmal muss man zweimal klären *who's boss.*

Manchmal nicht. *This driver very good,* preist er sich an und referiert klar auf seine maskulinen, nicht auf seine fahrerischen Qualitäten; ich sage: Jaja, und denke *this driver gleich very dead,* wenn du so weitermachst, mein kleiner Freund. Ich behalte das Taxameter im Auge, der Sauhund schafft es trotzdem, mich auszutricksen, als ich auf meiner Zielstraße nach Hausnummern spähe, schaltet er das Ding wieder aus.

Als wir anhalten, hätte er gern eine Phantastillion von mir. Nachttarif koste doppelt. Ich sage, Widerlingtarif aber koste eigentlich gar nichts, ich gäbe ihm trotzdem zehn Lira, denn der letzte Betrag, den ich gesehen hatte, lag bei acht. Er lamentiert, ich sage ihm, solle er doch die Polizei rufen, er vollzieht Polizeianrufpantomime, mir wird's zu blöd, ich gebe ihm noch eine Handvoll Kleingeld, zwei Lira vielleicht, und führe draußen noch eine expressive Autonummeraufschreibpantomime auf. Bei der Rückfahrt finde ich heraus, der reguläre Preis hätte bei etwa 17 gelegen, habe also *ich* ihn noch gelinkt, ich empfinde Befriedigung.

Wunderschöne Milonga-Location, eine Terrasse mit Blick über den nächtlichen Bosporus. Ein jungenhafter Typ fordert mich zum Tanzen auf, Özar, er verfügt über perfektes Englisch und guten Sinn für Humor, arbeitet am Finanzmarkt und tanzt sehr schön. Er lernt Chinesisch, nicht, weil er nach China will, sondern um eines Tages die klassische chinesische Literatur im Original lesen zu können. Wir reden über China, Tango und die Welt; dann tanzen wir wieder. Bei *Bahía Blanca* ein kleiner Flashback – dazu überkam mich in der Nacht vor meiner Abreise plötzlich so etwas wie echter Abschiedsschmerz. Wie sonderbar, zum selben Tango jetzt am Ende Europas zu tanzen, und morgen Abend geht der Zug nach Teheran. Özar und ich tanzen und schnacken bis morgens um zwei, vollendeter Gentleman, der er ist, begleitet er mich danach zum Hotel Marmara, wo vertrauenswürdige Taxen zu finden sind. Wieder geht eine dieser Begegnungen zu Ende, die so typisch fürs Reisen sind, mit einem Menschen, den man nie wiedersehen wird; gerade deshalb verbleiben sie als kostbare Solitäre in der Erinnerung. Die unvermeidliche Wehmut dabei passt übrigens ganz gut zum Tango. Schätze, für den nächsten werde ich mich bis Peking gedulden müssen.

21. Juli 2010

The Great Unknown

Es regnet beschriebe den Sachverhalt ungenügend. Ich stemme mich gegen die Fluten, um die Balkontür zu schließen (ist gar kein Balkon, sondern der Ausstieg zur Feuerleiter). Das Frühstück habe ich verschlafen, verfüge aber über einen hoteleigenen Wasserkocher und habe, einziger Luxusartikel außer den Tangoschuhen, Kaffeepulver dabei. Ich hasse Nescafé. Ich habe schon durch die abstrusesten Gegenden hartnäckig Kaffeepulver geschleppt.

Beim Auschecken treffe ich einen jungen Deutschen, der morgen nach Syrien weiterfahren wird und gestern Unholden in die Hände fiel. Die netten Jungs, die ihn zur Kneipentour einluden, pressten ihm spätnachts 550 Euro ab, mit begleitender Drohkulisse am Geldautomaten. Er nimmt's sportlich, wir sind uns einig, dass man solche Risiken nicht vermeiden kann, will man sich nicht seine ganze Reise dadurch verhunzen, indem man per se in jedem Mitmenschen den Beutelschneider vermutet.

Ich schwimme mit kräftigen Zügen quer über die Straße und schlage mein Quartier im *Topdeck Café* auf, wo ich gestern, in einem Anfall brillanter Feilschfähigkeit, ein Zimmer für den Tag zum Spottpreis mietete. Normalerweise kann ich nicht feilschen, trotz all meiner Reiserei, ich hasse es. Mein Lieblingsreisemensch Schneider sagte einst, feilschen bedeute halt, man gehe von vorneherein davon aus, beide Seiten seien Betrüger. Will man mir mal einen echten Scheißtag bereiten, lässt man mich in einer Menschenmasse um eine Tasse Nescafé feilschen.

Da ich aber im Höchstmaße unwillig war, einen ganzen Tag weder zu wissen wohin mit mir noch mit meinem Gepäck, und außerdem scharf war auf *Free Steckdose,* residiere ich also nun für acht Stunden und schmales Geld in einer der Backpacker-Kemenaten über dem *Topdeck Café,* einer totalen, aber sehr liebenswerten Bruchbude. Es ist das perfekte Base Camp für einen Sintfluttag, ich verlungere ihn unten in einer orientalischen Lungerecke auf dekorativen Kissen, schreibe, rauche, sehe in den Regen hinaus, trinke literweise Kaffee. Plaudere mit einem der Betreiber, wir hören kurdische Musik, er ist Kurde; früher durften wir das nicht, sagt er, unsere Musik hören. Abends um acht nehme ich von Karaköy die Fähre nach Haydarpaşa, sehr malerisch legt sich derweil Dämmerung über die Stadt.

Touristische Hasenfußphantasmen. Ich sollte eigentlich gegen sowas inzwischen immun sein, doch nein, auch ich verfalle ihnen immer mal wieder. Vielleicht ein bisschen kirre gemacht von der Mahnung des sehr netten Menschen aus Teheraner Reisebüro, ich müsse mindestens eineinhalb Stunden vor Abfahrt dort sein, hat Haydarpaşa in meiner Phantasie inzwischen sehr konkrete Formen angenommen. Haydarpaşa, der Absprungbahnhof in den Nahen Osten und nach Asien. Das Tor zum Orient, into the Great Unknown. Sehen wir ihn nicht vor uns, den chaotisch-orientalischen Trubel einer Karawanserei, schreiende und wimmelnde Menschen, die große Ballen von Seide oder Gewürzen auf und von den Kamelrücken werfen, fliegende Händler, die dem Reisenden allerlei Viktualien feilbieten, barfüßige Jungs, blinde Bettler, Schlangenbeschwörer? Ich nehme an, die eineinhalb Stunden werde ich benötigen, um mich von Derwisch zu Derwisch nach meiner Karawane durchzufragen.

Mein Weltbild entstammt *Tim & Struppi*. Haydarpaşa sieht von außen aus wie Versailles und von innen auch. Der Marmorboden ist so gepflegt, man könnte davon essen, wär aber schade, man verpasste das liebliche kleine Restaurant im Glanze von 1900. Daneben Friseursalon und Wartesaal aus derselben Epoche. Vor den Gleisen Beete mit Palmen, Blümchen, Azaleen. Die Gepäckschließfächer arbeiten mit derart hypermoderner Computerelektronik, dass ich befürchte, entweder durch einen Systemabsturz mein Gepäck zu verlieren oder die Bedienungsanleitung gar nicht erst zu verstehen. Wimmeln tut hier gar keiner, meine Schritte verhallen in den musealen Gewölben.

Ich trinke bis zur Abfahrt Tee bei einem kleinen Kiosk-Café draußen am Wasser und schreibe; selbst hier hat's *Free WiFi*. Dann frage ich den nächsten Derwisch nach meinem Zug, kann anhand der Fahrkarte überhaupt nicht begreifen, in welchen Wagen ich gehöre, drücke schließlich einem jungen Mann, der fragt, ob er helfen könne, und den ich aufgrund seines weißen, überaus gestärkten Hemdes für einen Offiziellen halte, meine Fahrkarte in die Hand.

Der reicht sie seinem Kumpel weiter, der damit verschwindet. Seinem ungestärkten Kumpel. Ich begreife zu spät, dass die beiden keineswegs irgendwelche Befugte sind. Ich frage mich, ob ich mich sorgen sollte, entscheide dann aber, dies sei einer dieser Fälle, wo man durch Default-Misstrauen wirklich nette Begegnungen verpassen kann; und siehe, ungestärkter Kumpel kommt alsbald mit einem Offiziellen zurück, deren gestärkte Hemden nämlich blau sind. Man weist mir einen Platz zu, ich teile das Abteil mit Katy, einer jungen Italo-Iranerin, und N. aus Teheran, die ihre studierende Tochter in Istanbul besucht hat. Wir plaudern bis zwei Uhr morgens, richten dann unsere Lager her und fahren ostwärts into the Great Unknown.

Durchs wilde Kurdistan

Feiner Zug. Ganz prima, schlicht, aber sauber, es gibt sogar Klopapier, das relativ regelmäßig aufgefrischt wird, und jede Stunde geht ein Straßenkehrer durch die Gänge. Rauchen kann man überall, ganz besonders im Speisewagen. Verglichen mit dem bulgarischen Holterdipolter geschmeidet dieser unser Zug durch die Landschaft mit der Eleganz eines Nijinsky; nur was die Geschwindigkeit angeht, reichte es wohl selbst bei den Paralympics kaum zu einer ehrenvollen Erwähnung, aber wen schert das schon. Prächtig klimatisiert ist er, und auch wenn man an FENSTER AUF hier nur bedingt glaubt, so finde ich doch tatsächlich einen Schaffner, der gelegentlich TÜR AUF kann.

Überhaupt bin ich die Schaffnerflüsterin. Umgehend bin ich wieder mit sämtlichen Schaffnern befreundet, mit zweien unterhalte ich mich morgens bei türkischem Mokka im Speisewagen – einer kann rudimentäres Englisch, der andere rudimentäres Deutsch –, ein dritter lädt mich zum Rauchen in sein Abteil ein, wo er mich so lange auf Türkisch zutextet, bis ich gnadenlos auf Deutsch zurückschwafel, sehr vergnüglich, und ich weiß eh, was er sagen will: Ich sei ach so schön und gar so lieblich, er sei mir mit Haut und Haar in tiefer Liebe verfallen, und wie wär's vielleicht mit Ficken? Nur um sicherzugehen, zeigt er auf seinen Ehering, merkt an, dass ich keinen hätte, und sagt: *I love you.* Ich erkläre ihm weitschweifig und wortreich auf Deutsch, wie überaus überrascht ich desob bin.

Den Wendekreis des Backpackers scheine ich überschritten zu haben. Kein einziger Vertreter dieser Spezies ab Istanbul, erst in Ankara werden doch noch einige versprengte Wagemutige zusteigen.

Meine Abteilgenossinnen verschlafen Tag 1 zur Hälfte, ich kaue Trockenaprikosen und schreibe. Es gibt sogar *Free Steckdose,* was ich Doofie allerdings erst an Tag 2 entdecke. Draußen wird die Landschaft fremder. Bisher lag alles im vertraut mediterranen Bereich, nun erwache ich zwischen Hügeln und Bergen, die mich in ihrer kargen Schönheit und mit dem weiten tiefblauen Himmel darüber an die Mongolei erinnern. Es besteht kein Zweifel, ich lege Distanz zurück, und täglich wird ein Stück Vertrautheit durch etwas Neues, Anderes ersetzt.

An Tag 2 fahren wir durchs wilde Kurdistan, Karl May hat nicht gelogen. Nicht nur die karstigen Berge und breiten Ströme machen einen wilden Eindruck, auch die Militärstellungen der türkischen Armee. Kleine

Forts im Nirgendwo, manchmal bloß ein paar Geschütze in durch Sandsäcke befestigten Unterständen, andere mit solider Infrastruktur und Panzerfuhrpark. N. sagt, nachts lege die PKK hier nach wie vor Minen. Wir passieren Frachtzüge mit Geschützen, Panzern und Dingen unter grauen Planen darauf.

N. und Katy sind fabelhafte Reisegenossen. N. ruhig und verschmitzt, Katy stets in perfektem Amerikanisch – sie lebt in Istanbul und unterrichtet Englisch – übersprudelnd. Wir teilen unseren Proviant (Katy hat wenig, N. einen ganzen Supermarkt dabei, ich liege irgendwo dazwischen) und reden. Über die Türkei, den Iran, den Rest der Welt, Politik und Privates, Literatur und Lebensgeschichten. N. sagt, seit sie mehr Türkisch spreche, vergesse sie ihr Englisch, es ist jedoch nach wie vor sehr passabel. Sie habe 15 Jahre in der Transportbranche gearbeitet, ein toller Job, ein Männerjob, damals sei sie viel gereist, sie liebe das Reisen. Aber heutzutage könne sie nur noch in die Türkei, mit einem iranischen Pass bekäme sie von keinem anderen Land ein Visum. Wieder mal möchte ich spontan in die Hymne an meine zufällig richtige Nationalität ausbrechen. Sie erzählt, wie schwer es sei als Frau im Iran, in allen diesen Ländern hier, wo, wie sie sagt, Männer die Frauen als Besitz ansehen, als Möbelstück oder Vieh, als Dienstbotin und Brutkasten. Überhaupt hat sie viel zu erzählen, ich höre zu, ich reise wegen genau solcher Gespräche.

An Tag 2 wird der zunächst noch etwas schläfrige Zug lebhafter. Orientpopmusik scheppert durch die Gänge, und man knüpft allerlei Freund- und Bekanntschaften von Abteil zu Abteil. Eine eher konservativ aussehende Teheranerin spricht mich an, allerdings auf Farsi, ob ich in den Iran fahre, und als Katy dolmetscht, hat auch sie viel Unerwartetes zu erzählen. Milan, einer von zwei sehr jungen serbischen Backpackern, gesellt sich danach zu uns ins Abteil, wir reden über Krieg und Frieden. Ein Pummelchen aus Tabriz findet, ich rauche zu viel, fragt mich, ob ich in den Iran fahre und ob ich Angst hätte. Geht so, sage ich; sie sagt, sie schon. Sie kehrt gerade nach einmonatigem Besuch in der Türkei nach Hause zurück.

Draußen ist's wild und wunderschön. Bisweilen kleine Dörfer, selten kleine Städte, immer viele Vögel: Reiher, Störche, Raubvogelsilhouetten hoch im Blau. Nachmittags halten wir aus ungeklärten Gründen an einem Flussufer in der Wildnis. Alle steigen aus und machen Fotos voneinander, dann pfeift die Lok und wir steigen wieder ein. Wem das nicht gut gefällt, dem ist auch nicht mehr zu helfen.

Wir haben wohl circa zwölf Stunden Verspätung, doch jede einzelne davon ist nett. Morgens gebe ich eine Runde echten Kaffee aus, abends füttert uns N. mit gefüllten Weinblättern aus der Dose. Gegen 18 Uhr sollen wir Lake Van erreichen, den man in fünf, sechs Stunden mit einem Fährschiff überquert. Auf der anderen Seite wartet ein iranischer Zug (hoffe, das tut er auch), und nachts gegen zwei erreichen wir vermutlich die Grenze.

Im türkischen Zug werde ich das zweite Buch zurücklassen müssen, Mahmud Doulatabadis *Die Reise,* ich empfinde tiefen Abschiedsschmerz, eigentlich kann ich so was nicht, Bücher aussetzen, aber es hilft nichts – ich muss Ballast abwerfen. In Istanbul blieben bereits Liu Zhenyuns *Taschendiebe* zurück plus der Reiseführer. Bloß die Tangoschuhe, die habe ich dann ehrlich gesagt doch mitgenommen.

Boot & Borderline

Mit dem letzten Tageslicht erreichen wir Lake Van. Ein Weichzeichner aus milchigem Dunst über den Hügeln, in denen die Sonne verschwindet, um umgehend durch einen fast vollen Mond ersetzt zu werden. Das Umsteigen von Zug zu Fähre flott, alles hurtet los, um auf dem Passagierdeck die besten Plätze zu erhaschen – und verbringt dann doch die fünf Nachtstunden draußen auf dem Achterdeck, in lauer Luft unter einem Mond, der so hell ist, man könnte dabei lesen.

Kann man aber nicht, denn es gilt ja zu klönen. An Deck, meistenteils auf dem Boden, Stühle sind knapp, bilden sich Grüppchen in wechselnden Formationen, reden, palavern, trinken Tee, rauchen. Familien picknicken, Frauen bauen Deckennester für ihre Säuglinge. N. gesellt sich zu einem Kreis iranischer Männer und verstrickt sich in eine erregte Debatte, es geht um Politik und Religion, erzählt sie mir später. Katy freundet sich mit drei Typen im Skaterlook an, lässt sich von ihnen über das letzte Jahr in Teheran berichten, einiges übersetzt sie mir, ich fluche trotzdem, dass ich diese Sprache nicht verstehe. Neben uns haben sich junge Teheraner Hipster mit einem griechischen Travellerpärchen zu einer Plaudergemeinschaft formiert, ein ziemlich gebraucht aussehender Typ in Camouflagehose sitzt auch dabei, die Gruppe wächst stetig, man trinkt Tee und raucht.

Die skurrilste Lebensform an Bord sind zwei Schweizer, die sich mit ihren rasierten Schädeln ohnehin zum Verwechseln gleichen, sie tragen aber irrsinnigerweise zudem stets Partnerlook, wir haben sie gestern schon gesehen. Katy spricht sie irgendwann an, kommt aber nicht dahinter, was das wohl zu bedeuten hat. Die beiden Serben gehören ebenfalls weiterhin zur Statisterie, sie werden übrigens Teheran links liegen lassen und gleich nach Isfahan und Shiraz weiterfahren; sie zeigen sich überaus verdutzt, dass ich das umgekehrt handhabe.

Mit N. stehe ich später rauchend an der Reling. Der Mondschein treibt sich im Kielwasser um. Im See, sagt sie, lebe ein Monster, wie in Loch Ness. Wir würden es beide gerne sehen. Denn die schrecklichen Monster, sagt sie, die sind alle in der Politik. Wir reden über Politik. Wir reden über ihren Freund, er ist zehn Jahre jünger – sie ist 47 – und derzeit in Istanbul. Vielleicht kommt er nicht zurück. Wir reden darüber, wie schwer es ist für starke Frauen, akzeptiert zu werden oder gar einen Kerl zu finden; und wie es das wert ist, weil es nichts Cooleres gibt, als stark und autark zu sein. Das ganze Prinz-küsst-Dornröschen-wach-Prinzip schien mir nie erstrebenswert, sage ich, überhaupt war ich an Prinzen und Prinzessinnenhaftigkeit nie interessiert. N. sinniert kurz und sagt mit tiefer Überzeugung: *I like Shrek*. Dabei grinst sie so durchtrieben, dass Katy und ich uns einen Ast lachen. Ich weiß jetzt schon, wie sehr ich die beiden vermissen werde.

Es wird kühl. Wir wärmen uns drinnen, dort drehen drei Männer die (türkische? iranische?) Musik auf und beginnen zu tanzen, die Passagiere klatschen den Rhythmus und johlen erfreut – bis ein türkischer Hodscha befindet, dies gefährde die Sittlichkeit seiner Familie. Es entflammt ein hitziger Disput, N. an vorderster Front, das Amüsemang bleibt zwar unterbunden, ich habe trotzdem das Gefühl, dass N. den Mann gerade theologisch gehörig zur Schnecke macht; wieder quält es, kein Wort zu verstehen.

Wir sind kurz nach Mitternacht am anderen Ufer. Der Zug nicht. Wir warten ein knappes Stündchen am Kai und trinken schlechten Tee, der obligatorisch ist, will man die Plastikstühle und -tische belegen.

Dieser Zug jetzt ist iranisch, was sich unter anderem dadurch bemerkbar macht, dass N. mir erst mal erklären muss, bei den Ornamenten auf den Milchglasscheiben der Abteiltür handele es sich um Zahlen, nicht um florale Muster. Er ist sehr viel plüschiger als der nüchterne türkische Zug – was bedingt, dass er auch etwas mottiger anmutet –, aber sehr gemütlich. Beim Getümmel zur Abteilvergabe hat N. uns resolut drei gemeinsame Platzkarten besorgt, und eine ältere Dame hat sie auch noch unter ihre Fittiche genommen. Im Abteil sind vier große blaue Päckchen deponiert, die ich für Fallschirme halte, es sind aber die Decken und Kissen; blöd eigentlich, die oberen Kojen sind so schwindelerregend hoch, ein Fallschirm wäre nicht unangebracht gewesen. Wir legen uns schlafen, im vollen Wissen um die Vergeblichkeit dessen.

4 Uhr morgens, türkische Grenze. Alle Mann raus. Im vollgestopften Wartesaal ist es zu stickig, draußen ist es zu kalt, in der Schlange geht gar nichts voran. Eine zweistündige Exerzitie in Minderspaß, bis wir unsere Stempel haben. Wir Frauen – von denen einige bis eben in pinkfarbenen Paillettentops daherstöckelten – haben uns zur Feier des Morgens jetzt in Kopftücher und Manteaus oder Vergleichbares geworfen, eine interessante Kollektivmutation. (Manteaus sind diese oberschenkellangen Mäntel, die es fortan zu tragen gilt.)

Die iranische Passkontrolle hingegen besteht dann bloß aus dem schläfrigen Rausreichen der Pässe zur Abteiltür; die Zollkontrolle besteht für mich, die ich als doofe Touristin natürlich nicht gemerkt habe, dass es einen Gepäckwagen gibt, aus dem Satz „Welcome to Iran!". Kurz darauf steigt Katy aus. Ihrer Ansicht nach hat sie mich übrigens beim Rennen um den Stupid-Tourist-Award geschlagen, sie hat bei der Planung ihrer Urlaubswoche irgendwie übersehen, dass sie drei Tage hin braucht und drei zurück, was exakt null Tage Aufenthalt bei ihren Freunden ergibt. Wir tauschen in Eile Mailadressen und sehen uns wahrscheinlich nie wieder.

Wir anderen drei schlafen, bis es zu warm wird im Abteil, jedenfalls in den oberen Kojen, ich komme zum Weiterschlafen runter. In Tabriz haben wir Aufenthalt, Beine vertreten, Zigaretten kaufen, ich unterhalte mich lang und nett mit dem Bahnhofschef – ich und die Eisenbahner! – über alles Mögliche. Er will von mir technische Details zum deutschen Bahnsystem erfahren, mit dem ich mich irgendwie gar nicht auskenne, außer natürlich, dass die Fenster nicht aufgehen.

Wir lesen, schlafen, dösen. Ab und zu werden uns Mahlzeiten ins Abteil gebracht, zu der Gelegenheit tüdeln wir uns hektisch die Kopftücher um, schon schrullig, hat uns doch derselbe Schaffner noch von Lake Van bis zur Grenze haarig und in Hemdchen gesehen. Gegen zehn richten wir die Betten her, denn unsere Ankunft in Teheran steht immer noch in den Sternen. Schlafen kann ich trotzdem nicht. Um vier endlich die Lichter Teherans, unser Zug genießt die Einfahrt in die Stadt ausgiebig und lässt sich Zeit, um fünf erst stehen wir am Bahnsteig. Der doofe Tourist ist jetzt das Cleverle und erspart sich das Warten aufs Gepäck, das im Flughafensystem in der Ankunftshalle eintreffen wird. Ich verabschiede mich innig von N., und das ist das eigentlich Schlimme am Reisen: die Abschiede, all die Abschiede.

25. Juli 2010
Teheran

Die Achse der Netten

Von sechs Uhr früh bis mittags geschlafen. Eigentlich bin ich zu müde, andererseits: Bin ich in Teheran. Ich bestelle mir einen Kaffee aufs Zimmer und sehe, Schockschwerenot, dem absolut Bösen ins Auge: Nescafé MIT intergriertem Kaffeeweißer UND Zucker. Wohl dem, der da sein Kaffeepulver getreulich über noch so viele Längengrade schleppt (gottlob ist das Gebräu nicht bereits angerührt und das heiße Wasser somit noch unschuldig). Dann mache ich mich auf, die Stadt zu entdecken.

Teheran. Teheran ist groß, aufregend, spannend, frappierend lebensfroh, unglaublich widersprüchlich, verwirrend und trotz schon im Vorfeld gründlicher Hasenfußphantasmenrelativierung immer noch ganz anders, als irgendwie erwartet.

Verblüffung zum Ersten: Die Stadt erweist sich als absolut userfriendly. Geschriebenes Farsi ist mir natürlich reines Ornament, ach, dachte ich, wie würde ich mich noch nach den guten alten Zeiten sehnen, als alles so praktisch in Kyrillisch beschriftet war. Doch siehe: Alle Straßenschilder sind auf Farsi *und* Englisch, alle wichtigen Hinweisschilder ebenfalls, enorm viele Leute sprechen zumindest ein bisschen Englisch und eine Menge sogar ein ganz fabelhaftes. Zudem balgt man sich geradezu darum, dem doofen Touristen weiterhelfen zu dürfen.

Mein Hotel liegt in Teherans Mitte, nahe der Metrostation Sa'adi (ein Dichter), wunderbar für einen Stadtläufer wie mich – die Teheraner werden mich allesamt für von der Muffe gepufft halten, wenn ich erzähle, wie viele Kilometer ich täglich so zurückzulegen pflege. Im Süden das alte Zentrum der Stadt, nördlich der moderne Teil. Ich laufe zunächst zum Ferdosi Square (auch ein Dichter, man erklärt mir, hier hießen alle Straßen entweder nach Dichtern oder nach Märtyrern; ist ja eigentlich für jeden Geschmack was dabei) und wechsele dort Geld. Total unproblematische Aktion, Geldwechsler spricht perfektes Englisch und reicht mir zweieinhalb Kilo Scheine, wir plaudern und scherzen, er sagt zum Schluss „Welcome to Iran!". Von den 15 Millionen Teheranern werden mich innerhalb von vier Tagen etwa ein Drittel persönlich im Iran willkommen geheißen haben.

Ohne die diversen paranoiainduzierenden Aspekte des iranischen Staates vergessen zu wollen (wer könnte das), muss man konstatieren: Die Stadt zeigt dem Besucher ein paranoiafreies Gesicht. In nicht vielen fernen Städten habe ich mich so unbefangen gefühlt. Meine touristenimmanente Dusseligkeit (siehe auch: *Exkurs. Lebensform Tourist*), die mir sonst stets unheimlich peinlich ist, fällt kaum ins Gewicht, wenn jedermann so freundlich ist. Der Faktor *Blöde Anmache* steht bei null, ein höchst rares Geschenk für die alleinreisende Frau. Ich werde anscheinend bloß einmal beim Einkaufen mit einem Touristenpreis übers Ohr gehauen, und da steht auch schon wer neben mir, der sich darüber mordsmäßig aufregt. Die Kriminalität ist wohl für eine so große Stadt eher niedrig, das Straßeüberqueren viel weniger suizidal, als im *Lonely Planet* beschrieen. Die ernstlichste Gefahr für Otto Normaltourist, so er nicht darauf besteht, im Stars-and-Stripes-Bikini und mit Holsten-Dosen jonglierend die Hauptstraße entlangzurennen, besteht meiner Einschätzung nach darin, vor lauter Beschämung über so viel Freundlichkeit, Großzügigkeit und Hilfsbereitschaft einfach zu kollabieren.

Fast jeder lächelt mich an, jeder Zehnte spricht mich an. Meist auf Englisch, manchmal auf Farsi, dann beschränkt sich das Gespräch zwar auf die zwei einzigen Worte, die wir teilen: *Aleman* und *Tourist,* gestaltet sich darum aber nicht weniger herzlich. Arme Serben, die Teheran umfahren haben, weil es so laut und luftverschmutzt sei und so sehenswürdigkeitenarm im Vergleich zu Isfahan und Shiraz, sie verpassen die wahrliche Sehenswürdigkeit: die Teheraner.

Vom Ferdosi Square laufe ich weiter Richtung Valiasr Avenue, eine Nord-Süd-Achse und Lebensader der Stadt. Zur Spaßverstärkung (siehe: *20. Juli. Das Kennenlernen von Städten*) benötige ich heute mal Haarnadeln, ich nämlich habe zwar kein größeres Problem damit, ein Kopftuch zu tragen, meine Haare aber liegen bereits nach fünf Minuten in einem Partisanenkrieg mit dem Ding und sind kaum zur Räson zu bringen.

Vielleicht kurz zum Aufreger Kopftuch – vor meiner Abreise sagte mir jemand gar, sie würde allein des Kopftuchzwanges wegen nie in den Iran fahren. Ich nun trage in Sonnenstichgebieten meist sowieso eines, weil mir Hüte lästig fallen (allerdings am Hinterkopf gebunden, nicht unter dem Kinn, was einen nennenswerten Temperaturunterschied ausmacht), und ich würde, wenn jeder Tuch trägt, auch freiwillig mittragen, es erschiene mir schlicht als eine Frage der Schicklichkeit, und Letztere, wie jeder Reisende weiß, variiert halt von Kultur zu Kultur, bummsti, fertig ist die Laube.

Es erntete ja auch der Herr aus Papua, der dort mit seiner Penishülse einen feschen Eindruck macht, bei uns auf der Mönckebergstraße eher scheele Blicke. An meinem Kopftuch zuppel ich die ersten zwei Stunden zwanghaft rum, dann hab ich's eigentlich für den Rest der Reise vergessen. Wie man sich von einem derartigen Kinkerlitzchen vom Reisen abhalten lassen kann, ist mir schleierhaft, kleiner Scherz.

Die Temperaturen liegen allerdings auch bloß in den Dreißigern, letzte Woche waren's hier zehn Grad mehr, und ab 40 °C sind mir schon die eigenen Augenbrauen zu warm. Meine Manteauvariante, eine Art übergroßer Hemdenmantel, den ich aus irgendeinem Grund besaß, ist jedenfalls übertrieben gewählt, viel zu schwer, zu dick, zu heiß, ich bin am ganzen Körper schwitzig und backsig. Da ich nicht glauben will, dass eine solch permanente Backsigkeit gottgefällig ist, notiere ich Manteaukauf zu den Haarnadeln auf meine Einkaufsliste. Nach dem Erwerb zweier ultraleichter Baumwolldinger – ein blaugraues sackhaftes Büßerhemd und ein elegantes schwarzes aus der Produktionslinie von H&M – geht's schon besser. Eigentlich keine große Sache.

Aber Zwang ist halt Scheiße. Immer. Da beißt die Maus keinen Faden ab. Das sehe nicht nur ich so. Wer mal ein paar richtig bocklos getragene Kopftücher sehen will, der fahre nach Teheran. Weniger kann man ein Kopftuch nicht tragen, ohne dass es per definitionem zum Halstuch wird. Ähnliche Phänomene zeigen sich bei den Manteaus. Keinesfalls huscht die Teheranerin notwendigerweise im Tschador durch die Schatten. Nach meinen viertägigen Observationen würde ich sagen, die Weiblichkeit teilt sich in circa: ein Viertel Tschadorträgerinnen, ein Viertel sehr konservativer Hijab, ein Viertel dezente Eleganz, ein Viertel heiße Feger.

Den Eindruck, sie ließen sich so leicht die Butter vom Brot nehmen, machen die meisten dabei nicht. Die Studentinnen, mit denen ich rede, studieren zumeist hartes Zeug: Ingenieurswissenschaften, Informatik, Biotechnologien, Wirtschaftswissenschaften. Keine ihrer Mütter ist Hausfrau, leitende Positionen haben hingegen viele. Auch ich scheine mit dem Upgrade meines Iranbildes eine Betaversion erwischt zu haben, die dem Geschehen noch ein, zwei Jahrzehnte hinterherhinkt.

All die Gespräche. Teheran ist ein Traum für jemanden wie mich, der hauptsächlich der Menschen wegen reist und so hemmungslos neugierig ist. Gleich am nächsten Square vor dem Shahr-Theater, wo gerade ein internationales Puppenspieler-Festival stattfindet – auf dem Rückweg sehe ich dort eine Performancetruppe aus Berlin –, spricht mich A. an, ob ich Tourist sei (was ja schließlich leicht zu übersehen ist), welcome to Iran. Er studiert an der Uni und unterrichtet dort Englisch, wir setzen uns im Schatten der Bäume auf eine Bank und unterhalten uns ein knappes Stündchen, dann muss ich los, ich bin unterwegs zum sehr netten Menschen vom Teheraner Reisebüro, um ihm mal persönlich wenigstens ansatzweise angemessen zu danken.

Ich komme kaum dazu. Er hat derart viele hilfreiche Tipps zur Teheranerkundung für mich, nicht nur in Sachen Sehenswürdigkeiten, sondern ebenso für Künstlercafés, Insider-Restaurants, Galerien, er schreibt mir alles auf Zettel, und ich merke: Vier Tage sind für Teheran ein Witz. Ich bräuchte zwei Wochen, mindestens.

Weil ja die Hälfte der Zeit an all die Begegnungen geht. Ich komme, als ich das *Rastintours*-Büro verlasse, nicht mal bis zur nächsten Straßenkreuzung, als mich zwei Mädchen ansprechen, ob ich Tourist sei. Man muss dazu mal sagen, dass ich nicht touristiger aussehen könnte selbst wenn ich ein Pappschild mit zweisprachiger „Tourist"-Beschriftung trüge. Es gibt von meiner Spezies hier offensichtlich nicht allzu viele, um nicht zu sagen: keine. Die, die kommen, kommen in Gruppen und fahren nach Isfahan und Shiraz. Der sehr nette Mensch vom Teheraner Reisebüro hatte seit geraumer Zeit nur einen Individualreisenden, einen Typ auf Geländewagentour.

Nasim, 25, studiert auf Elektronikingenieur, engagiert sich, wenn ich das richtig verstehe, bei der Couch-Surfer-Website und wartet auf ihr Visum für ein zweijähriges Postgraduierten-Studium in Schweden. Ihre Schwester Negar ist fünf Jahre älter, hat BWL studiert und kommt gerade aus dem Büro, ihr recht gestrenges Kopftuch erklärt sie ungefragt mit Arbeitskleidung. Beide heißen mich im Iran willkommen und entschuldigen sich erst mal, dass sie nicht die ganzen nächsten Tage Zeit hätten, mir die Stadt zu zeigen, aber wenigstens jetzt, falls ich nichts anderes vorhätte, müssten wir unbedingt zusammen essen gehen, sei ich schon iranisch essen gewesen?

Das muss man sich mal vorstellen. Wir schlendern durch den abendlichen Trubel der Straßen zu dem ihrer Meinung nach besten

Restaurant, das aber geschlossen hat, also schlendern wir zum zweitbesten. Währenddessen betreiben wir ein bisschen Window-Shopping, und als ich die beiden frage, was für Musik sie so hören, spielt mir Negar auf ihrem Handy einen Querschnitt der persischen Populärmusikgeschichte vor. Es ist ziemlich lustig, wir haben Spaß, vor allem, als mir etwas aufgespielt wird, das, so ich die Erklärung richtig verstehe, wohl ganz, ganz schlimme Prollmusik sein muss.

Das Restaurant liegt im Souterrain, was anscheinend viele Restaurants so halten, es hat überkandidelt gartenhafte Dekoration und außer Tischen jede Menge üppige Lungerecken, wo man sich auf Teppichen und Kissen fläzt, von einer Plastikdecke isst und hinterher Tee trinkt und Qalyan, Wasserpfeife, raucht. Ich halte das Lokal schon für gut belegt, vor allem die Podeste mit den Lungerlagern, aber die Schwestern erklären mir, es sei noch zu früh, der Teheraner sei eine Nachteule und gehe erst ab frühestens zehn zum Essen aus.

Wir bestellen zwei Kebabs und teilen, dazu gibt es verschiedene Reisvarianten, Lavash, ein pappendünnes Brot, salzigen Joghurt mit, wahrscheinlich, Frühlingszwiebeln darin, und einen Joghurtdrink, in dem ich Dill vermute. Obgleich ich hinterher mit Zähnen und Klauen um die Rechnung kämpfe, habe ich keine Chance, die Gegenseite ist zu zweit, eine hält mich in Schach, die andere bezahlt.

Unbedachterweise sage ich beim Verlassen des Restaurants, ich würde ein bisschen zu Fuß heimlaufen wollen – ich bin gemästet! –, was natürlich zur Folge hat, dass die Schwestern, die noch eine Stunde Metrofahrt in die Vorstadt absolvieren müssen, darauf bestehen, mich noch ein gutes Stück beim Spaziergang zu begleiten. Es ist gegen elf, und man hat das Gefühl, die Stadt laufe sich gerade erst warm. Wir gehen vom Haft-e-Tir-Platz nach Süden, kommen an der berüchtigten ehemaligen US-Botschaft vorbei, deren Gelände sich über mehrere Häuserblocks erstreckt. Gegenüber steht eine modernistische Kirche. Dann steigen wir in die U-Bahn und fahren zwei Stationen bis Sa'adi.

Fliegende Händler gehen durch die Waggons und bieten allerhand Waren feil, ein Knirps hält uns bunte Zettelchen hin, es sind Gedichte von Hafis, die man für eine Art Orakel verwendet; als mir das erklärt wird, ist der Knirps nur leider schon weg, schade, ich hätte gern welche gehabt. Ich danke innerlich meinem Hamburger Lieblingsperser für die Leseliste, die er mir aufgestellt hat, dank ihrer bin ich nun nicht gänzlich unbewandert in all der ganzen wunderbaren persischen Literatur.

Nasim und Negar steigen an meiner Station mit mir aus, um sich nicht zwischen Tür und Angel verabschieden zu müssen. Habe ich schon erwähnt, wie das so ist beim Reisen, dass jede Begegnung unweigerlich mit einem Abschied verbunden ist? Reisen kann ich ganz gut, bloß an den Abschieden muss ich irgendwie noch arbeiten.

Die Achse der Schlümpfe, Teheran

Teheran fur Flaneure

Das eigentlich Erstaunliche am Reisen ist ja nicht, dass sich unterwegs alles ändert und stetig fremder wird, das gehört schließlich so, täte es das nicht, wollte man doch irgendwie sein Geld zurück. Das Erstaunliche ist, wie schnell man sich selbst adaptiert. Sofia und Istanbul, das waren doch diese Hamburger Vororte. Verließ ich das Hotel gestern noch mit mächtig Aufregung, nun endlich einen Ort zu sehen, der mir mein Leben lang aus den Schlagzeilen gegenwärtig war, fühle ich mich heute hier schon verblüffend heimisch.

Die Infrastruktur macht's einem leicht. Es fließen mittlerweile auch endlich mal *Free WiFi* und *Free Steckdose* in Strömen, bloß habe ich nichts davon, den Teufel werde ich tun, meine vier Tage Teheran im Hotel zu verbringen. Gestern Abend erwarb ich ein Metroticket für zehn Fahrten, natürlich ist die Metro ebenfalls durchgehend zweisprachig. Sie ist bislang auch nur zweistreckig: Eine fährt von links nach rechts, eine von hoch nach runter; ich, die ich gestern hoch gegangen bin, fahre heute runter, nach Süden. Die zukünftigen Metrostreckenpläne sind ebenso ehrgeizig wie notwendig, die Stadt erstickt an ihrem Verkehr, die spektakulären Berge im Norden verschwinden tagsüber im Smog, die Teheraner fahren wie die Henker, die Verkehrsmuster entstammen dem Albtraum eines Teppichwebers auf LSD, und das Straßeüberqueren ist nur fast nicht ganz so schlimm wie im *Lonely Planet* beschrieben.

Die Metro hingegen ist klasse. Sauber und auf der Höhe der Zeit. Vorn und hinten gibt es Waggons für Frauen, man kann die anderen aber genauso benutzen, nur in den Bussen ist Getrenntsitzen Pflicht. Die Frauenwagen sind meist weniger überfüllt, also warum nicht. Es sprechen mich übrigens auch Tschadorträgerinnen überaus herzlich und neugierig an, junge wie alte, nur sprechen sie kein Englisch, und mit Farsi bin ich nicht weiter als *klein, groß, ja, nein, hallo, auf Wiedersehen, Kaffee* und *danke,* Letzteres heißt *merci,* das krieg ich hin.

Den Vormittag mäandere ich durch die Gewölbe und überdachten Gassen des großen Basars. Macht Spaß – ich kenne bislang nur die hochtouristischen Basare von Marrakesch und Istanbul, dies aber ist naturgemäß ein reiner Gebrauchsbasar. Es wimmelt, wuselt und handelt, und keiner nervt. Nicht mal die Teppichhändler, ich kürze jede Teppichdebatte mit der Erklärung ab, ich reise per Bahn von Deutschland nach China, und da sei unterwegs der Nutzwert noch des schönsten Kelims eher gering. Man zeigt sich verständnisvoll, plaudert stattdessen ein bisschen, erklärt mir den Basar und wo darin die Moschee zu finden sei, nur ein junger Kerl versucht, mir für die Reise einen fliegenden Teppich zu empfehlen.

Im Durchgang zu einem alten Kuppelgewölbe spricht mich Mustafa an. Er ist dreißig, wirkt aber mit seinem hohen Haaransatz irgendwie älter. Mein erster Eindruck ist: ein trauriger kleiner Mann. Ein schüchterner Nerd. Sein Englisch ist lausig, und doch arbeitet er so hart daran, Englischlehrer zu werden. Er kommt aus einer kleinen Provinzstadt und ist nur zu Besuch in Teheran, um Englischlehrbücher zu kaufen, er lernt per Fernstudium. Und er träumt, wie so viele, vom Ausland.

Wir unterhalten uns sicher eine Stunde lang, ich nehme an, es hat ihn all seinen Mut gekostet, mich anzusprechen. Wie ein kleines Gespenst steht er vor mir im Halbdunkel des Basars. Er zeigt mir seinen Bogen mit Prüfungsfragen, es wird im Multiple-Choice-System hochspitzfindige Linguisten-Grammatikterminologie abgefragt, von der ich nicht die geringste Ahnung habe. Mustafa hingegen kennt noch nicht mal das Wort „appreciate“ (er lässt es sich aufschreiben), und es ist nicht gänzlich unwahrscheinlich, dass dies sein allererstes Gespräch auf Englisch ist.

Seine Muttersprache ist Azari, eine Turksprache aus dem Norden Irans. Ich kann mich nicht erinnern, dass er während unserer Unterhaltung einmal gelächelt hätte, und auf dem Foto, das ich von ihm mache, ist seine Gestalt geisterhaft verschwommen. Er habe noch nie eine Freundin gehabt, erzählt er mir irgendwann, nicht mal eine platonische. Das gesellschaftliche System mache es einem unmöglich, Mädchen kennenzulernen, jedenfalls in einer Kleinstadt wie der seinen. Aber wenn er nur genug Englisch lerne, dann könne er weggehen. Ins Ausland. Wo alles anders sei. Nach Istanbul vielleicht, Türkisch lernen fiele ihm als Azari leicht. Ob man nach Europa dürfe, wenn man eine europäische Frau heirate? Er sei schon dreißig, er habe nicht mehr viel Zeit. Aber er wolle und könne und werde nicht aufgeben. Er müsse es ins Ausland schaffen, er habe nur ein Leben, da müsse er um seine Träume kämpfen.

Hätte ich mich nicht irgendwann verabschiedet, stünde ich wahrscheinlich immer noch da, beim hartnäckigen, einsamen kleinen Mustafa. Es tut mir leid zu gehen. Er tut mir leid. Er bleibt stehen, seine Aktentasche mit den Büchern vor der Brust wie einen Rettungsschwimmkörper. Um ihn branden die Wogen des Basars.

All die Gespräche in diesen vier Tagen. Keines davon wird von mir initiiert, man spricht mich an und beginnt, ungefragt, zu erzählen, und ich tue, was der gute Reisende tut: Ich höre zu.

Ich höre viel von Verbitterung, Frustration, Wut, Resignation. Und jede Menge sarkastischen Galgenhumor. Alle lieben ihr Land, alle wollen ins Ausland; die, die's nicht wollen, haben bloß schon aufgegeben. Natürlich sind meine Gesprächspartner nicht repräsentativ – nur auf Englisch findet überhaupt ein Gespräch statt, und nur die Gebildeten und (nicht ausschließlich, aber größtenteils) Jungen und, wahrscheinlich, mehr oder weniger Wohlhabenden sprechen Englisch. Das Wort „Freiheit" fällt in diesen Tagen öfter als daheim in einem ganzen Jahrzehnt. Kleiderordnungen hingegen erscheinen in dieser Perspektive von banaler Zweitrangigkeit; klar, auch auf meiner persönlichen Liste von Lieblingsmenschenrechten rangierte das Recht auf Spaghettiträger nicht notwendigerweise in den Top Ten. Und schon im Zug begann ich, die bösen Albtraumgeschichten zu hören im Zusammenhang mit den Demonstrationen nach der Wahl letztes Jahr.

Vom Basar versuche ich vergeblich, den Weg zum Golestanpalast zu finden – das Einzige, woran's wirklich hapert, ist ein guter Stadtplan, ich laufe ein Stück hin und ein Stück her und stelle fest, dass man hier die Querstraßen vergessen hat. Dann halt per U-Bahn. Der Golestanpalast aber macht gerade Mittagspause, irgendwie sind ich und die Kulturdenkmäler derzeit nicht auf Du und Du. Ich trinke erst mal im Basar Melonensaft – an jeder Ecke gibt's ein Lädchen, in dem frische Fruchtsäfte gequirlt werden, das macht mich froh. Wenn's schon keinen Kaffee gibt. Der Chay, der hiesige Tee, ist ausgezeichnet, wird aber auch dadurch niemals den Makel überwinden können, kein Kaffee zu sein.

Details zum Golestanpalast entnehme man bitte Wikipedia – nein, ich bin kein solcher Kulturbanause, wie ich hier möglicherweise zu sein den Eindruck erwecke, bloß sind meine Einträge eh viel zu lang, man halte Romanschriftsteller dringend vom Bloggen ab.

Dann wieder nach Norden. Über den Imam-Khomeini-Platz, ein paar Stationen Metro, ich besehe mir die US-Botschaft bei Tageslicht, man sieht nur schier endlose rote Mauern, an der Südseite die berühmten Graffitis, die ich nicht fotografiere, weil sie schon totfotografiert sind, außerdem ist's eh nicht erwünscht.

Wie in Permanenz wiederholte Bilder ein ganz falsches Bild ergeben können. Ich habe die antiamerikanischen Botschaftsmauergraffitis so oft gesehen, man könnte denken, ganz Teheran sei derart bemalt. In Wirklichkeit sehe ich außer hier nur noch ein einziges *Down-with-the-USA*-Wandbild und eine einzige mit bärtigen Männern (die irgendwas mit Mazar-e Sharif zu tun haben) dekorierte Hausfassade. Lebende Vollbärte sehe ich, außer an Mullahs, gar keine, und das Stadtbild dominiert, wie überall, Werbung. An der Botschaftsstraßenecke der einzige Shop mit Extremistenbedarf, dem ich begegne, und die Geschäfte scheinen eher schleppend zu laufen. Ich persönlich würde lieber einen Handyladen aufmachen, ein jeder telefoniert, spielt, fotografiert, tippt SMS, allerdings ist die Valiasr Ave. weiter oben bereits gesäumt mit Elektronik-Shoppingmalls.

Die Widersprüche und der ständige Bruch mit unseren Teheranklischees. Neben einem großen Khomeinibild eine weitere Kirche. Eine Tschadoristin mustert ein Schaufenster mit den buntesten, überkandideltesten Phantasieprinzessinnen-Abendkleidern, die ich jemals sah. Hippe Gören ziehen untergehakt mit Tschadorfreundinnen kichernd durch die Straßen, die Parks und Cafés wimmeln von jungen Pärchen – die, wie ich höre, bei familiärem Verständnis bisweilen auch durchaus unverheiratet zusammenleben. Die iranische Bevölkerung ist unglaublich jung, und das daraus resultierende Unterangebot von Jobs, insbesondere qualifizierten, ist problematisch; allein deswegen wollen viele ins Ausland. In den Dauerstaus dröhnt aus offenen Autofenstern iranischer Hiphop, am Zaun dahinter reihen sich gelbe Tafeln mit Koransprüchen, einer gefällt mir in Sachen Mit-wie-viel-oder-wenig-Misstrauen-sollte-man-Reisen sehr gut: *Avoid much suspicion since in some cases suspicion is a sin.*

Ich bummele durch Straßen, Parks, Malls, wende mich gen Abend zurück nach Süden und esse in einem vom sehr netten Menschen aus Teheraner Reisebüro empfohlenen Hotelrestaurant zu Abend, wiederum zu früh, das Restaurant ist so leer, wie es bunt ist. Auf der Toilette habe ich Backsigmantel gegen frisch erworbenes Büßerhemd getauscht, das mit nahezu frivoler Luftigkeit schmeichelt; bloß ein Kopftuch mit einer derartig nonchalanten Eleganz zu tragen, wie es die Teheranerinnen tun, will mir nicht gelingen, ich sehe damit immer irgendwie aus wie Zwerg Nase.

Apropos Nase: unübersehbar im Stadtbild die vielen Leute, Männer wie Frauen, mit Nasenpflaster; die Nasen-OP gilt geradezu als Prestigemerkmal. Es existiert gar ein Markt für OP-Tourismus, die Teheraner Chirurgen sind nicht nur im Schönheitsbereich berühmt.

Das Restaurant füllt sich mit einer großen Männergruppe, vielleicht ein Fest, vielleicht eher eine Tagung. Mir tun die Füße weh, die Teheraner haben recht, ich laufe zu viel, gottlob habe ich mir in Sofia Schwachmatensandalen zugelegt (siehe: *Exkurs. Lebensform Tourist*). Wiederum überdosiere ich Kebab. Wie man in dieser Hitze solche Tiermengen verzehren kann, wird das wahre ungelüftete interkulturelle Geheimnis bleiben.

Noch ein irrelevantes Detail zur Nacht: Immer wieder sagen mir die Teheraner, dass Tina ein beliebter iranischer Name sei. Was sie mir verschweigen und ich erst im Supermarkt herausfinde: *Tina* ist in erster Linie der Name einer beliebten Toilettenpapier- und Damenhygienemarke. *Redefining Soft*. Na denn. Ich deute Weichheit gänzlich neu.

27. Juli 2010
Teheran

English for the Iranian Passenger oder: Do you do invisible mending?

Wer immer noch die Vorstellung hegt – und bei meinen diversen Gesprächen im Vorfeld der Reise schien mir diese nicht gänzlich unverbreitet –, Ali Normalteheraner sei den ganzen Tag mit Beten, Steinigen und Urananreichern beschäftigt, dem kann ich hiermit berichten: Dem ist nicht so. Er macht sich auch mal einen faulen Lenz. Heute zum Beispiel. Es ist Feiertag, Geburtstag des 12. Imam, des Mahdi. Eine gute Gelegenheit, es genauso zu halten. Und was soll ich sagen, vom Faulen-Lenz-Machen versteht er was, der Teheraner.

Ich nehme die Metro nach Norden, so weit sie bislang geht, und verbasele es beinahe, dann auch auszusteigen, denn auf den Fahrplänen ist bereits die künftige Endstation angegeben, während der *Lonely Planet* noch etwa vier Haltestellen hinterherhinkt. Von dort gönne ich mir ein Taxi hoch zum Saad-Abad-Palastmuseum; bevor ich mir einen Lenz mache, mache ich Historie, ich bin nämlich *wirklich* kein solch schlimmer Banause, wie es bisweilen den Anschein haben mag.

Saad Abad ist ein Museumskomplex innerhalb eines weitläufigen Parks, die ganze Anlage war einst dem Schah sein klein' Häuschen. Zwei seiner Residenzen sind mit Originalmobiliar zu besichtigen, der Weiße und der Grüne Palast, und erwartungsgemäß hat sich der Schah, soviel sei gesagt, nicht bei Ikea eingerichtet. Stattdessen zeigt er einen Hang zum *Dinner-for-One*-mäßigen ausgestopften Bodentiger und generell zum Lüster. Das Schlafzimmerdeckenmosaik aus einer Phantastillion Minispiegeln allerdings würde mich beim Aufwachen umgehend in den galoppierenden Irrsinn treiben.

Vor dem Weißen Palast stehen noch seines Vaters übergroße Schenkel. Aus Bronze. Ein unwiderstehlich beliebtes Familienfotomotiv, selbst ich kann mich kaum zügeln.

Im Weißen Palast spricht mich Ar. an, wiederum ein Student, wiederum Elektronikingenieur, seinem Examen fehlten nur zwei Punkte zur vollen Punktzahl, die bei Sechshundertirgendwas liegt. Auch er wollte nach Schweden, um weiter zu studieren, aber weil er seinen Militärdienst noch nicht abgeleistet hat, wird das vorerst nichts werden. Kaum überraschend, verplaudern wir uns ausführlich und stehen dabei allen Museumsbesuchern unglaublich im Weg herum. Kaum überraschend gibt auch er mir seine Telefonnummer und Mailadresse, wenn ich Hilfe bräuchte in Teheran, möge ich ihn bitte anrufen. In so viel Bredouille kann kein Mensch geraten, wie ich inzwischen Telefonnummern und Mailadressen habe. Meistens machen wir Fotos, sodass ich als kleinen Dank wenigstens Bilder zumailen kann.

Der Park erstreckt sich bergauf, Wege schlängeln sich hindurch, überall im Schatten, auf Bänken oder im Gras, sitzen und liegen Pärchen, Familien, Cliquen beim Picknicken, Chillen, Dösen. Oben vorm Grünen Palast finde ich ein kleines Café, das, praise the Lord, echten Kaffee serviert. Ich bestelle Espresso, was dauert, aber welchen Preis wäre ich nicht zu zahlen bereit.

Ich habe kaum genippt, da werde ich schon vom Nebentisch gefragt, ob ich mich nicht dazusetzen möchte. Ein junger Typ sitzt dort mit seiner alten Mutter bei Fruchtshakes. Er ist Student, der gerade auf sein Visum fürs Auslandsstudium hofft. Ich dachte mir schon so was. Sein Englisch ist nicht so perfekt wie das von Ar., aber beileibe kein Kommunikationshindernis. Die Mutter spricht nur Farsi, ist aber entzückend und strahlt mich an. Sohn übersetzt, Mutter hat viele neugierige Fragen. Über mich, meinen Beruf, meine familiären Umstände, ob ich Christ sei. Was ich mal bejahe, ich denke, Atheismusdebatten wären jetzt vielleicht überzogen. Sie will meine Meinung zum Hijab wissen und zupft an ihrer recht strengen Verschleierung. Wie immer, wenn ich nach meiner Meinung gefragt werde – so oft kommt das übrigens nicht vor –, antworte ich wahrheitsgemäß, dass ich nicht reise, um meine Meinungen in die Welt zu tragen, sondern um mir ein paar neue und womöglich bessere zuzulegen.

Was ich übrigens fast immer gefragt werde, ist, welches Bild die Europäer von den Iranern haben. Ob man glaube, die Iraner seien alle Terroristen? Barbaren? Fanatiker? Diese Sorge scheint die Teheraner schwer umzutreiben, ich nehme an, ein Teil der überwältigenden Freundlichkeit und frappierenden Offenheit, die mir entgegengebracht wird, entstammt dem verzweifelten Bedürfnis, dieses Bild zu korrigieren. Es funktioniert. Ich kann mir sehr gut vorstellen, wie alle diese kultivierten, modernen Städter ein mittelalterliches Fanatismus-Image verabscheuen müssen; ich hatte damals schon die ganzen Naziassoziationen satt, die vor zwanzig Jahren weltweit noch ziemlich virulent waren.

Mehr als einmal werde ich übrigens auch zu hören bekommen, man wünschte, ich hätte das Land unter dem Schah sehen können, da wären die Zeiten immer noch sehr viel besser gewesen als jetzt; nicht unschockierend, mein Schahbild ist alles andere als rosig, der SAVAK gehört zu all den Dingen, denen ich lieber nicht begegnen wollen würde.

Mehr als einmal werde ich gefragt, ob die Menschen in Deutschland glücklich seien. Wie beantwortet man diese Frage. Ich sage, ich glaubte nicht, dass die Menschen in Deutschland *wissen*, wie glücklich sie sind. Wissen wir nicht. Sonst verstünde man in diesem unserem Land ja das eigene Wort nicht mehr wegen des ununterbrochenen tosenden Jubelgeschreis.

Ich muss mich irgendwann losreißen, ich will schließlich mir noch einen faulen Lenz machen. Zu diesem Zweck verlasse ich Saad Abad am nördlichen Ende und gehe von dort eine steile Straße hoch, dies ist Darband, eines der Lieblingsausflugsziele Teherans. Die Berge im Norden locken mit guter Luft, schöner Natur, Skipisten bis in den Sommer hinein und jeder Menge Halligalli.

Darband ist unglaublich. Am Ende der Straße, bei der Sessellift-Talstation, beginnt sich ein kleiner, steiler Weg den Berg hochzuwinden, gesäumt von Büdchen, Lädchen, Cafés, Teestuben, Restaurants. Weil für all das eigentlich kein Platz ist, wuchern diese Orte am Berg und in den Berg hinein, wie Schwalbennester oder Baumpilze an einem Stamm. Ein Restaurant hat seinen Gästen gar ein Lager mitten ins Flüsschen gestellt. Alles ist ziemlich bunt, sowohl die Lokale als auch die Speisen (siehe auch: *Exkurs Essen I: Lavashak*). Gibt's irgendwo noch ein freies Plätzchen, haben sich dort bereits Picknicker niedergelassen. Großfamilien grillen, Liebespaare flirten, halbstarke Jungs spielen sich auf. Apropos aufspielen: Nirgendwo wird keine Musik gespielt. Ein Greis kommt mir entgegen, der einen CD-Player wie eine Schultertasche trägt. Auf dem Pfad drängen sich Trekker mit Outdoorequipment an Tschadormüttern mit Picknickkorb vorbei. Und trotz des ganzen Trubels schafft es die Atmosphäre, unheimlich relaxt zu bleiben.

Mit mir und Bergen ist es nun so, dass ich, wenn ich einmal damit angefangen habe, nicht wieder aufhören kann; ist wie mit Chips. Eigentlich will ich mich hier gar nicht so lange rumtreiben, denn ich hoffe, heute Abend endlich Alireza zu erreichen, den Cousin meines Hamburger Lieblingspersers, den dieser mir zu leihen versprach. Gestern schickte ich Alireza eine SMS, erhielt aber keine Antwort, was an meiner derzeit erratischen

Telefonfunktion liegen mag; nun beginnen via Hamburg eher kryptische Nachrichten einzutrudeln. Alireza würde nach unserer Tour im Hotel auf mich warten. Aha. Was für eine Tour, was für ein Wir, ist von mir im Uebel Majestatis die Rede, man weiß es nicht. Ich sollte das eruieren, andererseits, wie gesagt, ich und die Berge.

Der Pfad wird felsiger und steiniger, die Erlebnisgastronomie bleibt erschöpft zurück, auch ich habe zu kämpfen und schütte Wasser in mich hinein, es ist nämlich nach wie vor mordsmäßig heiß. Ich trage das Büßerhemd, alles andere führte zum sofortigen Kollaps. Ich trage allerdings mit meinen Schwachmatensandalen das völlig falsche Schuhwerk, inzwischen ist das hier zum Fall für echte Bergschuhe geworden.

Die Clique, die mich anspricht, trägt Bergschuhe und Profirucksäcke, drei Jungs, ein Mädchen, wir steigen zusammen weiter und keuchen dabei mühevoll ein Gespräch zurecht. Schließlich haben wir die letzte Hütte – hier oben sind es Steinhäuschen, die nichts mehr mit Ausflüglerei zu tun haben – hinter uns gelassen, und jetzt erst sieht man, dass dies kein Spaßhügel ist, sondern ein wildes, wunderschönes Hochgebirge. Muss wohl, wenn ich das nächste Mal herkomme, noch eine Trekkingwoche dranhängen. Tief unten sieht man zwischen den Hängen ein Stück Teherans in der Abendsonne glühen.

Wir setzen die Rucksäcke ab, trinken Wasser, verschnaufen. Reden. Die vier haben Zelte dabei und werden heute Nacht campen, zwei, drei Stunden weiter oben. Ich bin ein bisschen neidisch. Natürlich laden sie mich ein mitzukommen, aber ich habe da ja noch die Alireza-Verabredung. Das nächste Mal, Inschallah.

Wir reden über Gott und die Welt und, wie immer, über Politik, während die immer rotere Sonne immer längere Schatten wirft und die Amüsierschlucht unter uns in Dämmerung versinkt. „Vielleicht werden unsere Kinder Freiheit haben, irgendwann, in dreißig Jahren", sagt M.; er ist Mitte zwanzig. Dann, als wir ein Gruppenfoto zum Abschied machen, ich in ihrer Mitte, sagt sein Freund an der Kamera „Say *Ahmadinedschad* and smile!", als er den Auslöser drückt. Zum Abschied tauschen wir Mailadressen und Telefonnummern, und falls ich in Teheran irgendetwas bräuchte, solle ich doch bitte anrufen. Ich bekomme noch eine Wasserflasche aufgenötigt, für den Rückweg, und wiederum fällt mir der Abschied schwer, ich hätte die vier gerne näher kennengelernt, wir haben uns in dieser kurzen Stunde verdammt gut verstanden.

Die Wasserflasche kommt mir zupass, hat sich doch der Pfad, der auf dem Hinweg noch vorgab, ein überdeutlich einziger zu sein, inzwischen hinter meinem Rücken in ein gehässiges Gewirr von vielen, vielen Pfaden verwandelt. Ich verirre mich prompt, scheitere grandios bei einem Abkürzungsversuch und muss eine am Bachbett picknickende, ärmliche Familie mit der internationalen Doofer-Tourist-hat-sich-verirrt-Pantomime nach dem Weg fragen.

Ich lande auf einem Weg am gegenüberliegenden Hang, habe aber ein gutes Gefühl. Die Gastrodichte ist hier deutlich geringer, dafür passiere ich ein paar Fachgeschäftchen für Trekking- und Bergsteigerausrüstung. Und ich habe meine erste und einzige unangenehme Begegnung in Teheran.

Er ist kein Iraner, soviel gleich vorweg, er ist Afghane, der in Pakistan lebt, oder umgekehrt, schwer zu verstehen, und auf Geschäftsreise in der Stadt. Sein voluminöser, wenngleich akkurat gestutzter Bart kam mir gleich irritierend fremdartig vor, so was trägt hier sonst keiner. Ich schätze ihn auf Mitte dreißig (den Mann, nicht den Bart). Woher ich käme, lautet wie stets die Standardfrage; „I love Germany", heißt es als Nächstes, auch dies noch nicht ungewöhnlich.

Weiter aber geht es mit „I love Hitler so much!". Nicht, dass in den letzten Tagen noch nie von Hitler die Rede gewesen wäre, dies aber ausschließlich in Vergleichen, die für die hiesigen Staatsoberhäupter nicht uneingeschränkt schmeichelhaft ausfielen. Aha, sage ich, und dass diese Ansicht in Deutschland selbst nicht mehr so ganz mehrheitsfähig sei. Hitler, wird mir erläutert, wollte endlich den allumfassenden Weltfrieden verwirklichen, der nur an den Juden scheitere. So habe ich das noch gar nicht gesehen. Ich deute höflich an, dass mein polnischer Freund dazu eine dezidiert andere Ansicht hätte, aber er hört mich gar nicht, „I love Hitler so much!", jubiliert er ebenso inbrünstig wie verzückt, „Oh, I love Hitler so much!".

Wir sind inzwischen an der Bergstation des Sesselliftes angelangt, er will mich zur Talfahrt einladen, aber jetzt im Sessellift neben jemandem zu sitzen, der die ganze Zeit aus voller Kehle „I love Hitler so much!" jodelt, dass die Felsen zittern und Gletscher schmelzen, das ist selbst mir zu bizarr. Ich wende meine erprobte Technik des freundlichen Abschiedswortes in Kombination mit sofortigem Um-die-nächste-Ecke-Preschen an, ist man schnell genug, haben sie keine Chance, den Vorgang rechtzeitig zu begreifen.

Ich rauche eine Zigarette mit Teheranblick, warte, bis die letzten „I love Hitler so much!"-Jauchzer verklungen sind, und schwebe dann allein und in antifaschistischer Ruhe mit dem Sessellift zu Tal.

Unten habe ich hinreichend Mobilnetz, um Alireza anzurufen, und siehe: Wir verstehen uns überhaupt nicht. Hotel, Hotel, radebrecht er; Darband, Darband, sage ich, moduliert in jeder nur denkbaren Betonung und Aussprache. Alireza sagt, er rufe zurück und legt auf, kurz darauf ruft mich eine Frau an, die mir entgegenradebrecht, ich solle das Restaurant nicht verlassen, Alireza sei in einer halben Stunde da. Bloß: Ich sitze gar nicht im Restaurant. Immerhin hat man aufgehört, von mir im Plural zu reden. Ich bin in keinem Restaurant, sage ich, worauf die Frau auflegt. Schätze, ich suche mir besser ein Restaurant.

Ich finde eines, das von der Gestaltung her an einen nordkoreanischen Atombunker gemahnt, draußen aber steht auf Englisch *Restaurant & Coffeeshop Diplomat,* was mir einerseits Kaffee verheißt und mich andererseits darauf hoffen lässt, man spräche dort genug Englisch für einen Telefondolmetscherjob zwischen mir und Alireza. Außerdem kann man das Ding schwerlich übersehen.

Weit gefehlt. Dauernd sprechen alle Leute Englisch, es sei denn, man braucht das mal. Hier gestaltet sich selbst das Bestellen eines Espressos unmöglich. Das Farsi-Wort für Espresso ist übrigens: Espresso. Der Kellner hält mir mit zunehmender Dringlichkeit die Farsi-Speisekarte unter die Nase und kann nicht verstehen, dass ich nichts verstehe. Trotz internationaler Doofer-Tourist-versteht-nicht-Pantomime. Erstaunlich.

Rufe Hamburger Lieblingsperser an und erläutere meinen Standort, damit der's seinem Cousin erklärt, trinke Wasser, schaffe es im dritten Anlauf doch noch, einen Espresso zu bestellen, worauf man fast umgehend damit beginnt, die Kaffeebohnen auszusäen. Ich warte fast eine Stunde auf den Espresso und auf Alireza noch länger, bisweilen versuche ich via Hamburg-Relay mit ihm zu kommunizieren, ist aber schwierig.

Die anderen Tische auf der Terrasse haben sich derweil mit jungen Menschen gefüllt, die Boys tragen ihre Polohemden zwei Nummern zu klein und mit hochgeklapptem Kragen, die Girls tragen High Heels und

Seitenscheitel mit langer Haarsträhne über einem Auge, das Kopftuch hinten auf die Turmfrisur geklemmt; und zwar alle, ausnahmslos, selten einen strengeren Dresscode gesehen.

Als mir bereits selbst ein Seitenscheitel zu wachsen droht, kommt er doch noch: Alireza! Wir begrüßen uns schüchtern, beide Seiten fremdeln noch stark.

Weil Alireza eigentlich gar kein Englisch spricht, hat er vorsichtshalber seinen Kumpel Peyman mitgebracht, der noch weniger gar kein Englisch spricht (doch, das geht!). Alireza, ein bezaubernder Jungspund, macht große Augen, greift stumm in eine Plastiktüte und legt ein Buch auf den Tisch: *English for the Iranian Passenger.* Das kann heiter werden.

Es wird heiter. Wir steigen in Alirezas Auto und haben dann alle drei keine Ahnung, was wir voneinander wollen. Alireza blättert hektisch im *English for the Iranian Passenger,* findet nichts Brauchbares, Peyman nimmt ihm das Ding aus der Hand, blättert noch hektischer, sagt dann triumphierend „Fahrenheit!". Ich nehme an, er will übers Wetter reden.

Muss ich wohl die Sache in die Hand nehmen bzw. das Buch. Aus reiner Notwehr lerne ich meinen ersten ganzen Satz auf Farsi, entnommen dem *English for the Iranian Passenger,* einer dieser Sätze, ohne die Auslandsreisen nicht denkbar sind: „Do you do invisible mending?"* Wenig Gelegenheiten sind vorstellbar, zu denen diese Frage unangebracht wäre. Vor lauter Übermut erwäge ich, gleich auch noch „Can you get me a salmon?"** zu lernen, spare mir das aber vielleicht doch bis morgen auf.

Weil wir uns nicht verstehen, verlegen wir uns aufs Lachen, und siehe, das klappt erstaunlich gut, es dauert keine zehn Minuten und wir haben irre viel Spaß. Wir cruisen durch Teheran, hören laut Musik, versuchen vergeblich, unseren Dolmetscher in Hamburg zu erreichen, Alireza raucht, liest die ersten Kapitel des *English for the Iranian Passenger* und steuert gleichzeitig den Wagen durch den wahnwitzigen Teheraner Verkehr. Der Iraner *ist* eine Nachteule, die Straßen sind noch voller als tagsüber. Wir erkundigen uns gegenseitig nach unsichtbarer Näherei und Lachsen, immer, wenn Alireza mir komplexere Zusammenhänge auf Farsi erklärt, antworte ich detailliert auf Deutsch; ich würde sagen, läuft gut!

Schließlich Telefonverbindung nach Hamburg, ist eigentlich fast schade, haben wir's doch gerade so lustig. Jetzt raucht, liest, fährt *und* tele-

* „Betreiben Sie Kunststopferei" oder so ähnlich. Musste ich auch erst nachschlagen.
** „Könnten Sie mir einen Lachs besorgen". Iraner scheinen im Ausland häufig unter Lachsmangel zu leiden.

foniert Alireza gleichzeitig. Mit Hin- und Herreichen des Handys schaffen wir es, ein paar Parameter zu klären, unter anderem, dass wir jetzt nach Farahzad fahren, was immer das ist.

Es ist eine Amüsierstraße, vom Prinzip her Darband nicht unähnlich, nur kleiner und eben. Restaurants und Näschereienbuden, die Straße mit Fähnchen und Wimpeln geschmückt, des Feiertages wegen, zu diesem Anlass laufen Kinder mit Gebäck und Fruchtsäften umher, die man einander zum heutigen Fest schenkt. Alireza und Peyman zeigen mir die Sehenswürdigkeiten am Wegesrand, zu denen unter anderem knallbunt gefärbte Küken gehören, was ich erstaunlich finde, was wiederum Peyman überhaupt nicht versteht, er nötigt mich, stattdessen steinöde weiße Tauben beim selben Geflügelhändler zu fotografieren. Nehme an, man färbt hier halt seine Küken.

Alireza erschnorrt mir Kostproben von allem mir fremden Naschwerk, und langsam beginnt sogar so was wie verbale Kommunikation zwischen uns zu funktionieren, was natürlich das Terrain für Scherze beträchtlich ausweitet. Wir promenieren die Straße ausgiebig hin und zurück, dann fahren wir weiter, nicht etwa nach Hause, es ist ja erst Mitternacht, Zeit, ein bisschen Spaß zu haben. Da, wo alle jetzt hingehen, im Mellat-Park.

Auha. Als ich sagte, Darband sei unglaublich, da kannte ich natürlich den Mellat-Park noch nicht. Alle 15 Millionen Teheraner sind heute Nacht hier, inklusive aller Klein- und Kleinstkinder. Und alle haben sie allen möglichen Spaß. Wir streunen übers Gelände, es muss riesig sein, klar, sonst stünden sich die 15 Millionen ja auf den Füßen. Tun sie nicht. Sie spielen, zum Beispiel, Federball, in großer Zahl, auf den breiten asphaltierten Wegen, wo die Beleuchtung stimmt. Andere munkeln im Dunkeln. Es gibt einen Public-Viewing-Fernseher und einen See mit Springbrunnen und Wasserlichtspielen, Letztere allerdings nur bis neun. Wir ärgern im kleinen Zoo große Vögel und gehen im Kino, einem futuristischen Brückengebilde, mal aufs Klo. Kinder tollen über die Spielplätze, Ehepaare flanieren, wir drei kaspern. Meine beiden Heiopeis sind hinreißend, sie begöschern mich nach Strich und Faden, und bisweilen raufen und knuffen sie sich vor lauter Übermut.

Der Mellat-Park ist ein großes nächtliches Fest. Ich würde es kaum glauben, hätte ich mich nicht schon dran gewöhnt, dass Teheran mich alle fünf Minuten aufs Neue überrascht. Habe noch nie Leute gesehen, die derart Spaß haben können wie die Teheraner. In einem sehr entspannten Gegenentwurf zu dem Gedränge der zwanghaften Konsumiermassen, die mich auf Hamburger Bespaßungsexerzitien wie Dom oder Hafengeburtstag ganz krank machen. Die öffentliche Aggression scheint man hier hauptsächlich im Straßenverkehr zu sublimieren. Kann auch sein, dass Nichtsaufen hilft.

Apropos Alkohol: Es ward mir in diesen vier Tagen durchaus mal angeboten, was trinken zu gehen. Ich lehnte ab, schweren Herzens – nicht, weil ich irgendeinen Wunsch danach verspürte, duhn durch Teheran zu torkeln, oder auch nur die leiseste Intention hätte, wesentliche Gesetze des Landes, in dem ich zu Gast bin, zu brechen. Ich wäre bloß natürlich irrsinnig neugierig darauf gewesen, wie das hier so funktioniert mit dem Alkohol. Immer wieder habe ich von den exzessiven Undergroundpartys Teherans gehört, bei denen Alkoholkonsum noch zu den harmloseren Vergnügen zählt. Nachdem ich sehe, was schon überground los ist, kann ich mir eine vage Vorstellung machen.

Irgendwann werde ich unwideruflich müde, hatte ja heute schon eine gehörige Portion Berg. Auch wenn die Nacht nach hiesiger Definition noch jung ist, wäre Schlaf eine hübsche Idee. Alireza und Peyman fahren mich ins Hotel, wir wünschen uns gegenseitig gute unsichtbare Näherei und sind morgen, soweit wir uns richtig verstehen, um elf verabredet. Vor dem Einschlafen esse ich noch eine Dose Thunfisch, die man mir im Zug ausgehändigt hatte; war so viel los heute, muss irgendwie das Essen vergessen haben, kann passieren, wenn einfach zu viel passiert.

Essen I: Lavashak

Zu Tisch. Auf besonderen Wunsch – unter anderem von Stevan, einem guten Freund mit gutem Foodblog – ein besonderes Augenmerk darauf. Bloß: Bisher gab's Kebab. Das ist schon prima, aber jetzt nichts, was ich notwendigerweise durch den kulinarischen Newsticker der BBC laufen lassen würde. Mit dem hochinteressanten Gewürz hat man's hier nicht so, und auf dem Lavash werde ich demnächst, falls ich nicht bald irgendwo richtige finde, Postkarten an die Lieben daheim schreiben.

Endlich aber habe ich was Absonderliches entdeckt: Lavashak. Nehme an, „lava" muss ein Farsi-Ausdruck für „flach" sein. Also, Lavashak sieht so aus, als habe man aus Muranoglas ein Tischdeckchen gegossen, und zwar in dunkelroter Farbigkeit. Man verkauft's an Ständen, wo es auch Früchte in Fruchtsirup gibt, und zwar ausschließlich bei den Amüsierörtlichkeiten, in der Innenstadt findet man's nicht. Das Muranoglas ist noch nicht ganz fest geworden, aber ganz flüssig ist es auch nicht mehr. Da sich das Habitat des Lavashaks stets in unmittelbarer Nähe von Früchten befindet, habe ich schon geargwöhnt, es müsse was damit zu schaffen haben.

Unterwegs mit Alireza und Peyman nun habe ich die unmittelbare Konfrontation gewagt bzw. erst mal gefragt, was das sei. Alireza hat mir sofort eine Kostprobe für lau verschafft, und somit kann ich sagen: Es ist genau das, wonach es aussieht – als hätte man in irgendeiner Überzentrifuge beim CERN es geschafft, Fruchtsäure und -süße zu unendlicher Dichte zu komprimieren, und hätte dann Muranoglastischdeckchen draus gewalzt, die sich durch ein Austricksen auf Molekularebene gleichzeitig im festen wie im flüssigen Zustand befinden. Das ganze Deckchen verhält sich nämlich im, zum Beispiel, Faltenwurf durchaus flexibel, beißt man allerdings drauf, ist es hart wie Rigips. Die Fruchtsäure frisst sich sofort durch sämtliche Schleimhäute (ihr habt *Alien* gesehen, ja?), man würde schreien, kann aber nicht, weil es einem die Zähne unwiderruflich zusammenklebt.

Auf meine zuvor gestellte Frage, aus welchen Früchten das nun gemacht sei, begann Alireza fieberhaft im *English for the Iranian Passenger* zu blättern, fand schließlich die Seite, auf der lauter bunte Illustrationen von Obst und Gemüse abgebildet waren, und wies zielsicher auf die Zwiebel. Ich hätte schallend gelacht, ging aber nicht, bekam die Zähne ja nicht auseinander.

Teheran for the German Passenger

Alireza ist überpünktlich und riskiert einen Strafzettel, weil er doch im eigenen Auto gekommen ist; die Innenstadt ist tagsüber für Autos ohne Plakette gesperrt. Ich begrüße ihn mit einen munteren „Do you do invisible mending?“ auf Farsi, das geht inzwischen flüssig. Wir fahren nach Süden, mein Hamburger Lieblingsperser, sein Cousin, hat ihm begreiflich gemacht, dass ich gerne das Imam-Khomeini-Mausoleum und den Schrein von Schah Abdol Azim sehen würde – ein Tipp vom sehr netten Menschen aus dem Teheraner Reisebüro und die Chance für mich, ins Innere eines Schreins zu dürfen, in Maschhad nämlich wird das für Nichtmuslime verboten sein.

Zunächst habe ich mir noch ein bisschen Sorgen gemacht, wie das denn wohl so gehen wird, wir zwei untereinander Sprachlosen den ganzen Tag zusammen unterwegs, aber siehe: Alireza läuft zur Höchstform auf. Geradezu minütlich spricht er mehr Englisch (wünschte, ich käme in dem Tempo mit Farsi hinterher!), krumm und schief, aber wir verstehen uns. Gen Nachmittag, als wir zurück Richtung Zentrum fahren, wird er, selbst verblüfft, anmerken, wie total problemlos wir uns verstehen, abends wird er mir komplexe Geschichten erzählen können. Mächtig plietsch ist er, der Junge, man hat bloß das Gefühl, er sei auch generell mächtig unterfordert. Geschwind beginnt er, meine Spiegelreflexkamera ansatzweise zu verstehen, etwas, woran alle Leute allüberall total scheitern, schon das Halbrunterdrücken des Auslösers für den Autofokus ist kaum wem beizupulen, oder dass man durch den Sucher schauen muss anstatt aufs Display. Alireza aber entwickelt nicht nur Verständnis, sondern auch kreativen Ehrgeiz. Jemand sagt mir später, das sei ein epidemisches Phänomen unter Teherans Jugend: viel Talent, das aus Mangel an Herausforderung und Perspektive verkümmere.

Wir fahren zunächst zum Imam-Khomeini-Mausoleum. Alireza, nun ja, stimmt nicht gerade Fangesänge an. Er scheint an Khomeini hauptsächlich zu schätzen, dass man bei ihm kostenlos parken kann. Eine gewaltige Anlage, im Zentrum ein Kuppelgebäude mit vier Minaretten und einem Baukran, rechts und links zwei symmetrische Flügel mit wiederum jeweils einem Kuppelbau. Auch der Parkplatz ist schier endlos. Überall, wo ein paar Bäumchen Schatten spenden, campen Familien in Zelten, picknicken, halten Siesta. Der Iraner ist ein großer Picknicker.

Die ganze Sache ist überraschend relaxt. Ich habe nachgelesen, Khomeini selbst habe es so gewollt, sein Mausoleum solle eher ein anheimelnder Ausflugsort sein als eine streng sakrale Andachtsstätte. Ich ziehe mir trotzdem den solideren Hemdenmantel übers H&M-Shirt und rücke das Kopftuch zurecht. Wir trennen uns vor den geschlechterseparierten Eingängen, was ungeschickt ist, so muss ich allein das Gepäckdepot für meinen Rucksack suchen. Führe noch ein kleines semiverbales Fußballgespräch mit dem dortigen Garderobenmenschen, einem Bayern-München-Fan; wär' ich doch Bayern-München-Fan, man glaubt gar nicht, wo auf der Welt ich überall schon Gesinnungsgenossen gefunden hätte, in jedem abgeschiedensten tiefafrikanischen Kral sitzt immer noch ein Bayern-München-Fan.

Semiverbales Fußballgespräch geht derzeit natürlich total einfach: „Germany, England" (wird immer verstanden), plus gehässige Freudentanz-Pantomime. „Germany, Spain", flennendes Zusammenbrechen. Garderobenmann und ich haben Spaß. Auch der Typ an der Schuhgarderobe ist unglaublich nett und zuvorkommend, und die Frauen der Security-Kontrolle begrüßen mich herzlich mit „Welcome to Iran!".

„Anheimelnd" ist natürlich so eine Definitionsfrage. Das Gebäude sieht von innen aus wie ein Flugzeughangar, den man mit Perserteppichen ausgelegt hat. Unter der hohen Decke verläuft ein offenes Gewirr von Rohren, sonst ist alles eher schlicht. Aber sympathisch. Natürlich wird dem Grab große Verehrung entgegengebracht, und es wird auch durchaus gebetet, ansonsten aber schlendern die Leute durch die große Halle, lassen sich zu kleinen Ruhegrüppchen nieder (die Geschlechter vermischen sich hier drinnen wieder) und stärken sich mit Getränken und Snacks. Kinder wuseln herum, eine nicht unbeträchtliche Anzahl Besucher macht Mittagsschläfchen.

Draußen entdecke ich, dass im rechten Flügel unter der ehrfurchtgebietenden Kuppel eine kleine Shoppingmall untergebracht ist. Mit Supermarkt, DVD-Geschäft, Haushaltwaren und höchst weltlichen Souvenirs. Und wieder mal sind meine Vorstellungen an der Realität glatt zerschellt.

Beim Schrein Schah Abdol Azims, eines Nachfahren von Imam Hussein, geht es schon gemessener zu, außerdem, wie Alireza anmerkt, kostet das Parken hier Geld. Ich leihe mir am Eingang einen Tschador, blauweiß geblümt, es reichte eigentlich, ihn mir um die Schultern zu legen, ich bin ja aber immer mal lieber extra höflich und drapiere ihn mir über den Kopf. In die Höfe können wir noch gemeinsam gehen, sie sind umringt von

Haramgebäuden großer Schönheit. Filigran verzierte Kuppeln, Minarette, mosaikverspiegelte Portale, und vor allem diese unglaublichen Fliesenfassaden, die mich ganz schwach machen, ich bin ein großer Verehrer der orientalischen Fliesenkunst. Im Zentrum des Hofes ein Brunnen, an dem sich die Besucher Gesicht und Hände waschen. Schilder weisen den Weg wahlweise ins Astronomiezentrum oder zum Geschirrspülen.

Ins eigentliche Heiligtum geht es wieder getrennt nach Männern und Frauen, Alireza wartet draußen auf mich und passt auf Rucksack und Kamera auf. Ich folge dem Strom von Frauen und schüchtere ziemlich, ich trage Sorge, versehentlich was Blödes zu tun und damit die Gefühle der Gläubigen zu verletzen. Auch hier aber ist die Atmosphäre, obzwar deutlich kontemplativer, unangespannt. In den äußeren Bereichen herrscht gedämpft-soziales Leben, man ruht aus, liest, redet. Innen gibt es mehrere Schreine, leider gibt der Reiseführer so gut wie keine Informationen preis, und Alireza kann ich natürlich nicht fragen, die Geschlechter ziehen getrennt ihre Runden. So begnüge ich mich damit, Atmosphäre und Architektur zu inhalieren.

Die kleinen Säle mit den Schreinen sind zur Gänze mit Spiegelmosaiken ausgekleidet und in ätherisches grünes Licht getaucht, in der Mitte befindet sich in einem goldenen Gitterkasten das Heiligtum, die Frauen drängen sich heran, berühren das Gitter, streichen dann mit der Hand über ihr Gesicht. Zurückhaltend wandele ich eine halbe Stunde im inneren Haram umher und lasse die Eindrücke auf mich wirken.

Der äußere Hof hat einen direkten Zugang zum Basar, und so bummeln wir im Anschluss ein bisschen, umkreisen den bescheidenen Zentralplatz von Rey (so heißt die Stadt, die inzwischen eher ein Vorort Teherans ist). Dann fahren wir, entweder ist's Alirezas Idee oder er wurde von seinem Cousin instruiert, zu einem Friedhof. Auch dort gibt es einen Schrein, er ist aber winzig, und die Etikette ist lax. Selbst fotografieren darf man. Wir setzen uns eine Weile hinein, es ist schön kühl, und plaudern. Was, wie gesagt, immer besser geht – es ist erstaunlich, was alles geht, wenn man will. Wer hätte gedacht, dass sich via Pantomime tatsächlich fast sofort darauf kommen lässt, das von Alireza gesuchte englische Wort laute „human“. Ein freundlicher Herr mittleren Alters, der mitgehört hatte und später im Vorraum sitzt und Schriften studiert, bestätigt uns das und lässt sich noch zwei-, dreimal als Dolmetscher einspannen.

Auf dem Friedhof zeigt mir Alireza das Grab des nationalen Sporthelden Takhti. Der war ein Ringer, und die Pantomime, mit der Alireza mir das klarmacht, die hätte ich gern auf Video. Er führt einen Ringkampf mit sich selbst auf, der, wenn's nach mir ginge, olympisch mindestens Silber bekäme.

Überhaupt haben wir unheimlich Spaß. Und gelegentliches Nicht- bzw. Missverstehen trägt dazu durchaus bei, so zum Beispiel, als Alireza mich mit ernsthafter Beflissenheit fragt, ob ich gerne einen Rollstuhl hätte – worauf ich ihm dann wieder pantomimisch erkläre, was ein „wheelchair" sei, und wir uns beide beölen. Oder als er vorschlägt, wir könnten ja jetzt, da die Innenstadt immer noch für seinen Wagen gesperrt sei, nach Farahzad fahren, dort habe es so schöne Planeten. Es dauert etwas, bis ich dahinterkomme und ihm den Unterschied zwischen „plants" und „planets" erklären kann.

Wir lassen uns an Fahrazads Amüsierstraße in einem hübschen Restaurant nieder, im Schatten von Bäumen diverse Lungerlager, die meisten belegt, um einen Springbrunnen gruppiert. Alsbald gesellt sich auch Peyman wieder zu uns, wir essen verschiedene Schaschliks, rauchen hinterher Qalyan – mache ich zum ersten Mal, ist nett und schmeckt sehr pflaumig, wie auch jeder Atemzug in den darauffolgenden drei Stunden –, trinken Chay, und ich bekomme vorher sogar noch einen echten Espresso. Wir schnacken, machen Quatsch und etwa 200 unglaublich alberne Fotos mit meiner Kamera. Das Problem bei dieser Lungerlagerkultur: Man mag gar nicht recht wieder aufstehen.

Bei Einbruch der Dunkelheit tun wir's dann doch. Ob ich Lust hätte, Paintball zu spielen, fragen mich die zwei; klar hätte ich Lust, Paintballspielen in Teheran, hat ja auch noch nicht jeder gemacht. Wir fahren raus nach Tochal – ebenfalls auf der Liste der mir seitens meines Vertrauenspersers empfohlenen Orte, eine weitere Bergausflugsvariante, hier hat es eine Seilbahn, die tagsüber via mehrere Stationen den Fast-Viertausender Mt. Tochal hochfährt. Wo man nahezu ganzjährig Skilaufen können soll, schwer zu glauben bei 40 °C unten im Tal. Die Seilbahn hat zwar schon Feierabend, aber das Amüsemang am Hang über der Talstation groovt sich gerade erst ein.

Wiederum bin ich verblüfft. Aufgekratzte Menschen noch und nöcher vertreiben sich die Nacht mit allem Möglichen und Unmöglichen. Paintball ist leider für Frauen nicht erlaubt, Saubande; na, egal, dann gehen wir halt Bogenschießen. Wobei ich mich als ganz besonders untalentiert erweise. Eine junge Frau instruiert uns nachsichtig, meine Pfeile fallen trotzdem auf halbem Wege ohnmächtig aus der Luft. Neben uns trainiert Robin Hood mit Profibogen, ansonsten dominieren ausgelassene Stümper wie wir die Anlage. Etwas tiefer am Hang eine Eisbahn, von der laute Trance-Musik erklingt. Über uns stürzt sich alle zwanzig Minuten jemand vom Bungee-Turm in die Tiefe, ich mache mein Bogenversagen ein wenig wett dadurch, dass ich erzähle, ich sei schon mal Bungee gesprungen, was Alireza und Peyman ziemlich beeindruckt. Bungee dürfen angeblich auch Frauen, wir stellen uns das mit Tschador recht malerisch vor.

Nachdem wir unsere Pfeile verschossen haben, besehen wir uns den kleinen Markt, wiederum sorgt Alireza dafür, dass ich alles, was ich nicht kenne, zu kosten kriege, ist aber kein großes Kunststück, die Leute sind wie stets ebenso neugierig wie überschwänglich freundlich. Welcome to Iran.

Männer in sonderbarer Kluft eilen an uns vorbei, es ist eine kurdische Volkstanzgruppe, wir schauen ihrer Aufführung zu, dann entfernen wir uns ein Stück aus dem Trubel und schauen einfach nur den Lichtern Teherans zu, die unter uns funkeln und den Himmel über der Stadt erhellen. Hundert Teheraner tun, auf einer langen Mauer sitzend, das Gleiche. Ein großer runder Mond scheint auf uns nieder.

Der Bus, der uns vorhin hochgebracht hat, fährt nicht mehr, wir müssen die lange, gewundene Straße zu Fuß zurück, was mir gefällt und die zwei Jungs ein bisschen quenglig macht. Peyman ist sowieso nicht gut drauf, er hat Ärger mit seiner Freundin, immer wieder führt er erregte Debatten am Handy, einmal versucht sich auch Alireza als Vermittler, scheint aber wenig zu helfen.

An der Talstation setzen wir uns noch in eines der vielen kleinen Cafés, ich bestelle mir einen Melonensaft, was die total falsche Wahl ist. Alireza und Peyman wissen, woher der Hase weht, und essen die sagenhafteste Eisbecherkreation der Welt, anscheinend eine iranische Spezialität, mit Nüssen und Soße und irgendwas Gequirltem aus dem Mixer, Mann, und davon erfahr ich erst am letzten Tag. Alireza, der Gute, teilt seinen Eisbecher mit mir, ich nehme das gerne in Anspruch.

Interessiert beobachte ich die Leute, vor allem die Frauen sind sehenswert. Ein verbreiteter Trend ist, den vom Kopftuch bedeckten Hinterkopf zu verlängern, mit etwas, das von der Form her entweder eine zusammengerollte Katze oder die Mutter aller Bienenkorbfrisuren ist. Erstaunlich. Da ich Heimtier- und Haarteilgeschäfte in ungefähr gleicher Zahl gesehen habe, käme beides infrage. Ich frage Alireza, wie die das machen, aber er versteht die Frage wohl nicht, in dem Sinne, wie Peyman meine Faszination für die gefärbten Küken nicht verstand, weil's anscheinend so normal ist, man kommt gar nicht drauf, es könnte auch anders sein. „It's beautiful", sagt Alireza nur. Vielleicht ist es auch eine gewiefte Strategie: Vergrößere ich mein Kopfvolumen auf das Doppelte, kann ich mein komplettes Eigenhaar zeigen, und trotzdem ist immer noch die Hälfte des Kopfes bedeckt. Wie genau es funktioniert, das wird leider ungeklärt bleiben.

Weil es ja auch erst Mitternacht ist, wird Kurs auf den nächsten Ort in den Bergen gesetzt, aber als wir dort parken und die zwei mal kurz verschwinden, fährt ein Depp seinen Wagen im Rückwärtsgang die Straße runter und dengelt mit Schmackes in unser Auto. Was ihn nicht weiter stört. Ich alarmiere Alireza, der hurtig dem Vandalen hinterherprescht. Es folgt ein Palaver, das ich zunächst für einen Streit halte, es endet jedoch in Verbrüderungsumarmungen. Delle sei blöd, aber ja nicht so groß, erklärt Alireza mir (in Deutschland hielte man sie für größer als den Baikalsee), und wenn man die Polizei deswegen rufe, gäbe das zwei Stunden Nerv, und darauf habe keine der Parteien Bock gehabt.

Bei mir meldet sich jetzt gerade die Stimme der Vernunft, und da das nicht so oft geschieht, beschließe ich, auf sie zu hören. Ich muss um 5:15 Uhr aufstehen, um 5:45 Uhr kommt das Taxi, das mich zum Bahnhof fährt, gepackt habe ich noch nicht, und wir brauchen sicher noch eine Stunde durch die Stadt bis zum Hotel – vielleicht sollte es das nun einfach mal gewesen sein. Es fällt nicht leicht. Wir fahren Peyman nach Hause, und der Abschied fällt erst recht nicht leicht. Alireza, der seit zwei Stunden immer mehr insistiert, von mir Englisch beigebracht zu bekommen, bietet mir an, mich morgen, naja, nachher, zum Bahnhof zu fahren, aber ich lehne ab, er soll mal schön ausschlafen.

Der Abschied von Alireza ist einfach nur schrecklich, richtig schrecklich. Wie kann man denn bitteschön jemanden in nur eineinhalb Tagen derart ins Herz schließen? Was haben wir für Spaß zusammen gehabt heute. (Und was übrigens würden die Mahner und Warner daheim dazu sagen, dass ich in Teheran in erster Linie *Spaß* hatte?) Wir umarmen uns, und dann umarmen wir uns noch mal, und sagen Tschüß und Unsichtbare Näherei, dann umarmen wir uns ein weiteres Mal. Ich will wiederkommen, ich muss *unbedingt* wiederkommen, nächstes Jahr wird's wohl nicht gehen, aber 2012 vielleicht. Hoffentlich. Inschallah.

Kaffee!

29. Juli 2010

Es hält ein Zug im Nirgendwo

Die Züge fahren pünktlich hier, wurde mir gesagt, auf die Minute; und in der Tat, auf die Minute heißt: Auf *genau* die Minute. Um exakt 7:00 Uhr verlässt mein Zug Teheran Richtung Maschhad. Die Fahrt gestaltet sich ereignisarm, die Landschaft auch; ich sitze in einem unkommunikativen Großraumwagen, neben mir eine ältere Dame im Tschador, die gemeinsam mit zwei jüngeren und einem Baby reist, mehr, als uns nett anlächeln, bringen wir nicht zustande. Draußen dominiert Wüstenei das Geschehen, sehr schön, aber kein Grund, nicht ein bisschen Schlaf nachzuholen.

Dann spiele ich meinen Computerakku leer bei dem Versuch, irgendeine Ordnung in meine x-hundert Fotos zu bringen, und bekomme zum ersten Mal das Rauchen verboten, und zwar genau unter dem ersten „Rauchen erlaubt"-Schild. Sonst noch bemerkenswert: Es fahren lauter alte deutsche Züge herum, ein nostalgischer Anblick vor irritierender Wüstenkulisse. Und gut gefallen hat mir die Station mitten in der Wüste, wo es nichts gab, außer ebendiese Station. Irgendwie selbstreferenziell.

Im Zug sehe ich zum ersten Mal die Sorte Frauen, die dem Klischeebild voll und ganz entsprechen. Ein junges Ding, grad mal Augen und Nase lugen aus den schwarzen Vorhängen, wird gesenkten Kopfes von ihrem Mann hinter sich hergezogen wie ein Tierchen an der Leine; sie macht den Eindruck, als hätte sie noch nie aus freien Stücken einem Menschen ins Gesicht gesehen.

Knapp zehn Stunden später Maschhad. Ich nehme ein Taxi ins Hotel Dena, das von der schrullig-robusteren Sorte ist, aber mein Herz umgehend mit einer Kitchenette erobert – ich habe einen Gasherd, einen Wasserkessel und eine kleine Kanne, das heißt: Kaffee, Baby! Bislang brühe ich meinen Kaffee mit einem *Globetrotter*-Gadget, das nach dem Prinzip Tee-Ei funktioniert, jedoch nur sehr schwächliche Resultate zeigt; nun aber mache ich Räuberkaffee direkt in der Kanne, seihe ihn durch das Dings und empfinde tiefes Glück.

Nach kurzem Abstecher zum Obsthöker um die Ecke widme ich Abend und nächsten Vormittag der Schreiberei. Ich muss unbedingt schreiben, ich habe kein Gedächtnis und will das nicht alles vergessen, und hatte ich da nicht auch noch irgendwo diesen Blog?

30. Juli 2010
Maschhad

In Some Cases Suspicion Is A Sin – I

Maschhad. Maschhad ist die Antithese zu Teheran. Maschhad ist ein ganz anderer Schnack. Schwer zu glauben, dass Teheran und Maschhad im selben Land liegen und sich vertragen. So toll Teheran ist, als so grauenhaft empfinde ich Maschhad.

Maschhad ist eine tiefreligiöse Stadt, ihr Zentrum ist die heiligste Stätte Irans, Grab und Schrein des achten Imams, Imam Reza. Der Haram, der Schrein-Komplex, ist das Herz der Stadt und wichtige Pilgerstätte. Abgesehen davon, dass Maschhad für mich auf dem Weg nach Turkmenistan liegt und die zweitgrößte Stadt Irans ist, finde ich das hochinteressant. Man warnte mich vorweg, die Stadt ziehe religiöse Fanatiker an, aber ich reise ja schließlich, um mir die Welt mit eigenen Augen anzugucken und dabei vielleicht klüger zu werden. Insofern möchte ich den Besuch in Maschhad nicht missen, und ich möchte ganz, ganz schnell wieder weg.

Dass meine schwarze H&M-Schlabberhemdenbluse, die sich gerade eben noch zu genug Andeutung von Eleganz durchringt, um darin in Teheran nicht als Vollhonk aufzufallen, hier als Reizwäsche gilt, wird mir schon beim ersten peinsamen Testlauf zur Straßenecke bewusst. Ich stecke schneller, als man das Wort „Tourist“ sagen kann, wieder in meinem höllischen Hitzehemdmantel. H&M-Hemd bedeckt die Handgelenke nicht ganz, und vielleicht ist auch der Stoff nicht schwer genug. Die Prozentzahl Tschadors ist auf 98 % hochgeschnellt. Die 2 % Manteaus sind von Hamburger Herbstmanteldicke. Nachdem mich Rasul, von dem noch die Rede sein wird, beim Verlassen seines Hauses verschämt bittet, doch meinen sichtbaren Haaransatz zu bedecken, rüste ich zudem mit einer elastischen Bandana unterm Kopftuch auf, aus der nun wirklich kein Entkommen mehr ist – man muss leider mal sagen, die Teheraner Haarklammern taugen nichts.

Das alles macht es zwar irre heiß, ist aber als solches noch kein Beinbruch. Ich bin ebenso strapazier- wie anpassungsfähig und sollte vielleicht erwähnen, dass ich beim Reisen keinesfalls notwendigerweise mein burschikoses Hamburger Naturell an den Tag lege, ich bin, wenn ich zu Gast bin, zurückhaltend, bescheiden, höflich – ginge gar nicht anders, ich bin ja schüchtern. Außerdem vergesse man nie: Man ist nicht nur Botschafter seiner selbst, sondern auch seines Landes und manchmal seines ganzen Kulturkreises.

Nützen tut es mir nichts. Nicht in Maschhad. Doch, es begegnen mir noch freundliche Leute. Etwa fünf. Ansonsten zeigt man sich von ausgesuchter Ekelhaftigkeit. Man addiere Teheran und Maschhad, teile durch zwei, und schon ist Normalität wiederhergestellt.

Woran es liegt mit der Ekelhaftigkeit, ist schwer zu sagen. Ich bemühe mich natürlich aufs Äußerste, ein möglicherweise beleidigendes Fehlverhalten meinerseits zu diagnostizieren, komme aber nicht weiter. Von den 2 % Manteauträgerinnen gehöre ich zu denen, die am sackartigsten gewandet sind und keinerlei Strähne zeigen. Aber selbst mit Tschador – wovon ebenfalls noch die Rede sein wird – zeigt sich keinerlei Verbesserung. Ich mache keine Fotos. Ich rauche nur noch im Hotelzimmer oder in leeren Seitenstraßen – Frauen rauchen öffentlich nicht, hat mir Rasul erklärt.

Ich stelle die These auf, dass vielleicht das geringste bisschen Höflichkeit einer Frau gegenüber schon als unangemessener Flirtversuch gelten kann. Andererseits werde ich in einem Laden von drei wahrlich nicht tiefspirituell wirkenden jungen Kerls auch mal zehn Minuten einfach total ignoriert, bis es mir zu blöd wird und ich gehe, und man möchte doch meinen, dass Frauen, die in einem Lebensmittelgeschäft etwas kaufen wollen, keinen offenen Affront darstellen.

Vielleicht sind meine normalen Mechanismen der Höflichkeit hier total unangebracht. Ich sage *guten Tag, auf Wiedersehen* und *danke*, mittlerweile natürlich auf Farsi, und ich lächele dabei. Vielleicht ist Lächeln nicht richtig. Oder das Salaam/Choda Hafes/Merci-Sagen. Ich komme nicht dahinter. Eine Religionspraxis, die fundamentale menschliche Kommunikation wie Lächeln ahndet? Wo möglicherweise ein Blick, ein Danke, ein Hallo, irgendwas, das man ungeschult unmöglich als Affront begreifen kann, beim Gegenüber einen Allahanfall auslöst? Bodenlose Verunsicherung. Vielleicht liegt es einfach an meiner nicht zu verbergenden Ausländerhaftigkeit – wobei Maschhad jährlich von mehreren Millionen Pilgern besucht wird, ich sehe viele Araber und einige Asiaten, Europäer allerdings nicht. Vielleicht liegt es daran, dass ich eine Frau bin.

Die Frauen. Der Tschador ist noch die legere Freizeitkleidung. Viele zeigen nur Sehschlitze und tragen Handschuhe dazu, und ich sehe einige, die gar nichts mehr dort haben, wo man ein Gesicht vermuten würde. Nichts. Nicht mal ein Burka-Sichtgitter. Einfach nur schwarzer Stoff, der sich nicht von dem schweren Umhangstoff zu unterscheiden scheint. Sie müssen Sonar haben, anders lässt sich's nicht erklären.

Meine Neugier und Offenheit reichen ziemlich weit, das aber macht mich depressiv. Ich versuche mir eine theologische Argumentation vorzustellen, ausgehend von einem Gott, nach der die Hälfte der Menschheit Gottes Schöpfung nicht zu Gesicht bekommen darf, ein Privileg ansonsten jeder noch so niederen Kreatur. Mir fällt keine ein. Ich sehe fünf-, sechsjährige Mädchen in voller Montur – und das nicht im Haram-Komplex, sondern auf den Shoppingstraßen –, und man fragt sich, ob die armen Gören wohl jemals in ihrem Leben draußen gespielt haben werden.

Das Einkaufen, in Teheran eine reine Freude, wird zur Qual. Jede unvermeidliche Begegnung wird zur Qual. Gott sei Dank finde ich Freitagabend einen kleinen Laden, der das Notwendigste führt (Wasser, Nahrung, Klopapier, Zahnpasta), in dem man zwar auch nicht freundlich ist, mich aber wenigstens zur Kenntnis nimmt und nicht anblafft. Ich ernähre mich von Obst, Brot und Frischkäse auf meinem Hotelzimmer, in ein Restaurant gehe ich hier bestimmt nicht, danke, derart harte SM-Praktiken sind nicht mein Ding. Frischkäse hat der Laden, Brot kaufen ist eine Tortur, es gibt köstliches Brot, der Duft aus den Bäckereien macht einem den Mund wässrig, aber der Bäcker gibt mir erst eines, als ein herumstehender Wenigerfieser sich meines Anliegens annimmt, und knallt mir den Fladen dann quasi ins Gesicht.

Einziger Lichtblick ist Rasul. Obwohl ich natürlich unbedingt den berühmten Haram besichtigen möchte, gehe ich am ersten Tag in die andere, säkularere Richtung, es ist Freitag, und ich finde, man muss, hat man die Wahl, als Tourist ja nicht unbedingt am Feiertag die heiligen Stätten stürmen, wenn sich dort gläubige Menschen zur Andacht einfinden. Ich stapfe schließlich auch nicht während des Gottesdienstes zum Sightseeing durch eine Kirche.

Ist ein bisschen *Omega-Mann*-mäßig*. Die Straßen sind fast vollständig ausgestorben, alle Läden geschlossen. Nach einigen Blocks begegne ich einem älteren Herrn mit Pflaster am Kinn, der mich auf Englisch anspricht. Als ich sage, ich sei Deutsche, wechselt er für ein paar Sätze ins Deutsche, dann zurück in sein sehr gutes Englisch. Wir gehen ein bisschen spazieren, bis zu einer der Pforten des Harams, und unterhalten uns. Er ist

* *Der Omega-Mann*, ein Apokalypse-Film von 1971 mit Charlton Heston, in dem er sich als einsamer Überlebender in einem menschenleeren Los Angeles gegen Mutanten behaupten muss. Remake 2007 unter dem Titel *I am Legend*.

in der hiesigen Historie überaus bewandert, erklärt und erzählt mir viel, wir reden auch übers Reisen generell, er zitiert mehrfach Shakespeare dazu. Wie immer wird auch über Politik geredet, national, international, er hat viele Fragen zur deutschen Politik, die, ob die Deutschen glücklich seien, ist auch darunter. Das Gespräch mit ihm ist eine Wohltat. Schließlich lädt er mich zu sich nach Hause ein, ich zögere kurz, ich bin überaus wählerisch, zu wem ich auf Reisen ins Auto steige, aber wir wissen ja: In some cases suspicion is a sin. Glaube übrigens nicht, dass sich T-Shirts mit diesem Aufdruck besonders gut verkaufen in Maschhad.

Bei ihm daheim trinken wir Tee und ich bekomme einen Teller mit Obst und Gurke angeboten. Seine Frau und seine vierzehnjährige jüngste Tochter lerne ich auch kennen, seine beiden älteren Töchter haben Kunst und französische Literatur studiert. Er hat sein ganzes Leben in Maschhad gelebt, obwohl er damals hat weggehen wollen, ins Ausland, seiner alten Eltern wegen aber musste er bleiben. Er ist stattdessen so viel gereist wie möglich. Er arbeitet, soweit ich das verstehe, mal als Touristenführer, mal gemeinsam mit einem Verwandten im Teppichhandel – Maschhad ist auch für Teppichconnaisseurs eine Pilgerstätte. Wir plaudern ein Stündchen, dann fährt er mich heim. Falls ich Lust hätte, zum Grab Ferdosis nach Tus rauszufahren, biete er sich als Guide an; wir vereinbaren, morgen zu telefonieren.

Obwohl ich müde bin, wandere ich noch zwei Stunden durch die Stadt, die jetzt wieder zum Leben erwacht. Durch eine Basarstraße, entlang der beiden Shoppingstraßen, die sich vor dem Haram auf einem großen Platz kreuzen. Es ist ein Spießrutenlaufen. Was mir in Teheran an Befangenheit völlig fehlte, hole ich hier weidlich nach. Als ich vor einem Kleiderladen stehe und mich, obwohl ich die Preisschilder inzwischen sehr wohl lesen kann, nicht traue, einen Tschador zu kaufen – ich brauche einen, ohne kann ich den Haram nicht betreten –, unvermutet die zweite nette Begegnung. Zwei Mädchen, etwa vierzehn, sprechen mich in englischen Bröckchen an, ob ich Hilfe bräuchte. Zunächst verneine ich lächelnd, dann merke ich: Ich brauche Hilfe. Und zwar psychologische. Passiert mir nicht oft. Die zwei helfen mir bei der Tschadorkaufabwicklung, und ich bin froh, das hinter mir zu haben. Die billigsten kosten zwei Euro, sind aber weiß, das geht zwar und wird auch zum Harambesuch genutzt, aber mal lieber nicht von mir, ich investiere drei

Euro mehr und erwerbe einen, dessen Schwarz bloß von einigen Blümchenmustern gestört wird – die ganz schwarzen sind die teuersten. Ich bedanke mich herzlich bei den Mädchen und mache mich aus dem Staub. Passiert mir nicht oft auf Reisen, mich in mein Hotelzimmer zurückzusehnen.

Schild: „… in some case…“

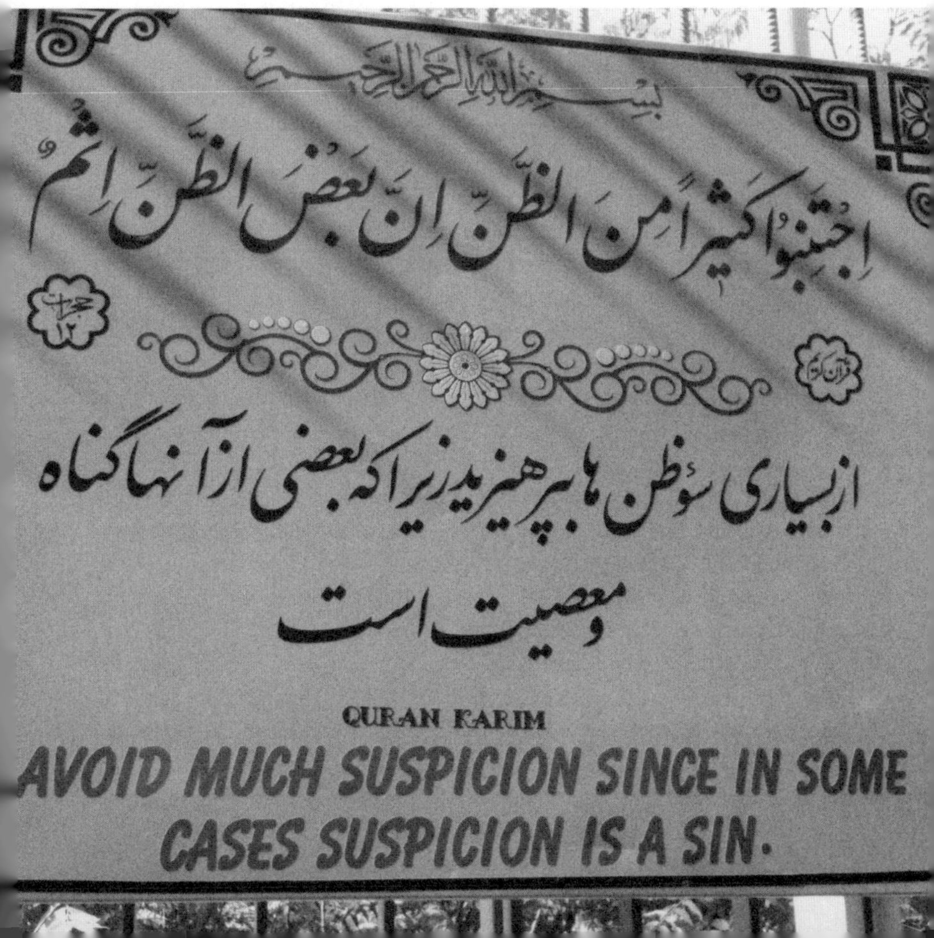

31. Juli 2010
Maschhad

In Some Cases Suspicion Is A Sin – II

Ich schreibe bis drei Uhr morgens und schlafe bis zehn. Brühe herrlichen Kaffee, rufe dann Rasul an, habe mich entschieden, das mit der Tus-Tour zu probieren, und verabrede mich mit ihm um zwei im Teppichladen. Dann mache ich mich auf, den Haram zu besuchen. Genauer: die äußeren Höfe, in denen Nichtmuslime zugelassen sind, die inneren Höfe und der Schrein selbst sind tabu.

Man sollte nicht so viel über *Lonely Planet* lästern, das Ding ist schon größtenteils ganz okay. Ich bin dankbar für die detaillierte Haramkarte, steuere zielstrebig das Gepäckdepot an – das für Frauen – und gebe meinen Rucksack mit Kamera und Gedöns ab. In der Schlange ist mal wieder jemand nett zu mir, eine Frau lächelt mich an und ermuntert mich mit freundlichen Gesten. Ich kämpfe mit dem Tschador, das ist nämlich nicht so recht ein Kleidungsstück, sondern bloß ein unheimlich großes, dementsprechend schweres Tuch, und will somit nichts anderes als ununterbrochen zu Boden fallen. Deshalb muss man es ununterbrochen zusammenhalten, mit mindestens einer Hand, und selbst dann rutscht es vom Kopf. Gleichzeitig irgendeine andere Körperbewegung zu machen, einen Rucksack abgeben zum Beispiel, ist total undenkbar.

Ein kurzer Exkurs zum Tschador. Ich hörte daheim bisweilen den Kommentar: Ach ja, die Tschadors, die sollten ja, wie es hieße, in Wirklichkeit eine schön kühlende Wirkung haben, es sei ja ganz anders, als wir uns das so vorstellten. Nun kann man, so man eine kurze Mystifikationspause in Hinblick auf Sitten und Gebräuche anderer Kulturen einlegt, sich durchaus die Sachlage auch durch Deduktion erschließen – was ist bei 40 °C und nahezu im Zenit stehender Sonne wohl kühler: Wenn man sich eine große schwarze Decke überstülpt oder wenn man sich *keine* große schwarze Decke überstülpt. Wem aber diese theoretische Herangehensweise zu abstrakt ist, dem kann ich hiermit sagen: ja. Es ist heiß. Genauso heiß, wie wenn man sich bei 40 °C und nahezu im Zenit stehender Sonne eine große schwarze Decke überstülpt.

Nützen tut es mir nichts. Ich begebe mich zum Fraueneingang, wo man einer Leibes- und Taschenvisitation unterzogen wird. Die alte Schreckschraube dort schickt mich sofort wieder weg. Es dreht sich deutlich nicht darum, mir begreiflich zu machen, was falsch war, sondern darum, mich loszuwerden. Erst, als ich insistiere, zeigt sie unwirsch auf meine Füße.

Aha. Schuhe ausziehen kann's nicht sein, alle tragen Schuhe, ergäbe auch keinen Sinn, man muss bis zum Heiligtum über weitläufige Höfe, und der Steinboden wird in der Sonne kochend heiß. Ich bleibe fünf Minuten nahe des Eingangs stehen und beobachte – fragen kann ich natürlich niemanden, keiner spricht Englisch oder wäre gewillt, mir irgendwie gestisch auf die Sprünge zu helfen. (Es gibt ein Besucherzentrum für ausländische Pilger und Nichtmuslime, das aber befindet sich in dem Bereich, in den ich nicht reinkomme; smart move.) Schließlich gelange ich zu dem Schluss, es gibt nur zwei Möglichkeiten: Entweder ist das hier nur bis Schuhgröße 38, oder ich brauche Socken. *Lonely Planet,* wenn du zuhörst, bitte notieren!

Okay. So leicht gebe ich nicht auf. Ich überquere den Platz und kaufe Socken, dann versuche ich es ein zweites Mal, besockt.

Nützen tut es mir nichts. Wohlweislich stelle ich mich diesmal in die Schlange zur jungen Schreckschraube, sie schickt mich fast sofort wieder weg. Dann beißt sie einem circa zehnjährigen Jungen, der sich, nach seiner Mutter greinend, in den Frauenbereich verirrt hat, den Kopf ab.

Diesmal kann ich überhaupt nicht heraustüfteln, was falsch war, ich zeigte ihr meinen Tascheninhalt, ein Paket Taschentücher, Asthmaspray, Brieftasche, Feuerzeug. Währenddessen ziehen Karawanen sockenloser Frauen mit Handtaschen voller Kurzwaren an mir vorbei. Ich komme nicht dahinter.

Es ist halb zwei, um zwei ist hier Mittagspause, ich sehe zu, dass ich meinen Rucksack vorher wiederbekomme, Gott sei Dank ist die Durchreiche im Gitterfenster zu schmal, als dass ihn mir der Gepäckdepotmann ins Gesicht schmettern kann, was er sichtlich gerne täte. Nun kann ich es durchaus einsehen und verstehen, heilige Stätten für tabu zu erklären, die Logik aber, nach der man partiellen Zugang offiziell gestattet und dann de facto verhindert, will mir nicht einleuchten – wo liegt das Problem, einfach von vorneherein den Zutritt zum Gesamtkomplex zu untersagen?

Rasul kann mir weder das erklären noch woran ich wohl im zweiten Anlauf gescheitert sein mag, sagt aber, er habe heute zwei Spanier getroffen, denen es genauso ergangen sei. Wir fahren mit seinem Wagen eine halbe Stunde hinaus nach Tus, wo es ein paar historische Stätten gibt sowie das Grabmal des großen Dichters und Gelehrten Ferdosi, der als der Shakespeare bzw. Luther der persischen Sprache gilt, sein episches Werk bewahrte und definierte das Farsi, als es vom Arabischen verdrängt zu werden drohte, ebenso wie die persische Geschichte und den Sagenschatz.

Vielleicht liegt's an mir – ich versuche, dagegen anzugehen, aber meine Befangenheit hat sich zu einer ausgewachsenen, kraftstrotzenden Beklommenheit mit paranoiden Zügen gemausert, inzwischen klingen mir selbst die Warnungen, bloß nicht irgendwie der Polizei ins Sichtfeld zu geraten, ganz anders in den Ohren. Jedenfalls ist Tus wenig inspirierend. Ferdosis Grabmal ist ein reizarmes Sechzigerjahrebemühen, Besucher gibt es nur wenige, vielleicht liegt's am Wochenanfang, und die wenigen sind ebenfalls wenig inspiriert. Die Gespräche mit Rasul immerhin genieße ich sehr, leider verreißt er es zum Schluss, als er dann doch noch immer dringlicher versucht, mir einen Teppich zu verkaufen. Für meine Mutter. Ich müsse unbedingt meiner Mutter mit einem Teppich eine Freude machen. Ohja, ich sehe schon das ekstatische Gesicht meiner Mutter vor mir, wenn ich mit einem Teppich anrücke. Natürlich, der Mann muss auch von irgendwas leben, ich bin ihm nicht böse, aber er verpasst den Zeitpunkt, an dem man aufhören sollte, jemandem, der absolut überhaupt keinen Teppich haben will und sogar en détail erläutert, warum er absolut überhaupt keinen Teppich haben will, einen Teppich andrehen zu wollen, um Längen.

Ich bin ganz froh, zurück im Hotel zu sein, und merke, ich habe gar keine Lust, es ein drittes Mal mit dem Haram zu versuchen. Ich merke, das hat mir hier innerhalb von zwei Tagen den Schneid abgekauft. Und mein Schneid ist, bei aller Bescheidenheit, normalerweise ziemlich hochpreisig.

Dieser Gedankengang triggert mich dann doch noch. Mein Schneid *ist* hochpreisig. Ich denke ja gar nicht dran, mich so schnell kleinkriegen zu lassen. Jetzt will ich nicht mehr den Haram sehen, jetzt will ich hauptsächlich mich nicht ins Bockshorn jagen lassen. Na schön, also gut. Dann lasse ich halt ALLES hier, bis auf einige Geldscheine und mein Asthmaspray. Den Tschador packe ich in eine Plastiktüte, und eine Sicherheitsnadel zur Tschadorfixierung nehme ich auch mit. Wollen wir doch mal sehen, was passiert.

Ich wähle einen anderen Eingang. Die dortige Schreckschraube hält für fünf Minuten meinen Hotelschlüssel in der Hand und überlegt, wie sie mir daraus einen Strick drehen kann, und ich merke, wenn sie das jetzt schafft, dann breche ich vor Lachen zusammen. Und siehe, ich habe Schneid & Humor zurück und Zutritt zum Haram.

Der Haram, schon die äußeren Höfe, die ich betreten darf, ist von ebenso spektakulärer wie sublimer Schönheit. Die ich so gar nicht genießen kann. Ich halte meinen Tschador im Klammergriff und vergewissere mich möglichst unauffällig anhand der *Lonely-Planet*-Karte, dass ich nicht versehentlich in die verbotenen Bereiche gerate. Ich ziehe eine Runde durch die Höfe, bezwinge den Impuls zu hasten und bin erleichtert, wieder draußen zu sein.

Nicht weit entfernt ist Rasuls Teppichladen, ich schaue kurz vorbei, um Tschüss zu sagen, lasse den Tschador da (würde ich in Hamburg wohl doch eher selten tragen), trinke einen schnellen Chay, erwehre mich der Teppiche, mit denen er mir in nunmehr unverhohlener Verzweiflung zu Leibe rückt, sage Tschüss.

Gehe zum Hotel zurück, esse unterwegs ein unter Qualen erstandenes Brot, keine Ahnung, ob Frauen auf der Straße ein Brot essen dürfen. Na, die meisten haben ja eh keine Münder. Merke, dass ich seit heute Morgen vermeide, Menschen in die Gesichter zu sehen, und finde das nun wirklich schrecklich. In einem Interview wurde ich unlängst gefragt, ob ich jemals irgendwo war, wo ich es wirklich schrecklich fand, damals hatte ich keine Antwort.

Maschhad, zumindest das Zentrum, das ich abgewandert habe, ist übrigens eine musikfreie Zone, sieht man von den religiösen Gesängen ab. Ich mache den Laptop an, starte iTunes und höre über Kopfhörer sehr, sehr laut *Alabama 3*. Ich habe Hunger, aber irgendwo noch eine zweite Thunfischdose. Ich möchte das Erlebnis Maschhad nicht missen. Dass mein Fahrer morgen eine halbe Stunde früher kommt als erwartet, tut aber auch nicht wirklich weh.

Pässe und Passagen

Um 7:30 Uhr ist mein Fahrer da – ein Stück des Wegs hätte ich wohl mit öffentlichen Verkehrsmitteln zurücklegen können, dann aber doch irgendwoher einen Fahrer organisieren müssen, ist also gehupft wie gesprungen, was ich an Geld mehr ausgebe, spare ich an Stress und Stunden. Der gute Mann hat das übliche heitere Gemüt der Maschhader, aber schnuppe, ist ja kein Date.

Wir fahren auf verkehrsreichen Ausfallstraßen zur Stadt hinaus, dann über Autobahnen nach Norden, den Bergen entgegen. Auch hier sind die Schilder zweisprachig; schön ist, dass bei den Ausfahrten, für die man eine Kehrtwende machen muss, auf Englisch stets „Uturn" angegeben ist, zusammengeschrieben, ich finde, das klingt nach einer Stadt aus *Herr der Ringe* – „Es war schon spätnachts und das hungrige Geheul der Orks aus den Wäldern klang bedrohlich nahe, als die Gefährten in die düsteren Stadtmauern Uturns einritten".

Nach etwa zwei Stunden beginnen etwa zweihundert Wegweiser darauf aufmerksam zu machen, es gelte nach Bajgiran demnächst die Ausfahrt zu nehmen, worauf der Fahrer natürlich fuffzig Meter dran vorbeifährt, zurücksetzen muss und sich dabei mit großem Rawumms vom mit 180 km/h folgenden Wagen den Rückspiegel abfahren lässt. Er zuckt nicht mal mit der Wimper. Rückspiegel, total überschätzt.

Die Bajgiran-Straße ist schmal und drum rum ist nichts, außer Bergen, die an Größe, Kargheit und Wildheit zunehmen. Ich habe schon seit der Autobahn die Karte mit meiner Reiseroute vor Augen, die mein Leibkartograph mir anfertigte, und bin fasziniert von diesem Doppelbild. Eine lange rote Linie, einmal quer durch die wohlvertrauten Umrisse Eurasiens. Man kann die einfach mal so einzeichnen. Und man kann sie einfach mal so entlangfahren. Die Autobahn mit den Uturns, diese Bergstraße mit den Serpentinen, die Schienenstrecken entlang des breiten Flusses in Kurdistan oder durch die Wüstenei zwischen Teheran und Maschhad: Das ist meine rote Linie, manifestiert in echten Straßen und Wegen und Gleisen. Die leeren mehr oder minder bekannten Umrisse der Staaten, mit feinen schwarzen Strichen abgegrenzt, sind voll mit Landschaft, Leuten, Gerüchen, Farben, Sprachen und Schriften. Wie eine Folie lege ich meine Karte über die Wirklichkeit und notiere im Geiste, auf welchem Punkt der roten Linie ich gerade bin. Ein merkwürdiges Brain-game.

Gut, dass ich hier nicht irgendwo auf den Bus warte oder ein Taxi – es fährt (oder wohnt) hier nämlich außer uns kein Schwein. Ich probiere Notfallkommunikation mit Fahrer, ich sage „Toilet?“, was er überhaupt nicht versteht, klar, denn auf Farsi heißt das: Toilet. Mit französischer Betonung auf der zweiten Silbe. Ich denke an Alireza und die verblüffende Erkenntnis, wie viel mehr Kommunikation eine Frage des Willens ist als eine der Sprache, ein fast ketzerisches Eingeständnis für einen Sprachfreak wie mich.

Auch so einer der Vorzüge des Reisens: Man muss Dinge erst mal *nicht* haben, um große Freude empfinden zu können, sind sie dann wieder verfügbar. Schlichte Dinge: eine heiße Dusche, eine kalte Dusche, überhaupt irgendeine Dusche. Essen, Wasser. Eine Toilette, verdammich. Der sadistische Sauhund fährt an mindestens zwei Pinkelgelegenheiten vorbei, nehme an, hier pinkeln Frauen nicht. Möge der Teufel auch noch deinen zweiten Rückspiegel holen, du Aas. Aber Kommunikation ist eine Frage des Willens. Und ich WILL pinkeln, TOILET!!! Endlich hält er an, wo's ein Toilettenbretterbüdchen gibt und anscheinend ein kleines Heiligtum; als wir weiterfahren, schenkt er mir einen Keks und ein Bonsche, und ich bin prompt wieder versöhnt.

Schließlich künden Aberdutzende am Straßenrand parkende Tank- und Schrottautolastwagen davon, dass wir uns der Grenze nähern. Ich bin aufgeregt. Meine rote Linie quert hier einen der dünnen schwarzen Striche. Ich liebe Landgrenzübergänge, die bizarre Erfahrung des Grenzübertritts, nicht verwässert vom sterilen Flughafenprozedere, das sich überall gleicht (naja, außer in Kinshasa). Ich bin immer aufgeregt, obwohl ich mir nie was zuschulden kommen lassen würde, ich schmuggele keine einzige Zigarette zu viel. Ich habe schon tolle Grenzen erlebt, einmal in Mittelamerika hielt der Pick-up, auf dessen Ladefläche ich saß, mitten in einer bis zum Horizont reichenden Bananenplantage, und ich stieg um auf die Ladefläche eines anderen, quasi identischen Pick-up und fuhr weiter, das war die Grenze. Deutlich einleuchtender und hübsch symbolisch: Grenzflüsse mit Brücken.

Diese Grenzstation liegt auf einer Bergkuppe. Mein Fahrer, obwohl seine Lächelgesichtsmuskeln schon vor Jahren atrophiert sind, ist gar nicht so fies oder kriegt Ärger, wenn er mich einfach am Straßenrand aussetzt, oder will sichergehen, dass ich mich auch ja rausschere aus seinem Land, jedenfalls erkundigt er sich bei einem Grüppchen herumlungernder Männer, ob wir hier richtig seien. Wir sind's. Ich nehme meine Rucksäcke und betrete das Grenzgebäude, einen spartanischen beigen Betonkomplex.

Zuerst denke ich, ich habe mich versehentlich in die Grenze für Männer verirrt. Nur Kerls, wenige, sie verlieren sich im großen, schwach beleuchteten Gebäude. „Passport?", frage ich in die Gegend, man weist mich weiter. Dann kommt ein Zöllner auf mich zu, lächelt, ist unglaublich nett, beäugt salopp meinen Pass, erklärt mir in mittelgutem Englisch, ich müsse mir dort vorn am Schalter einen Stempel von der Polizei holen. Ich gebe denen meinen Pass, mit Gesten bedeutet man mir, mich in die leeren Wartestuhlreihen zu setzen. Auf einem Flachbildschirm laufen Nachrichten auf Farsi mit englischem Ticker darunter, leider hauptsächlich auf iranische und israelische Außenpolitik und das Spannungsfeld dazwischen beschränkt; ich habe kaum noch Ahnung, was sonst in der Welt so vor sich geht, aber naja, die Welt, die Gute, die wird auch mal ein paar Wochen ohne mich auskommen.

Flüchtig erhasche ich einen Blick auf den ersten Westler seit Ankunft in Teheran. Und, was soll ich sagen: Cargohose und Schwachmatensandalen! (Siehe: *Exkurs. Lebensform Tourist.*) Ich lach mich scheckig.

Ein letztes Mal heißt es „Welcome to Iran". Auf einer verblichenen Malerei mit Landschaft und Khomeini, gedacht für den Reisenden in anderer Richtung. „Welcome to Iran", lautet es, „Land of Guardianship and Martyrdom".

Ich habe mich kaum hingesetzt, da winkt mich mein Zöllner zu seinem Büro zurück, ich erwarte quälende Formalitäten und Formulare, aber nein, er bietet mir nur einen Tee an, um mir das Warten zu versüßen.

Ich bin perplex. Ich bin an vielen Grenzen gewesen, einige Grenzer sind ganz nett, überproportional viele enorm biestig, aber einen Tee habe ich noch nirgends angeboten bekommen.

Den Tee wiederum habe ich kaum ausgetrunken, da gibt's bereits den Pass zurück. Mehr als zwanzig Minuten hat der Spaß nicht gedauert. Ein Jüngling im Separatbüro begehrt einen weiteren Passblick, aber hauptsächlich deshalb, weil er mich persönlich aus dem Iran verabschieden möchte. Dann werde ich aus der rückwärtigen Tür gewinkt.

Ich laufe zwanzig Meter ein staubiges Stück durch die Sonne, zeige in der Mitte zwei jungen iranischen Soldaten meinen Pass, sie lächeln und verabschieden sich im Namen Irans. Ich gehe ein paar Schritte, vom Gebäude, auf das ich zugehe, lächelt mir bereits milde Präsident Gurbanguly Berdymuchammedov entgegen. Ich bleibe stehen. Ich stehe auf der imaginären dünnen schwarzen Linie. Ich drehe mich um und blicke zurück. Iran. Ich muss unbedingt wiederkommen, mit mehr Zeit. Für Teheran. Und natürlich will ich Isfahan und Shiraz und Yazd sehen. Und vor allem würde ich gerne die ländlichen Gegenden kennenlernen, etwas, was bei diesem Trip leider flachfällt. Auch wenn ich meinen Jahresurlaub nicht notwendigerweise in Maschhad verbringen möchte, so verwette ich doch meine Rückspiegel darauf, dass für ein Land, dessen Grenzsoldaten lächeln und dessen Zöllner einem Tee anbieten, die Teheraner repräsentativer als die Maschhader sind. Ich blicke zurück und denke an all meine Begegnungen in Teheran. Dann blicke ich auf den Pass in meinen Händen und frage mich zum zehntausendsten Mal, womit ausgerechnet ich diesen Pass und alles, wofür er steht, verdient habe. Dann gehe ich nach Turkmenistan. Ich bemühe mich dabei, nicht auf die schwarze Linie zu treten, das bringt Unglück.

Turkmenistan macht Mittagspause. Das Gebäude ist sehr leer, dann erscheint doch noch ein junger Soldat mit einem enorm großen Hut, und hinter der Barriere mit Röntgengerät und Detektorschleuse taucht eine Frau mit leicht pumuckelhaften Haaren auf und winkt: Lena, meine Reiseführerin. Man braucht einen Guide, will man Turkmenistan als Tourist bereisen, ohne ist's verboten; aber warum nicht, ich habe mit Guides beglückende Begegnungen erlebt und einen Zugang zum Land, von dem ich allein nicht zu träumen gewagt hätte. Turkmenistan kostet 12 Dollar Eintritt, man holt die Kassiererin vom Mittagessen, Lena macht für mich währenddessen irgendwas Zollrelevantes, schließlich ist auch ein Mensch zurück, der meinen Pass anguckt, dann bin ich in Turkmenistan. Das Röntgengerät übrigens ist entweder reine Deko, oder der Röntgenmeister hatte keine Lust, sein Essen kalt werden zu lassen.

Lena begrüßt mich, sagt mir, ich könne das Kopftuch abnehmen – richtig, da war doch was –, stellt nach fünf Minuten bereits die Frage, ob ich rauche und trinke, und seufzt erleichtert, als ich bejahe. Sie ist 47, spricht verblüffenderweise ein prima Deutsch, und die Pumuckelhaftigkeit geht auf einen Friseurunfall beim Färben zurück. In einer Woche wird sie zum ersten Mal nach Deutschland fliegen, für vierzehn Tage, auf Einladung von Andrea, eine ihrer Touristinnen, versprochen hätten ihr das schon viele, aber Andrea sei die erste, die Wort gehalten habe. Lena freut sich ein Loch in den Bauch. Wir warten draußen auf einen Shuttle-Mikrobus und rauchen erst mal. Ich krempel die Ärmel des Höllenhemdes hoch, und mir wird leicht zumut. Kopftuch ist kein Beinbruch, aber ich sage euch: Wind in den Haaren ist was ganz, ganz Feines!

Es weht ein starker Wind hier oben. Leider ist natürlich überall im Grenzgebiet fotografieren verboten, ein Jammer, es ist herzzerreißend schön. Man stelle sich einfach vor dem inneren Auge ein möglichst tolles, wildes, filmreifes, zentralasiatisches Grenzgebirge vor, durch das man sofort in Begleitung von Kara Ben Nemsi reiten muss, und genauso sieht es aus.

Endlich kommt ein weißer Mikrobus, dessen Fahrer eigentlich lieber erst mal Mittagspause machen würde, er lässt sich dann aber doch zum Fahren überreden. Und das tut er mit Verve. Es führen Serpentinen bergab, und eine Serpentine, die man mit weniger als 80 Sachen fährt, macht bekanntlich keinen Spaß. Ich sitze vorne, klammere mich an den Griff über dem Beifahrerfenster, Sicherheitsgurte gibt es nicht, aber allzu sehr am Leben hängen ist schließlich spießig, genieße Fahrtwind und Landschaft und habe Spaß, während wir zu Tal donnern.

Bald sieht man Ashgabat in der Ebene – entweder ist das Ashgabat oder eine Fata Morgana, oder mir hat der Zöllner was in den Tee getan. Ashgabat. Mir fehlen die Worte. Sollte ich morgen welche finden, werde ich von Ashgabat berichten.

2. /3. August 2010
Ashgabat

Die theoretische Stadt

Heidewitzka. Wow. Alle Wetter. Wahnsinn. Das meinen die nicht ernst. Mein lieber Herr Gesangsverein. Das meinen die doch ernst. Wir hätten zum Bau der Hafencity* mal ein paar Ashgabater Architekten einladen sollen, das wär ein Spaß geworden. Der Ashgabater Architekt macht weder Kompromisse noch Gefangene. Dafür macht er Säulen. Dem Freund der Säule kann ich zu einem Urlaub in Ashgabat nur zuraten.

Von meinem High-End-Hotel *Gran Turkmen,* überaus zentral gelegen, wandere ich bei 40 °C sechs Stunden durch die Stadt, die in ihrem „Zentrum" (das sich problemlos über sechs Stunden erstreckt) aus ausschließlich weißem Marmor besteht, was in der gleißenden Wüstensonne eigentlich nur mit Schweißerbrille ratsam ist. Südlich des Hotels befindet sich auf diversen Quadratkilometern das Regierungsviertel, das aussieht, als hätten sich Zeus und Walt Disney zusammengesetzt, um mal richtig einen druffzumachen. Heidewitzka. Titanische Paläste reihen sich aneinander, eine Orgie aus Säulen, goldverspiegelten Fensterfassaden, Triumphbögen, griechisch-römisch-unorthodoxer Tempelhaftigkeit, zügelloser Gigantomanie und güldenem, in Ermangelung eines besseren Begriffs möchte ich es mal unter „Zierrat" zusammenfassen. Der Präsidentenpalast selbst trägt drei goldene Kuppeln, überhaupt floriert die Vergoldung, diverse Goldstatuen des alten wie des neuen Präsidenten wirken trotz Überlebensgröße vor den gewaltigen Ministerien wie Nippes. Man holt sich umgehend Genickstarre, Schwindel und einen leicht verblödeten Gesichtsausdruck.

Keine Fotos, leider. Mir wurde gesagt, ich dürfe problemlos fotografieren, außer die Regierungsgebäude, vor denen Soldaten oder Polizisten stünden. Bloß: Sind *alles* Regierungsgebäude, und *überall* stehen Soldaten und Polizisten. Ich bin eigentlich gar kein begeisterter Fotografierer, hier aber blutet mir das Herz. Das glaubt nämlich zu Hause kein Schwein.

Ich bin allein unterwegs, ist kein Problem. Lena hat mir zwar ihre Begleitung mit Fahrer und Sightseeingtour angeboten, doch obwohl Erläuterungen selten sinniger gewesen wären, habe ich erst abgewägt, dann abgelehnt. Zum einen genieße ich nichts mehr, als mir eine Stadt selbst zu erwandern, mit der Freiheit, jeder interessanten Abzweigung und jeder meiner Grillen folgen zu können; zum anderen hat Lena heute Geburtstag, und ich finde, man sollte seinen Geburtstag nicht damit verbringen, Touristen durch die Gegend zu schieben.

* „Das „größte innerstädtische Stadtentwicklungsprojekt Europas", bei dem auf einem Areal des ehemaligen Hamburger Freihafens ein brandneuer und, nennen wir's mal „ambitionierter" Stadtteil entsteht.

Zur Stadtspaßintensivierung (siehe: *20. Juli. Das Kennenlernen von Städten*) benötige ich heute: Bimsstein! Crazy, hm? Doch ach, ich bin kaum aus dem Hotel in den gegenüberliegenden Russenbasar gehumpelt, schon halte ich nach fünf Minuten einen Bimsstein in der Hand. Was, bitteschön, soll man sich denn noch einfallen lassen.

Quasi direkt hinter dem Hotel steht der *Bogen der Neutralität,* eine Art eifelturmförmiges Gebilde, an dessen Spitze sich ein goldener Turkmenbashi (aka Präsident Niyazov, verstorben 2006) mit der Sonne dreht, auf dass sein Gesicht nie im Schatten liege. Beziehungsweise drehte und lag. Der Turm wird von einem Baukran überragt und ist in Gerüst und Plane gekleidet, Lena wird mir erklären, dass diese Denkmäler sukzessive abgebaut werden und an einem dafür neu geschaffenen Platz am Stadtrand wiedererrichtet. Stattdessen soll es einen neuen, noch größeren Turm geben, heißt es.

Gegenüber das Mahnmal für die Opfer des großen Erdbebens. 1948 wurde Ashgabat mit neun bis zehn auf der Richterskala buchstäblich dem Erdboden gleichgemacht. Über dem subterranen (und geschlossenen) Museum erhebt sich eine Bronzeweltkugel auf der Schulter eines Stieres, aus deren Kruste gequälte Menschen ragen, zuoberst hält eine Frauengestalt ein güldenes Kind empor: den kleinen Turkmenbashi.

Drum herum ein Park. Überhaupt gibt es viele, viele, große, große Parks. Mit Springbrunnen. Ich habe noch nie so viele Springbrunnen gesehen, auf jeden Ashgabater (rund 600 000 soll es geben) müssen zwei bis drei Springbrunnen kommen, übertroffen wird ihre Zahl nur durch die Anzahl der Parkbänke. Gesamteurasien könnte sich an einem Sonntag in den Parks Ashgabats treffen und keiner müsste stehen. (Sie könnten dazu ihre Istanbuler Kissenbezüge mitbringen, darauf säße es sich gemütlicher.)

Apropos sitzen: Sitzen tut keiner in den Parks. Spazieren gehen auch nicht. Die einzigen Menschen, die ich gelegentlich sehe, sind welche, die Springbrunnen reparieren.

Überhaupt macht Ashgabat den Eindruck, als habe man bei der Konzeption der Stadt vergessen, dass Leute drin wohnen könnten. Wiederum ein *Omega-Mann*-Gefühl, maximiert durch diese Überarchitektur. Bizarr. Was es an Parkbänken zu viel hat, hat es an Fußgängerampeln zu wenig; wozu die Mühe, muss man sich gesagt haben, hier geht eh kein Mensch. Und recht haben sie: Es gibt genauso viele Fußgänger wie Rumsitzer: Keine.

Weil Ashgabat nicht nur im Zentrum eine gewaltige Baustelle ist – der Paradeplatz am Präsidentenpalast eine umzäunte Baugrube von der Größe Belgiens –, sondern auch fast überall sonst, hat man kurzerhand die Gehwege ebenfalls mit Bauzäunen abgesperrt, was mir haarsträubende Kilometer am Rande von sechsspurigen Straßen abverlangt (Autofahrer gibt's dann doch ein paar, außer sonntags).

Ich gehe dem nächsten Phantasma entgegen: Nach Süden, vor dem Hintergrund der Berge, erstrecken sich, streng in Flucht gebaut, schlanke, weißmarmorne Türme, deren Reihen am Horizont fatamorganahaft in der flirrenden Hitze verschwinden. Nebenbei – dies ist eine völlig idiotische Reisezeit für Zentralasien, viel zu heiß, die heutigen 40 °C können als milde gelten, letzte Woche waren's zehn bis fünfzehn Grad mehr. Aber ich will ja am 1. September in Shanghai sein, also gab's keine Wahl.

So sehr sich die Türme von ferne zu gleichen scheinen, wenn man näherkommt, unterscheiden sie sich in Säulenanzahl und -einsatz, Bogenfensterfassaden, Zierrat und verspielter, bunter Dachkuppelgestaltung. Was es nicht weniger, sondern bloß anders bizarr macht.

Die Straßen sind ungeheuer breit und zunehmend leerer. Auf den Gehwegen, so sie nicht abgesperrt sind, könnte ein Tieflader einen anderen überholen. Und die Bäumchen, die sie säumen, sind ganz offensichtlich brandneu gepflanzt, was immer hier vorher war, ist entweder planiert worden, oder es gab gar nichts außer Wüste. Das Resultat: kein Schatten. Nirgends. Geht man für ein paar Kilometer an einem der Wellblechbauzäune entlang, strahlt dieser Hitze ab wie ein Grill. Es ist eine ganz, ganz blöde Idee, hier spazieren zu gehen.

Obwohl ich, je weiter ich den *Turkmenbashi-Boulevard* stadtauswärts spaziere, zunehmend an alten Sowjet-Wohnblocks vorbeikomme, gibt es nirgends einen Laden. Ein Geschäft. Ein Café. Ein Restaurant. Irgendwas, das eine Stadt normalerweise für ihre Menschen bereithält. Der Effekt ist verblüffend – als wandele man durch Gottes Modellbauanlage. Verstärkend wirkt die nahezu vollständige Abwesenheit irgendwelcher Werbeplakate, nur die (einzige) staatliche Mobilfunkgesellschaft wirbt bisweilen, was ohne Konkurrenz irgendwie eher dekorative Zwecke erfüllt. Schöne Schilder, die in paradiesischen Malereien vom künftigen Gesicht der zahllosen Bauprojekte künden, gibt es allerdings, sowie einige, die

Gegenwart und Zukunft Turkmenistans in jeglichen Aspekten visualisieren und preisen, und Präsident Berdymuchammedovs ikonengleiches Konterfei lächelt zuversichtlich von jedem zweiten Gebäude.

Nebeneffekt der Großen Leere ist Dehydration – nirgends eine Möglichkeit, eine Wasserflasche (siehe: *Exkurs. Lebensform Tourist*) zu kaufen. Apropos: Irgendwann sehe ich doch einen Menschen. Er glaubt, nur weil er sich mit einer schwarzen Jeans anstelle einer Cargohose getarnt hat, sei er nicht als Tourist zu erkennen, aber die Wasserflasche unter seinem Arm verrät ihn; und siehe, da bleibt er auch schon an der Straßenecke stehen und zückt den *Lonely Planet,* um sich anhand des – ganz lausigen – Stadtplans zu verorten.

Nach circa drei Stunden erreiche ich das Einkaufszentrum *Ympasch,* Lena hatte es mir auf der Fahrt von der Grenze gezeigt. Dank des dortigen Supermarktes und mehrerer Gallonen Wasser gelingt es mir, meinen Zustand zu stabilisieren. Ich überlege, ein Taxi zum „Turkmenbashi Cableway" zu nehmen, einem Ausflugs- und Aussichtsort, entscheide mich dann dagegen und biege rechts ab, einer weiteren Ballung lovecraftesker weißer Türme entgegen. Smart move übrigens, der Cableway sei geschlossen, erfahre ich später von Lena.

Auf einem anderen Boulevard gehe ich ins Zentrum zurück, vorbei am Turkmenbashi-Vergnügungspark, der jedoch ebenfalls geschlossen ist. Glatt eines Coffeetablebooks wert: die Ashgabater Straßenlaternen in ihrer ganzen überkandidelten Diversität. Ach, würde ich doch im nächsten Leben als turkmenischer Straßenlampendesigner wiedergeboren! Auf dem Weg ein weiterer ausgedehnter Park, in dem sich Springbrunnen und Parkbänke einen schönen Tag miteinander machen. Außer den Springbrunnenklempnern begegne ich noch zwei Teenagerjungs, die ein Foto von mir wollen – ich gelte als Sehenswürdigkeit.

Schön übrigens: Obzwar das Rauchen theoretisch meistens untersagt ist, ist es de facto dann doch fast immer möglich – außer überall unter freiem Himmel. Straßen, Plätze, Parkbänke. Da ist man streng. So wird mir im Frühstückssaal des Hotels in Turkmenbashi selbstverständlich ein Ascher hingestellt werden, raucht man aber aus Unwissenheit an einer großen, menschenleeren Ausfallstraße, halten die Autofahrer und mahnen. Ist's die Polizei, die hält, kostet es einen turkmenischen Monatslohn Strafe.

Ich bin begeistert und räume Ashgabat den zweiten Platz auf der Hitliste der total bizarren Rauchergesetzgebungen ein, gleich nach Boston, wo das Rauchen auf der Straße im Umkreis von 50 Metern um Hotels und Ladezonen (!) verboten ist.

Das turkmenische Rauchverbot kam derart zustande, dass seine Ärzte einst Turkmenbashi dringlich vom Rauchen abrieten. Und da wir ja alle wissen, wie es ist mit dem Aufhören, man schafft's mit Ach und Krach und wird dann in gemütlicher Gesellschaft von anderen Rauchern doch wieder rückfällig, hat er kurzerhand dem ganzen Land das Rauchen verboten. Das nenne ich ebenso clever wie konsequent.

Unschön übrigens: Nun bin ich es zwar gewohnt, dass all überall auf dieser Welt eigentlich ausschließlich Instantkaffee getrunken wird, hatte aber stets das Gefühl, dies sei Resultat eines fundamentalen Desinteresses an Kaffee. Die Turkmenen jedoch scheinen nachgerade besessen von dem Zeug – im *Ympasch* stehe ich, starr vor Entsetzen, im Angesicht eines acht Meter langen Regals, das schier birst vor verschiedensten Instantkaffeesorten. Der richtige Kaffee ist mit zwei Marken à je fünf Packungen in die äußerste Schämecke verbannt. Ein herzzerreißender Anblick. Und mit Lena werde ich drei Tage später ein hippes Café besuchen, das zwar echten Espresso, Cappuccino und Café Latte auf der Karte listet – allerdings zuunterst der sechs verschiedenen Instantkaffeemarken, die angepriesen werden, als seien sie nicht nur zum menschlichen Verzehr geeignet, sondern ein Genuss. Die trinken das tatsächlich freiwillig, die Turkmenen. Geheimnisvolles Zentralasien.

Als ich nach sechs Stunden zurück zum Hotel gelange, bin ich reichlich platt, außerdem schmerzen meine Füße (zu viel akkumulierte Hornhaut ist überall tief eingerissen, die Risse haben sich entzündet, deswegen der Bimsstein, falls sich jemand wundert, wie ich auf so was komme). Ich entscheide notgedrungen, eine ausführlichere Auszeit zu nehmen. Zum Schreiben zum Beispiel. Das *Gran Turkmen* hätte sogar einen Outdoorpool, dessen Wasser überraschend kühl ist, doch sieht das Ding irgendwie zu irreal aus, um es tatsächlich zu benutzen.

Während der Säulenfreund in Ashgabat fraglos auf seine Kosten kommt, ist ein Besuch rein der schönen Kommunikationsmittel wegen nicht uneingeschränkt empfehlenswert. Zwar verfügt das *Gran Turkmen* über Internet (keine Selbstverständlichkeit) und zögert auch nicht, sehr viel Devisen für die Nutzung zu fordern; dessen Funktionalität aber gestaltet sich höchst kapriziös. Dass die Verbindung elend langsam, erratisch schwankend und entzückend *oldschool* mit Stecker zustande kommt, kann als normal gelten, Turkmenistan hat nur einen Server. Bemerkenswerter ist, dass ich zwar am allerersten Abend noch problemlos Mails empfangen kann, dann aber für den Rest der Woche nie wieder. Meine eigenen Mails scheinen rauszugehen, ob sie irgendwo ankommen, bleibt ungeklärt. Ein Geschäftsmann aus dem Öl-Business, den ich im Computerraum kennenlerne, bezweifelt es. Die Mails werden alle gelesen, sagt er, was gleichfalls im (ziemlich angejahrten) *Lonely Planet* steht. Allerdings erfahre ich, dass auch die ausländischen Geschäftsleute ausnahmslos nach dem *Lonely Planet* navigieren, ist also ein in sich geschlossener Informationskreislauf. Einige Internetseiten lassen sich aufrufen, einige gar nicht. Ich werde in dieser Woche keinen einzigen Anruf oder eine SMS auf mein Handy erhalten, trotz Netzverbindung, und kann damit nicht telefonieren. Wer also in den Ferien nach tiefer Ruhe sucht, ziehe Turkmenistan als Destination ernsthaft in Erwägung. Wer hingegen einen Blog schreibt, legt erst mal Sendepause ein und bittet um Verständnis.

Ympasch: Instantkaffeeregal (Teilansicht)

Sofia: keine Waffen,
keine Kameras,
keine Kosmetikköfferchen

Uebel vor Abfahrt in Belgrad

Regentag im Topdeck-Café, Istanbul

Sightseeingstop ohne
sights to see, Kurdistan

Lieferantenverkehr vor dem Basar, Teheran

Mode für den
kräftigen Herren, Teheran

Schahbeine

Exzentrisches Geflügel, Teheran

Alireza und Uebel dinieren

Spazieren und amüsieren in Darband

Teheran von oben

Im Inneren des kleinen Schreins von Abdol Azim

Teheran bei Nacht

Es hält ein Zug im Nirgendwo, Ira

Bogen der Neutralität, Ashgabat

Brunnen in Park, Ashgabat

Awaza. So wird es aussehen

Awaza, wie es derzeit aussieht

Präsident Berdimuhamedow an Teppich & Taube

Wandbild turkmenischer Tankstelle. Man beachte Zapfhahn oben rechts!

Wunschbaumwiege, Merv

Ziemlich langes Wort

Mikroexkurs:

Ethnologische Randstudien

Kleiner ethnologischer Exkurs zu den spezifischen Schrulligkeiten fremder Völker: Der Turkmene bevorzugt seinen Duschvorhang zweiteilig, wie einen Theatervorhang. Was zur Folge hat, dass man beim Verlassen der Wanne stets ein bisschen enttäuscht ist ob des ausbleibenden Applauses. Der Iraner hingegen kann sich ein Hotelzimmer keinesfalls ohne eine übergroße Wanduhr vorstellen, deren Ticken den Putz von der Decke rieseln lässt und dem Gast einen Specht im frontalen Schläfenlappen vorgaukelt. So gilt es beim Betreten eines iranischen Hotelzimmers umgehend die Wanduhr zu deinstallieren und die Batterie rauszupulen, legt man Wert auf nächtlichen Schlaf, denn wie sagt das alte afrikanische Sprichwort: Wenn dir schon eine Palme aus dem Kopf wächst, sieh zu, dass nicht auch noch ein Specht dran hackt.

4. August 2010
Turkmenbashi

Ein Tag am Meer

Der Hauptgrund, warum ich nach Turkmenbashi wollte, ist, dass im *Lonely Planet* steht, da gebe es nichts. Ich bin ein Connaisseur der Abwesenheiten aller Art. Auch der sehr nette Merdan von *Ayan Travel* zeigte sich erstaunt über mein Anliegen, insbesondere, als ich darauf bestand, per Zug zu reisen. Aber alles problemlos machbar, außer halt das Alleinreisen per Touristenvisum. Macht nichts – Lena ist eine fabelhafte Reisebegleitung. Sie ist taff, kompetent, durchtrieben, hat Sinn für Humor und eine spannende Lebensgeschichte – mit langjährigem Job für den KGB – zu erzählen.

Alles käme hier auf Beziehungen an, erklärte sie mir, als wir gestern Abend unser Zugabteil bezogen, und hatte sofort über ihren Mann eine Connection zum Brigadier oder Brigadeur oder Briganten des Zuges, sprich dem Chefzugbegleiter klargemacht, der uns das Klappfenster aufschließt, damit wir rauchen können, und uns Kannen mit heißem Wasser für wahlweise Tee oder mein Kaffeepulver bringt. Habe Letzteres im *Ympasch* aufgestockt, kann nunmehr einer weiteren Woche furchtlos und wohlkoffeiniert ins Auge sehen.

Wir haben das Abteil für uns allein. *Ayan Travel* hat alle vier Kojen aufgekauft. Befremdlich, alldieweil draußen auf dem Gang eine ganze Schar Leute hockt und auf dem Fußboden schläft. Aber, um mit den Borg zu sprechen, Widerstand ist zwecklos, und so lässt sich's immerhin rauchen. Der Raucherpolizei, die bisweilen den Gang patrouilliert, schieben wir einfach einen Riegel vor. So haben wir's nett und anregend, schnacken, snacken, trinken Tee. Lena singt mir russische Lieder vor, sie hat eine schöne Stimme. Sie definiert sich als Russin, obgleich sie hier geboren ist, die meisten Russischstämmigen täten das, auch bei den Eheschließungen bleibe man tendenziell unter sich. Lena hat sogar beide Staatsangehörigkeiten, ihr Schengenvisum für die anstehende Deutschlandreise, das sie mir stolz präsentiert, prangt allerdings im turkmenischen Pass. Sowohl sie als auch ich reisen naturgemäß mit einem ganzen Aktenschrank voller Bewilligungen und Gestattungen fürs Reisen, für Grenznähe etc., in jedem Hotel muss zudem mein Pass zur Registrierung. Nehme an, unter den vielen Sinnsprüchen Präsident Berdymuchammedovs, die überall bunt bebildert plakatiert sind, nimmt „Sometimes suspicion is a sin" einen nachrangigen Platz ein.

Nebenbei, diese Sprüche sind, wie circa 80 % des Geschriebenen im öffentlichen Raum, auf Turkmenisch, das sich lateinischer Buchstaben bedient. Turkmenisch dominiert und wird forciert, Lingua franca scheint trotzdem eher das Russische zu sein.

Ich nutze die im Zug vertändelte Zeit, um mit Lenas Hilfe mein Russisch in Gang zu kriegen, ich habe sieben Tage Zeit, mich an all das zu erinnern, was ich in den letzten sieben Jahren vergessen habe. Für jemanden wie mich, der eine quasi zenbuddhistische Leere dort trägt, wo andere Menschen ein Gedächtnis haben, ein hoffnungsloses Unterfangen. Zwar schleppe ich mein Russischlehrbuch mit, bin aber bislang zu keinem Blick hinein gekommen. Die Blogschreiberei hinkt chronisch hinterher, ganz schlecht, wie gesagt, ich vergesse alles sofort. (Ich selbst übrigens hinke kaum noch, Bimsstein hilft, noch einen Tag, und ich bin wieder der gute alte Springbock, als den man mich kennt.) Und zeitgleich versuche ich natürlich, mir zumindest halbwegs eine zumindest laienhafte Kenntnis der zentralasiatischen Geschichte zu erarbeiten.

Ebenso hochfaszinierend wie -komplex, von Aufstieg und Fall bzw. Zerfall der antiken Groß- und Kleinreiche über das „Great Game" zwischen Russland und England bis zu Unabhängigkeit, Gegenwart und zukünftiger Rolle der zentralasiatischen Staaten. Hier auch nur ansatzweise einen Abriss geben zu wollen wäre vermessen. Meine Leseliste für daheim wächst stündlich, und schon die Iran betreffende ist zu lang.

Wobei ich zugegeben stets am meisten an der Gegenwart interessiert bin – ist schließlich auch Historie, man warte bloß bis morgen.

Lena kann mir viel erzählen und tut das auch ungeniert, inklusive der verbreiteten Scherze. Über das turkmenische Wappentier beispielsweise, den fünfköpfigen Adler, der seiner Vielköpfigkeit wegen nie eine Ahnung hätte, wohin er fliegen soll. Die Zahl Fünf spielt in der turkmenischen Symbolik eine große Rolle: fünf Stämme, fünf Provinzen – auf der Flagge repräsentiert durch fünf Teppichmuster –, aber auch die fünf Säulen des Islam, die fünf Sinne. Die fünf großen uralten turkmenischen Werte, auf denen die gesamte Welt basiert, wie man's im *Ruhnama* nachlesen kann, dem sakrosankten Werk Turkmenbashis, das jeder Turkmene zumindest in Teilen auswendig können musste (beispielsweise unter anderem zur Führerscheinprüfung unerlässlich) und von dem ein Exemplar per Satellit im Orbit kreist. Zwei dieser Werte sind der Turkmenische Hund und das Turkmenische Pferd, die anderen drei habe ich vergessen, ich habe das Buch noch nicht durch. Die Monate hatte Turkmenbashi übrigens umbenannt, den, wie ich glaube, April nach seiner Mutter.

Es braucht 14 Stunden nach Turkmenbashi, wir schlafen mehr schlecht als recht, der Zug hält alle paar Meter, wie es scheint, und macht ein großes Aufheben davon. Morgens aber gibt's dank Heißwasserkanne echten Kaffee, ich steh auf diesen Zug. Ist überhaupt ein sehr schöner Zug, sauber, neu, chinesisch, mit Teppichläufern ausgelegt. Der Brigadier oder Brigadeur schließt uns beiden das gute Klo mit Sitzkloschlüssel auf, das eigentlich nur für die Zugbegleiter gedacht ist; und irgendwann in der Nacht hat man gar die Klimaanlage ausgeschaltet, sodass Temperaturen herrschen, in denen menschliches Leben denkbar ist (die Klimaanlagen in chinesischen Zügen arbeiten für gewöhnlich stets auf Hochtouren an einer lebensnahen Weltraumsimulation, nach meiner Fahrt Pjöngjang–Peking war ich zwei Wochen krank).

Auf dem Rückweg übrigens geht mein Ich-verlasse-den-Erdboden-nicht-Konzept perdü: Der Zug, den wir eigentlich hätten nehmen wollen, wurde kurzfristig für eine kollektive Schulkinderlandverschickung requiriert. Es gibt keine andere Möglichkeit – wir werden fliegen müssen.

Zunächst aber kommen wir vormittags in Turkmenbashi an, kurz zuvor sehe ich durchs Zugfenster zum ersten Mal das Kaspische Meer. Toll. Hier war ich auch noch nicht. Das Hotel ist gut, hat aber seine beste Zeit wohl gesehen, der Pool spricht davon, er befindet sich im Stadium der Metamorphose zu einem Gartenteich. Es ist zu stadtnah, das Hotel; die Zukunft wächst weiter draußen und trägt den Namen Awaza. Was man in Ashgabat als Stadtphantasma errichtet, wird dort in ähnlicher Konsequenz als Erholungsphantasma durchgespielt. Nach Awaza fährt man ein langes Stück an Raffinerien vorbei – es riecht nach Öl und Gas, hier nämlich wächst das ganze Zeug, und zwar in derartigen Mengen, dass weder Gas noch Strom den Bürger etwas kosten, und Autobesitzer, so Lena, bekämen sogar eine gewisse Menge Benzin geschenkt. Der Rest, nehme ich an, wird gegen weißen Marmor getauscht.

Die halluzinierenden Architekten, sagt Lena, seien im Übrigen gar keine Turkmenen, die Bauaufträge, Konzeption und Realisierung, lägen komplett in ausländischer Hand, bei Türken und Italienern. Die meisten – und qualifizierteren – der damit zusammenhängenden Jobs ebenfalls.

Nicht so gut, in einem Land, dessen Arbeitslosenquote um und bei 25 % geschätzt wird.

Auf die Raffinerien folgt Brache und Wüste. Die Straße hindurch ist breit, leer und gesäumt von ornamentalsten Straßenlampen in irrsinniger Strom-kost-nix-Menge, daneben ein typischer tiefladerbreiter, schattenloser Gehweg. Am Horizont die wohlbekannten Phantasiatürme in Weiß, diesmal handelt es sich um Hotels. Dahinter vermute ich das Kaspische Meer. Davor und drumrum ließe sich prima das nächste *Mad-Max*-Sequel drehen. Man ziele auf den europäischen und amerikanischen Tourismusmarkt, sagt Lena, als ich frage, wie zum Henker sich diese gewaltigen Komplexe, von denen nahezu stündlich weitere emporsprießen (wie erdbebensicher all das ist, wird sich wohl erst im Feldversuch herausstellen), füllen sollen; und ich halte mal lieber nicht die Luft an, bis das erste Hotel von der TUI ausgebucht wird.

Die Sonne sengt. Der Luftfeuchtigkeit wegen tut sie das noch fieser als in Ashgabat. Wer sich hier an den Strand legt, hat entweder einen Schaden oder holt sich einen innerhalb von zwanzig Minuten. Ich gehe trotzdem kurz baden, eigentlich hauptsächlich, weil Lena annimmt, ich sei deswegen hier, Freude an Abwesenheit von Attraktionen ist weltweit schwer vermittelbar. Stelle fest, mein Bikini hat sich nach einer Dekade treuen Dienstes aufgelöst, in der Hitze sind die eingenähten Elastikgummis geschmolzen und kleben mir nun käsefonduefädenziehend am Leibe. Ich bestatte ihn mit ein paar würdigen Worten im nächsten Abfalleimer, dann flüchten wir ins klimatisierte Hotelinnere.

Drinnen Gipsstuckopulenz in Weiß und Gold sowie Lüster, die selbst dem Schah ein interessiertes Zucken der Augenbraue hätten abringen können. Wenn der slawische Geschmack auf den asiatischen Willen zum Dekor trifft, geht der Westeuropäer besser in Deckung. Schön jedoch das wandgroße Bild Präsident Berdymuchammedovs, von Geld umflattert. Normalerweise umflattern ihn weiße Tauben. Wir bestellen an der Bar echten, sprich türkischen Kaffee, dürfen rauchen, kühlen aus.

Später gehen wir, nach meiner Verweigerung einer Alsterdampferfahrt entlang eines künstlichen Kanals durch die Wastelands, in der Stadt, die früher Krasnovodsk hieß, „Rotes Wasser“, Schaschlik essen. Die Schaschlikerei sieht von außen so aus, dass ich 100 Manat (das hiesige Geld) drauf verwettet hätte, sie sei geschlossen. Ist sie nicht, sie ist bloß leer und hat, gut versteckt, einen netten Biergarten. Das Schaschlik ist fantastisch. Man schicke mal bitte die Iraner zum Würzenlernen vorbei. Dazu gibt's Brot sowie eine hochraffinierte, tja, ich würde sagen: Chimäre aus Salat und Kräutermischung. Wir trinken etwas Bier, Lena etwas weniger, ich etwas mehr, und sind zwiefach angeschickert.

Verbringen lustigen Nachmittag im Basar bei völlig vergeblichem Versuch, mir einen neuen Bikini oder Badeanzug zu kaufen, zum Schluss hatte ich alle Badeanzüge Turkmenistans an und eine Menge Spaß. Die meisten Bikinis sind schriller als jedes turkmenische Hotelinterieur, und ausnahmslos sind sie, wie seit Iran fast jedes Kosumgut, aus China.

Abends wird die Hitze erträglich, nachts ist es angenehm warm, wenn man die Brise vom Meer her auskostet. Lena und ich essen an der Stadtpromenade auf einer Dachterrasse, wiederum Schaschlik, wiederum alles ebenso unprätentiös wie lecker. Wir unterhalten uns stundenlang und bedauern, dass sie nicht bis zum Ende der Tour wird mitkommen können. Für die Fahrt – per Auto – von Ashgabat über Mary und Merv bis zur Grenze hinter Turkmenabat bekomme ich eine neue Reiseführerin, wenn ich nach Usbekistan einreise, sitzt Lena schon im Flugzeug nach Deutschland.

Der Himmel ist pastellen, die Luft warm und substanziell wie Haut. Ich trinke kaltes Bier und sehe aufs Meer hinaus. So also war das damals, am Kaspischen Meer, sage ich mir. Um es nicht zu vergessen.

5. August 2010

Ashgabat Revisited

Ein schläfriger Vormittag, ein Flug um 14:50 Uhr. Lena beklagt sich über die vierfachen Pass- und Sicherheitskontrollen, ich empfinde das als alles im normalen Bereich, wer wirklich mal die Hölle losbrechen sehen will, versuche mit einem von mehr als zwei anderen Ländern gestempelten Pass in die USA einzureisen, das war schon vor 9/11 die Pest. Außerhalb des normalen Bereichs allerdings liegt der Innenspringbrunnen des Flughafens: Von oben fallen dünne Wasserstrahlen auf einer 8x3-Meter-Fläche herab, und zwar so getaktet, dass sich in der Wasserwand Teppichmuster ergeben.

Wir sind früh am Flughafen und müssen uns zum Rauchen ganz hinten auf dem weitläufigen Parkplatz verstecken: Flughafen, da gibt's Kameras!

Wenngleich es schade ist ums Konzept – der einstündige Flug ist insofern interessant, als dass Turkmenistan von oben sehenswert ist. Wüste. Ausschließlich. Fast. Jedes Grün der Wüste mühsam durch Bewässerung abgerungen. Die großen Baumwollfelder, deren Ausdehnung und Erträge in den Fünfzigern durch den Bau des Karakumkanals vervierfacht werden konnten, gehören zu den Dingen, die dem Aralsee das Genick brachen. Was für eine menschenfeindliche Natur, denke ich. Dementsprechend leer ist das Land, vier bis fünf Millionen Turkmenen soll es geben. Außer über Gas und Öl und Baumwolle verfügen sie über eine Menge Abwesenheit. Mir gefällt's.

Am Ashgabater Flughafen warten Fahrer und künftige Reiseführerin: Tanya, blutjunge zweiundzwanzig. Wir werden zum Hotel gebracht, ich tausche Geld, dann haben Lena und ich noch eine *To-do*-Liste. Tanya will uns begleiten und holpert mehr schlecht als recht auf Absatzsandälchen hinter uns her, die Arme – Lena trägt, natürlich, wie ich Schwachmatensandalen. Die einzige und hässlichste Möglichkeit, sich angemessen flott durch die Welt bewegen zu können.

Wir bewegen uns zu einem Buchladen, wo ich ein drittes *Ruhnama*-Exemplar erwerbe. Zwei habe ich bereits in Turkmenbashi gekauft, in der deutschen Übersetzung, es gibt sie in allen denkbaren Sprachen. Dem *Ruhnama* sollen zwar gesundheitsfördernde Kräfte innewohnen, ich vermute aber, dies bezieht sich nicht auf die Bandscheiben, jedes Buch wiegt eineinhalb Kilo. Dementsprechend ist unser nächstes Ziel die Post, ich kann unmöglich viereinhalb Kilo *Ruhnama* nach Shanghai schleppen. Leider hat die Post vor zwanzig Minuten dichtgemacht, die Mission wird auf morgen verschoben.

An dem Buchladen übrigens bin ich auf der Suche nach einem Buchladen bestimmt ein Dutzend Mal vorbeigelaufen. Genau wie bei der turkmenbashischen (wie eigentlich lautet das Adjektiv dazu?) Schaschlikerei ist von außen an gar nichts zu erkennen, dass drinnen irgendetwas lebt oder vorhanden ist.

Diesem Prinzip begegnen wir umgehend wieder. Hinter einer makel- und leblosen Fassade verbirgt sich ein modernes Einkaufszentrum, ebenfalls ohne jeglichen äußeren Hinweis auf seine Existenz. Wer hier einen Ort nicht kennt, wird ihn auch nicht kennenlernen. Keine hundert Meter vom Hotel gibt es ein Café mit Kaffee, das erfahre ich jetzt, nach quälenden Morgen, in denen mir der Nescafé bis zum Halse stand. Vielleicht ist die leere Stadt, als die ich Ashgabat erlebte, in Wirklichkeit ein Ort des Trubels – bloß dass es keine äußeren Anzeichen dafür gibt.

Ich lade die Girls zum Kaffee ein – bzw. Wasser, Tanya will nichts anderes –, dann gehen wir zum Hotel. Ach, Lena. Wieder so ein Abschied. Alles Gute und viel Spaß in Deutschland, genieß es und mach dir keine Schuldgefühle, weil deine Familie diese deine 400 Euro auch anderweitig hätte brauchen können, manchmal muss man sich Träume erfüllen, ich glaube schon, ein Leben nach rein rationalen Zweckmäßigkeiten ist gar keines.

Sie ist eine fabelhafte Person. Tanya wurde von ihr erst mal eingenordet – sie soll sich vom Fahrer nicht auf der Nase herumtanzen lassen und gefälligst zusehen, dass ich ausreichend rauchen kann. Zu ihrem Geburtstag konnte ich Lena gottlob ein Nikotinpflaster für den Flug schenken, in Turkmenistan kann man die nämlich nicht kaufen. Eingedenk des zumindest öffentlichen Rauchverbotes würde ich sagen: fies!

Abends, als das ausgiebige Warten auf irgendeine Internetverbindung mir eine Atempause verschafft, resümiere ich ein bisschen. Die letzten Tage waren hochinteressant, die Begegnung mit Lena unvergesslich, und trotzdem stimmt etwas nicht. Etwas ist ganz und gar falsch. Es ist, als bliebe dieses Land rein virtuell, und selbst dabei erreiche ich nicht mal das zweite Level. Ich reise nicht mehr, ich sehe zu. Das Land interagiert nicht mit mir, oder ich nicht mit ihm.

Das ist natürlich unter anderem der Reiseführerchose geschuldet – selbst ein noch so prima Mensch wie Lena ist dafür da, Probleme aus dem Weg zu räumen, und Probleme sind ja bekanntlich der Grund, weswegen man eigentlich reist (siehe: irgendwo ganz zu Anfang). Mir ist dieses Dilemma insofern neu, als dass ich zwar schon Reiseführer hatte, aber bloß dort, wo man aus dem einen oder anderen Grund alleine nicht hingelangt – Berggipfel, Dschungel, Kongo, Nordkorea. Überall da bleiben einem trotzdem noch ausreichend Probleme übrig. Hier aber, in einem Land, das man allein bereisen könnte, wenn man's nur dürfte, hört dadurch das Reisen plötzlich auf und wird zu Transport, man selbst ein wertvolles Frachtgut, die Welt bewegte Bilder wie auf dem Flatscreen.

An irrelevanten, irre- und heißlaufenden Gedankengängen merke ich: Ich habe eine Mikrodepression. Nicht wie in Maschhad durch unangenehmes Geschehen ausgelöst, sondern durch generelles *Nichtgeschehen.* Abgefahren. Passiert normalerweise nicht auf Reisen – machen wir uns nichts vor, natürlich reisen wir auch des Adrenalinlevels wegen, der Endorphine und Serotonine und Noradrenaline, des ganzen Sackes voll geiler Neurotransmitter und Hormone.

Mit dieser Erkenntnis bin ich verbissen gewillt, dieser gottverdammten Stadt am letzten Abend auf Teufel komm raus ein wenig Interaktion abzuzwingen. Ich greife zum allerorts letzten, aber verlässlichsten aller Strohhalme: dem British Pub der Expats. Den gibt es überall, und die Interaktion lässt an Ausuferung selten zu wünschen übrig. Das ist manchmal hochspannend und manchmal steinöde, oft irgendwo dazwischen und trotz aller regionalen Unterschiede immer ähnlich bis zum Copy-Paste-Gefühl. Ist ja aber nicht so, als hätte ich irgendeine Wahl. Mit Hunger laufe ich zunächst die Straße hin und her, finde dank mittlerweile geschulterem Blick zwei Restaurants, beide sind leer. Dann gleich British Pub. Wo der ist, hat mir der Ölgeschäftsmann gezeigt, persönlich, denn naturgemäß gibt es draußen keinerlei Indiz für irgendein Geschehen hinter dieser Tür. Expat-Abend, warum nicht – gepflegt in Gesellschaft von Öltypen Bier trinken in heißer Nacht und mit Glück ein paar coole Ölinsiderstorys abstauben, ich bin dafür zu haben.

Es ist 22:30 Uhr. Eine fünfköpfige Band spielt sich lärmend die Seele aus dem Leib. An einigen Tischen sitzen russische Prostituierte. An zwei oder drei anderen gelangweilte Pärchen. An der Bar lungert keiner, im großen rückwärtigen Biergarten auch nicht. Ashgabat soll sehen, wie es alleine klarkommt. Ich bekomme im Hotelrestaurant gerade noch ein paar uninspirierte Spaghetti, bevor um elf die Küche schließt.

Kleines Minderpalästchen

Mary und Merv, dazwischen: Wüste

Um neun treffe ich mich mit Tanya, die heute vernünftigere Schuhe trägt und der andauernd der Fahrer auf der Nase rumtanzt. Wir beginnen den Tag mit einer wirklich sagenhaften Show von ungeahnt antidepressiver Wirkung: Wir gehen zur Post.

Die Post. Ich verschicke zwei Pakete, einmal Hochzeitsgeschenk für Lieblingsreisemenschen Schneider, einmal Nursogeschenk für eine Freundin. Aber zur Sache: großartig! Unglaublich! That's Entertainment! Der ganze Spaß wird mich zwar vierzig Euro kosten, ist aber jeden Cent wert. Ich bekomme dafür eineinhalb Stunden hochklassige Performance, mit ausreichend Eigenbeteiligung. Denn Postverschicken geht so:

Lena hat mich instruiert, Paketpacken sei zwecklos, die Pakete würden von der Post selbst gepackt. Tanya hat noch nie ein Paket verschickt, kann der Erfahrung also ebenso jungfräulich entgegentreten wie ich. Wir beginnen mit dem Ausfüllen von je fünf Formularen pro Paket, alles darunter hätte mich tief enttäuscht. Schön ist, dass die Formulare grad mal DIN-A5-Größe haben, man also in winzige Kästchen, die eigentlich bloß zum Ankreuzen taugen, ellenlange Adressen quetschen muss. Ich hab in Kiew mal einen Floh gesehen, dem ein Miniaturistenkünstler goldene Hufeisen angenagelt hatte, kein Scheiß. Den bräuchten wir jetzt hier. Also, den Miniaturistiker, nicht den Floh. Insbesondere, weil, ganz besonders schön, wir Tanyas Adresse als Absenderadresse angeben, und Tanyas Nachname ist so lang wie der Karakumkanal (1100 km, falls *Lonely Planet* nicht lügt).

Alles schon mal recht apart, vor allem für die Frau, die vorhin wieder bloß Instantkaffee hatte. War aber nur das Präludium, richtig symphonisch wird's erst, als wir die Inhalte der künftigen Pakete, in Tüten zusammengefasst, an die zwei Paketannahmedamen geben. Zunächst heißt es: keine Keksverschickung aus Turkmenistan. Nun gut, 'tschuldigung, Freundin daheim, Kekse gibt's dann erst im November. Ich wünschte, ich könnte den dementsprechenden Keksparagraphen aus dem turkmenischen Postgesetzbuch als Souvenir bekommen.

Dann aber: Wird das Geraffel – meines ist übersichtlich, aber vor uns am Schalter schickt eine Mutter an ihr offensichtlich auswärtig studierendes Kind einen Riesensack mit Konservendosen, Gebäck (sie muss ein Schlupfloch im Keksgesetz gefunden haben), Socken, Deodorant und zwanzig weiteren variantenreichen Kilos – in hellbeige Leinensäcke verpackt. Leinensäcke. Zentnervoluminöse oder diplomatendepeschenkleine, je nachdem. Und dann: WERDEN DIE SÄCKE PER HAND VERNÄHT. Vernäht. Mit Nadel und Faden. Von einer der Paketschalterfrauen. So richtig echt vernäht. Wie cool ist das denn. Ich bin total perplex. Das glaubt mir kein Schwein, und natürlich gibt es kein Foto, denn auch das fuffzig Quadratmeter große Hauptpostamt Ashgabats ist logischerweise im Kriegsfalle Primärtarget.

Als ich vor Begeisterung schon völlig schwächlich bin, jagt ein weiterer Höhepunkt die Näherei: Die vernähten Säckchen werden VERSIEGELT. Mit SIEGELLACK. Großen Batzen ECHTEN SIEGELLACKS. Meine Päckchen im gut DIN-A4-Umfang erhalten drei Siegel auf ihre Naht, der Sack der Mutter mehr, als Sterne am Firmament stehen. Siegellack. Ich dachte, der wäre ausgestorbener als der Dodo.

Mit letzter Kraft schreibe ich alle Adressen noch mal auf die zwei Leinensäckchen. Dann brauche ich dringend einen Ort, wo ich unentdeckt rauchen kann. Die herrliche Zigarette danach. Allein all diese Großbuchstaben, das erschöpft.

Sechs Stunden fahren wir hinaus nach Mary, durch Wüste oder Wüstenähnliches. Die Straße wird immer rumpliger, es ist das Einzige, was einen wachhält. Und die Kontrollstationen der Polizei, die am Straßenrand blühen und gedeihen, mal werden auch wir rausgewinkt zur Papierekontrolle. Too much suspicion, ihr wisst schon.

Die Autos übrigens sind zu circa 80 % neu und gut in Schuss – es soll ein Gesetz wider schmutzige Autos geben. Toyota dominiert, Nissan folgt, auf Platz drei liegt Opel; Mann, was fahren hier Opels herum.

Ein Zwischenstopp an schwerantiken Lehmmauerresten, die ich zu faul und zeitknapp war, selbst zu recherchieren. Tanya weiß natürlich alles, hat aber folgendes Problem: Angst. Panik. Mit hysterischen Tendenzen. Sie ist absolut sweet, aber leider fatal aufgeregt, ich bin ihr allerallererster Tourist. Sie selbst ist zwar zum Studieren im Ausland gewesen – Washington State, Bischkent, Bulgarien –, aber nie als Reisende, hat also auch noch nie einen Touristenführer in natura erlebt. Dass ich ihr ununterbrochen zuspreche wie einem verängstigten Welpen, hilft gar nichts, sie hyperventiliert, kann sich an keine einzige der auswendig gelernten Jahreszahlen erinnern (es hilft genauso wenig, dass ich ihr sage, ich sei an Jahreszahlen gar nicht interessiert, da ich die wegen Gedächtnismangel eh nicht behielte), und vergisst vor lauter Angst gar, dass sie eigentlich total gutes Englisch spricht (das Schüleraustauschjahr mit fünfzehn in Washington State).

Es ist herzzerreißend. Das arme Kind. Ich leide mit ihr. Außerdem leide ich selbst. Nach und nach kitzele ich aus ihr heraus, dass sie offensichtlich einer Tourismusschulung im guten alten Stalinistengroove teilhaftig wurde – man brachte ihr bei, keinesfalls zu gestikulieren (diese Maxime beginnt gerade in ihrer ganzen Sinnhaftigkeit mit dem Bostoner Rauchverbot 50 Meter um Ladezonen zu flirten, lassen wir die zwei Hübschen alleine, ich denke, da geht noch was) und niemals mit dem Touristen zu Abend zu essen. Letzteres finde ich heraus, als sie mich abends trotzdem fragt, ob wir zusammen was essen gehen wollten, oder ob diese Frage eine aufdringliche Zumutung darstellte.

Natürlich will ich sehr gern mit ihr essen gehen, wir werden auf Lenas Anraten hervorragendes Lammschaschlik essen, beziehungsweise ich werde das essen, Tanya traut sich nicht, weil Lamm ja ganz ekelhaft sein könne – oh ja, kann es, ich bezeuge es –, dieses aber ist ein Ereignis, sie verpasst was.

Zunächst jedoch ist die Chose unendlich zäh – den Tag mit einem Menschen zu verbringen, der sich die ganze Zeit mit aller Kraft bemüht, so zu tun, als wäre er keiner, zermürbt noch den verständnisvollsten Beobachter. Keine Gesten, ich glaub, es hackt. Bis abends verheddert sich Tanya erbärmlich in einer Sprache, die sie spricht, in Fakten, die sie kennt, und das Einzige, was noch herauskommt, sind permanente unnötige Entschuldigungen. Ich kann mit keinerlei Erklärung meinerseits, wie schnuppe mir letztendlich Fakten seien, die ich jederzeit bei Bedarf von Wikipedia bekommen könnte, dem Elend Einhalt gebieten. Und zwischendrin tanzt ihr, wie von Lena prognostiziert, zu allem Überfluss der Fahrer auf der Nase rum.

Es ist fast sechs, als wir das Hotel in Mary erreichen, gegen acht wird es dunkel, wir müssen hastig raus nach Merv, dessen Besichtigung heute noch ansteht, damit ich morgen zeitig genug an der Grenze bin. Ich würde mir ja eigentlich lieber die Stadt angucken. Eine lebendige Stadt. Gespickt mit tollen Propagandaschildmalereien, kleineren Ausgaben der Ashgabater Irrsinnsarchitektur, einem goldenen Präsidenten, der gegenüber des Springbrunnens im Zentralpark vor einem Teppichhintergrund sitzt, sowie echten, lebendigen Menschen. Es gibt auch eine große Moschee – davor eine Propagandaschildmalerei mit betendem Präsidenten unter Pelzmütze –, interessant, denn obwohl das offizielle Statement einen islamischen Staat behauptet, wirkt fast alles, was ich von diesem Land sehe, ziemlich russisch. Die alten Stadtviertel nördlich des *Gran Turkmen* in Ashgabat erinnern mich an Städte Sibiriens und gefallen mir übrigens gut – ein- bis dreistöckige alte Häuser, von üppigen Bäumen verborgen, dort gibt's dann auch mal einen Kiosk an der Straße. Soll aber alles plattgemacht werden und in weißem Marmor reinkarnieren.

Nur kann ich die Stadt mir natürlich nicht ansehen, ich muss ja nach Merv. Widerstand ist zwecklos. Merv, seit Alexander dem Großen eine Metropole, die zu ihrer Glanzzeit vor tausend Jahren eines der wichtigsten Zentren der islamischen Welt und der Seidenstraße darstellte. Am Hotel holt uns Mervführer Viktor ab, zur überwältigenden Erleichterung Tanyas, ein sympathischer Russe mit reingoldenen Vorderzähnen, wie hier überhaupt endemisch. Ich habe eine Schwäche für Russen. Allein die Sprache ist wunderschön. Sie sind nicht unanstrengend, aber Herrgott, bin ich ja auch nicht.

Bevor es, da ich mich nun der Grenze unwiderruflich nähere, vollends in Vergessenheit gerät, hier eine Beobachtung, die bislang so kontextlos im Raume hängen blieb, dass dies möglicherweise ihre letzte Chance ist: Goldgebiss trägt man geschlechterübergreifend, die turkmenischen Frauen aber tragen zudem hübsche Tracht. Bodenlange bunt gemusterte Kleider, figurbetont, dazu ein Wickelturbankopftuch, das wiederum den Hinterkopf optisch stark verlängert. Die meisten haben sehr lange Haare, hat Lena erzählt, und als Schuluniform ist für die Mädchen Turkmenenkäppi mit Flechtezöpfen Pflicht. Wer nicht genug Haar für die Zöpfe hat, kann Käppis kaufen mit Zöpfen schon dran, und muss das auch tun. Habe ich nicht gesehen, kann ich nur kolportieren. Ist aber so schön, muss einfach wahr sein.

Ach ja: auch keine Fotos. Zwar steht nicht vor jeder Turkmenin ein Polizist oder Soldat, jedoch bringe ich es nicht fertig, wildfremde Menschen anzusprechen: Entschuldigung, Sie sind in meinen Augen so pittoresk, darf ich das mal fotografieren? Wer dergleichen mit mir in Hamburg versuchte, verlöre Vorderzähne, gold oder nicht.

Merv. Die Sonne steht tief und wirft goldenes Licht. Viel ist nicht zu sehen, trotzdem erstaunlich, was die Jahrhunderte von Lehmziegelbauten übrig gelassen haben. Das Terrain ist weitläufig, Jungs treiben ihre Kamel-, Rinder-, Schafherden darin herum. Mal erheben sich Überreste der alten Festung wie etwas, das eher wie eine geologische als eine menschliche Laune wirkt, mal ist eine alte Zisterne zu sehen, bei der nur die Kuppel der Restaurierung bedurfte. Es wäre schön, darin herumzustreifen, hätte nicht Viktor ebenfalls die Touristnik-Akademie besucht; er lässt mich keinen Moment unbeschäftigt, nutzt zu meiner Unterweisung einen dicken Leitzordner mit Kopien, Fotos, Texten, Grafiken – sowie bezaubernden Bleistiftzeichnungen eines Freundes, die ich viel faszinierender finde als alle Diagramme und Ruinen. Leider ist auch er zu gestresst, als dass er versehentlich Mensch würde. Und zum eigentlichen Ruinenangucken gewährt er mir selten mehr als fünf Minuten.

Tanya muss übrigens denselben Touristenmaterialienkurslehrer gehabt haben, frühmorgens schon setzte sie mich davon in Kenntnis, sie habe mir einen Bildband über turkmenische Juwelen und einen über Teppiche mitgebracht. Bloß, lese ich im Auto auch nur die Aufschrift einer Cola-Dose, wird mir umgehend schlecht, ich kann's nicht ändern und muss mitansehen, wie sich Tanya selbst ein *Ungenügend* in Touristenmaterialbefriedigung gibt.

Merv hat eine unglaubliche Historie, nur ist nicht mehr viel davon da. Ich merke auf, als in einem alten Heiligtum, von einem blinden Greis bewohnt und bewacht, Tanya mir sagt, dies sei Viktors Lieblingsort. Mich würde interessieren, warum, aber so persönlich werden wir nicht. Im Hof steht ein Wunschbaum, an den mit jedem Wunsch ein Stück bunten Stoffes geknotet wird, bei Kinderwunsch sogar elaboriert gebastelte Miniwiegen, auch das finde ich interessant, ich kenne so was nur aus stark animistischen Kulturen, in der Mongolei sah ich Ähnliches, hier steht es im Hof eines muslimischen Heiligtums.

Drum herum ein Friedhof, in dem Muslime, Christen, Juden, Kasachen jeweils ihr eigenes Viertel haben. Auch danach hätte ich Viktor gern gefragt, er aber muss seine Diagramme abarbeiten, ich möchte ihn dabei nicht stören. Ich seh's als Gratisrussischstunde – er spricht in übersichtlichen Happen, damit Tanya übersetzen kann, was in dieser

Übersichtlichkeit kaum mehr notwendig ist –, sowie als Ermahnung daran, mir stets brav die Zähne zu putzen.

Dann ist Feierabend. Viktor flitzt davon, er hat anscheinend trotz später Stunde immer noch Touristen; unser Fahrer, dessen Namen ich wegen Komplexität vergaß, trifft sich mit Freunden. Tanya und ich essen Schaschlik, endlich entspannt sie ein bisschen und trinkt Tee. Ich trinke endlich mal ein turkmenisches Bier, bislang gab's nur russisches. Sie sei ein Stadtpflänzchen, gibt Tanya schließlich zu, vom Grüntee beschwingt, und sie sei keine *trouble person,* nie gewesen. Sie sei ja auch nie selbst gereist. Sie findet mich irrsinnig mutig. Und ich weiß nicht, ich weiß nicht, ich wünsche ihr wahrlich alles Gute, aber ob sie mit ihrer Berufswahl richtig beraten ist, ich weiß es nicht. Ich höre den Ausdruck *trouble person* aus ihrem Mund das erste Mal, weiß aber als *trouble person* naturgemäß sofort, was gemeint ist. Lena erginge es nicht anders, ebenso Badma und Tseye in der Mongolei; Jonas und Flintstone in Papua; Henning und Paul in Benin; Elena und Valentin aus Kamtschatka; Christian in Grönland; Rob, Rod, Bob und Don (sie hießen wirklich so!) auf der Antarctic Circumnavigation; Käpt'n Wolf und Jochen von der Santa Maria Australis. Die superbsten Reisemenschen, die ich kennenlernen durfte. Wie man als Nichttroubleperson reisen kann, wird für uns *trouble persons* nie ergründlich sein können.

Ich trinke das Bier aus und beginne schon jetzt, mich innerlich von Tanya zu verabschieden, wir tauschen noch Volksaberglauben, die größtenteils von Deutschen und Russen geteilt werden (schwarze Katzen, Leitern, Schornsteinfeger, verschüttetes Salz, Auf-Holz-Klopfen), nur haben die Russen Hausgeister, die unsereins nicht kennt. Wollen wir Tanya viel Glück wünschen und vor allem viel Spaß, und hoffen, dass das Konzept des Spaßes an der Tourismusakademie wenigstens angerissen wurde.

Über die Grenze, nach Buchara per Ambulanz

Um zehn fahren wir los, und wenngleich ich zweieinhalb Stunden früher wach bin, gelingt es mir nicht, noch zu schreiben oder die Stadt zu erkunden; war mein Plan, ist gescheitert, nachdem ich mir Heißwasserkannenkaffee gebrüht habe, meinen Scheiß geordnet, meine Devisen sortiert – für Usbekistan muss, so *Lonely Planet*, jeder Cent oder Manat oder Rial oder Toman oder Ley oder Ningi oder Pu deklariert werden, was Tanya nicht weiß, sie war an der Grenze noch nie, hat mir aber vorsorglich ein Zollformular mit 300 Dollar ausgefüllt, danke, aber nein danke –, ist es zehn. Wir fahren vier Stunden durch Wüste, ich vertreibe mir Zeit damit, diese Wüstenstraße als meine Rote Linie zu begreifen, aber eigentlich will ich nur noch: raus hier. Das Leben und Reisen muss drüben wie durch Magie wiederbeginnen, alles andere widerspräche all meiner Erfahrung fundamental. Ich fiebere der Grenze entgegen.

Und in der Tat, als wir plangemäß um 14 Uhr an der Grenze sind (von 13 bis 14 Uhr macht die Grenze Mittagspause), beginnt schon diesseitig das Getriebe des Lebens sich knirschend wieder in Gang zu setzen. Bei irrwitzigen Temperaturen tausche ich auf dem Parkplatz meine Restmanat plus zwanzig Dollar in Sum, all dies dank unseres Fahrers, der Tanya gottlob auf der Nase herumtanzt, Tanya nämlich hat keine Ahnung vom Tauschen oder vom Wechselkurs. Ich beschäftige sie mit der Neuausfüllung des 300-Dollar-Zollformularscherzes und tausche mir eineinhalb Kilo Sum ein. Wäre das doch bloß was wert, ich leistete mir einen Träger, die schweren Geldbatzen zu transportieren. Der höchste Schein ist 1000 Sum. Das entspricht circa 40 Cent. Ich würde schrecklich gern mal mit Sum in bar einen Neuwagen der Mittelklasse kaufen gehen. Immerhin, Sum gehen knapp (wie auch iranische Rial/Toman, deren Verhältnis nun wirklich komplizierter als das von Taylor/Burton ist) noch in den Rucksack – für kongolesische Franc braucht man Plastiktüten, mehrere, auch wenn man bloß zum Eismann will.

Tanya bringt mich bis zum ersten Soldaten. Ich habe mich verabschiedet, auch vom Fahrer, dessen mutmaßliche Jugend so bedauernswert von Grobschlächtigkeit und Aknenarbigkeit geschluckt wird. Eine letzte Umarmung, dann gebe ich meinen Pass dem Grenzsoldaten und gehe voran.

Der Effekt ist, obwohl ich so was erwartet habe, von geradezu lachhafter Intensität. Gott macht Schnipp, und schon ist das Leben wieder da. Die turkmenische Stasis vorbei, die Welt beginnt umgehend, mit mir auf Teufel komm raus zu interagieren, als hätte wer meine interstellare Tiefschlafkammer (ihr *habt Alien* gesehen, ja?) abgeschaltet. Es ist wunderbar.

Die Grenze ist wunderbar. So schätze ich meine Grenzen. Eine irrwitzige Abfolge von Kontrollstationen, hier aufs Allerschönste gar räumlich getrennt. Zwei Minibusse à 1000 Sum muss ich nehmen, um die Niemandslande zwischen den Grenzgebäuden zu überwinden. In beiden unterhalte ich mich mit zauberhaften goldzähnigen Männern, denen ich von meiner Reise erzähle und die sich krumm machen, mich und meinen Scheißrucksack unterzubringen und mir überhaupt und generell irgendwie zu helfen und Freude zu bereiten.

Ich unterhalte mich. Auf Russisch. Das geht sofort, wenn man es muss. Und will. Und keiner da ist, der's für einen tut. Es ist toll. Ich vergucke mich in jedes einzelne der landschaftsnah gegerbten Gesichter, in jedes goldene Lächeln. Mein Russisch ist hässlicher als die Maschhader Seele, aber jeder behandelt es und mich und das Leben, als wäre es schön. Und oh je, wie ist das Leben schön, seit es wieder passiert.

So viele Menschen, man könnte mit ihnen sterbende mecklenburgvorpommernsche Städte wiederbevölkern, schauen meinen Pass an. Fast jeder, der das länger tut, wird mein Freund, denn ich habe als alleinreisende weibliche Nichtmotorisierte den Exotenbonus und koste ihn weidlich aus, weil ich auf Russisch erzählen kann, ich reise von Gamburg, Germania, nach Shanghai, Kitay. Uniformträger mit der zeitlosen Gemächlichkeit eines Buddhas drehen ihre Privatventilatoren in meine Richtung, auf dass mir weniger heiß sei, während sie in ihrer Computermaske die Währung „Euro" nicht finden (die Formulare auf turkmenischer Seite sind unerklärlicherweise übrigens auf Russisch und Französisch. Und nehmen mehr Zeit in Anspruch, als das Schreiben meiner kompletten Biografie es täte).

Ein hinreißendes Gebäude im Niemandsland mit rechterseits vier legebatteriehaften Mikrobüros. Das erste Gesundheitskontrolle, das zweite Passkontrolle, das dritte Veterinärkontrolle, das vierte Zollkontrolle. Ich schließe – auf Russisch! – Freundschaft mit einem türkischen Lkw-Fahrer. Zum Veterinär muss ich nicht, aber die Gesundheitskontrolle ist das Allerallerwundersamste, was mir je an einer Grenze begegnete, und noch schöner als die turkmenische Post: Ein Mann drückt mir eine Mischung aus

Fön, Radargeschwindigkeitsmessgerät und *Star-Trek*-Phaser an die Stirn, misst mein Warp-Feld und fragt, ob es mir gut ginge. Ich bejahe aus vollem Herzen, darf voranrücken und versinke in tiefes, seliges Entzücken.

Zu diesem Zeitpunkt betreten Cargohosen die Szenerie. Aus dem Fenster lugend, entdecke ich einen staubigen Kleinwagen mit enormem Dachgepäck sowie eine italienische Ambulanz. Ich bin a) neugierig und weiß b) sofort, dass das hier, auf die ein oder andere Weise, mein Ride nach Buchara wird (Taxis und Marshrutkas sollen zwar existieren, jedoch entweder teuer oder routenmäßig komplex sein, davon völlig ab aber will ich eigentlich nur interagieren, yupp!)

Ich interagiere. Ich spreche die versammelten Heiopeis an, sie sind Teilnehmer einer Heiopei-Rallye, der *Mongol Rally,* bei der 400 Gestörte in Trashautos irgendeinen Weg in die Mongolei finden. Einige fahren über den nördlichen Polarkreis, andere durch Afrika. Viele durch Russland, ich treffe naturgemäß die, deren Rote Linie sich an die meine schmiegt. Wir plaudern, während wir den Zaubergarten der Bürokratie mählich durchwandern, immer wieder schnuppern wir an seltenen, phantasievollen Blüten. Ich bin grad kurz vorm Veterinär, als mich eine energetische Frau, mit der ich bislang kein Wort wechselte, fragt, ob ich nach Buchara mitkommen wolle. Sie bräuchten hier wahrscheinlich länger als ich, seien aber nicht zu verfehlen, es sei die italienische Ambulanz. Ich bin begeistert und kann versprechen, ihnen im Gegenzug zwei mongolische Lieder beizubringen, jedenfalls die ersten Strophen.

Wir verlieren uns aus den Augen. Schon ich schwelge ausgiebig im Reigen der Formalitäten, in seiner vollendeten Sinnlosigkeit transzendental, mit Auto allerdings muss es die Hardcore-Version geben. Einer der Heiopeis erzählte mir irgendwo zwischen Gesundheit und Pass von den Unsummen Bestechungsgeldern, die sie überall ausgeben mussten. Ich habe bislang niemanden bestochen (klopf-auf-Holz, das kann ich nämlich noch schlechter als handeln) und schwebe kraftwagenunbeschwert durch weitere und weitere und weitere Kontrollstationen. Überall ein Schwätzchen auf Russisch, mag es das erbärmlichste Russisch der Welt sein, es lässt sich damit kommunizieren, und zwar aber Hallo.

Der Übergang zwischen Turkmenistan und Usbekistan gestaltet sich so langatmig und auf Distanz ausgelegt, dass ich mir nicht ganz sicher bin, ob der Schwarze Strich dort stattfindet, wo ich ihn vermute. Egal. Irgendwo, auf definitiv usbekischer Seite, sind viele Bäume gepflanzt, in deren Schatten ich rauche, hier darf ich das. Hoffentlich. Doch, ich denke schon. Am Horizont sehe ich noch drei bis vier weitere Stationen, ich schlendere bis zur vorletzten, weit draußen, hier parken schon die Taxis und Marshrutkas. Kaum Schatten, ich setze mich unter einen höchst handgestrickten Carport und unterhalte mich mit den Taxifahrern. Ich kann das, unterhalten. Zunächst wollen sie mich alle nach Buchara fahren, ich erkläre, ich warte auf neue Freunde mit Auto, dann unterhalten wir uns stressfrei. Man muss das Leben bloß mal 'ne Woche anhalten, um es wieder zu schätzen.

Ich warte ein Stündchen, bis der staubige Kleinwagen kommt. Man hat ihn überall signiert, Problem war: Im Iran hat man ihn irgendwann überall mit politischen Botschaften signiert, was die drei Jungs hätte in Teufels Küche bringen können, sie haben das Gröbste dann mit Aufklebern zu kaschieren versucht. Auf der hinteren Stoßstange steht immer noch groß: *Don't shoot.* Ich finde das trotzdem lustig.

Die Ambulanz käme in fünf bis zehn Minuten, heißt es, und so warte ich eine weitere Stunde. Obwohl die Sonne tief steht, brennt sie wie Harry. Und meine Präferenzen mögen absonderlich sein, aber dies ist durchaus, was mich glücklich macht: am Kantstein sitzen, kochend heiß gewordenes Wasser trinken und matschige Pflaumen essen, diese wie meine Zigaretten mit heiratswilligen und/oder neugierigen Taxifahrern teilen, Minimalgespräche zusammenzimmern und damit nach zehn Minuten raus sein aus der Taxibusinessnummer, dann nur noch miteinander rauchen, während die Sonne alles golden flutet und der Wind Wüstensandwirbel in unsere Gesichter treibt. Mir ist zu heiß, ich bin zu durstig, alles ist zu unbequem und ich bin happy. Wie ich hier sitze, kurz vor der letzten Kontrolle, die mich nach Usbekistan bringen wird. Seht mich auf Google Earth, zoomt immer näher ran von der Gesamtansicht unseres runden Planeten, da, das Kreatürchen auf dem Kantstein zwischen Turkmenistan und Usbekistan, das bin ich, trotz starker Verstaubung und detailschwacher Auflösung sollte man erkennen, wie gut es mir geht. Einen Moment wie diesen will ich mir in Gießharz gießen. Als Briefbeschwerer, für die lausigen Tage.

Ich habe Zeit nachzudenken. Über Kontrolle. Aus gegebenem Anlass. Usbekistan vor mir, Turkmenistan im Rücken, Iran gleich dahinter. Wir wissen nicht recht, wovon die Rede ist, nur deswegen gehen wir so sorglos damit um. Sicher ist eine Gesellschaft ohne Kontrolle nicht denkbar. Und dennoch wohnt Kontrolle eine tiefe Grauenhaftigkeit inne. Seien wir wachsam wie achtzig Millionen Luchse, seien wir widerborstig bei jedem Gran Freiheit, das wir gegen vermeintliche Sicherheit uns zu tauschen bereit erklären könnten. Hüten wir uns vor der Adaption der amerikanischen Allroundangst, die auf eine Gesetzgebung gegen Leid, Schmerz, Tod zielt. Ich bin vehementer Gegner von Leid, Schmerz, Tod, aber Leben ist nun mal riskant – Nullrisiko ist erst sechs Fuß unter der Erde zu haben. Ich nehme an, Freiheit ist wie Licht, erst in ihrer Abwesenheit bemerkt man sie. Wir können hundert persönliche, individuelle Strategien gegen das Risiko entwickeln – oder uns die Freiheit nehmen, es zu lassen. Gegen erst mal etablierte Kontrollmechanismen ist wenig Kraut gewachsen. „Guardianship" dräut noch viel grusliger als „Martyrdom". Lasst uns das bitte nicht mal im Ansatz wollen, bitte. Keinen Überwachungs- und auch keinen Nanny-Staat. Wer bislang aus irgendeinem schwerverständlichen Grunde nicht dazu kam, hurte in den nächsten Buchladen und lese Juli Zehs *Corpus Delicti, Angriff auf die Freiheit* von Zeh/Trojanow sowie *Rettet die Grundrechte* von Gerhart Baum. Bitte. Danke.

Und bei jedem Gran Freiheit, das wir gegen zwielichtige Sicherheitsversprechen zu tauschen bereit sein mögen, halte man inne und denke daran, wie übervoll die Welt ist mit Menschen, die sich von uns bloß durch die GPS-Koordinaten ihres Geburtsortes unterscheiden und die man nur mal fragen muss, damit sie einem Freiheit erklären.

Schließlich kommt die Ambulanz. Der schweigsame und nicht englischfähige Lucho am Steuer, die überlebendige Yota – Griechin, aber in Rom zu Hause – als Copilotin. Auf dem Amaturenbrett eine Schneekugel mit dem Colloseum, am Rückspiegel Weiße Magie: Ein Antiböserblickauge aus der Türkei, wie ich eines von Tango-Serdar bekam, ein italienisches Dingens, den Knoblauch, sagt Yota („Yota, wie Toyota ohne To"), hätten sie nach Rumänien abgenommen.

Wir haben Spaß. Ich sitze hinten, die Liege und vieles des Originalambulanzinterieurs ist noch vorhanden, ganz prima. Darauf und darüber türmt sich Traveller-Zeugs. Die beiden teilen zudem mein Faible für die Rote Line, an die Seitenscheibe ist eine Eurasienkarte geklebt, auf der sie mit Edding ihre Strecke markieren. Durchs Fenster nach vorn unterhalten wir uns, ich bekomme die *Mongol Rally*-Geschichte erzählt, wobei sich Yota in den persönlichen Fährnissen ihres Teams im Vorfeld verfranst. Ich erzähle ihr die Geschichte der turkmenischen Post, und sie ist unheimlich neidisch. Wir tauschen Iranerlebnisse, sie sagt, mit ihr habe kein Mensch ein Wort gesprochen oder sie angesehen, jeder habe sich ausschließlich an Lucho gewendet. Muss ergiebig gewesen sein angesichts der Tatsache, dass der kein Englisch spricht. Ich berichte ihr von Fear and Loathing in Maschhad. Was immer ich sage, übersetzt sie für Lucho, und weil die Straße holpert, schneit es im römischen Collosseum ununterbrochen.

Abends sind wir in Buchara. Eine kleine Rallyefreakzusammenkunft auf dem Parkplatz inmitten geballter Geschichte, dann trennen wir uns, ich nehme ein Taxi mit einem Fahrer, der keine Ahnung hat, wo mein Hotel sein mag. Er fährt erst mal seinen Kumpel nach Hause, dann sucht er erfolgreich das Hotel, zwischendrin unterhalten wir uns, auf Russisch selbstverständlich. Ich kann sicher nicht mehr als 150 Wörter und zimmere sie aufs Garstigste aneinander, und trotzdem geht: Kommunikation. Kann hier hoffentlich wer ermessen, wie fabelhaft das ist? Ich komme aus dem Staunen nicht raus.

Dann bin ich im Hotel, dann kann ich gar kommunizieren: *Dreht mal bitteschön den Wasserdruck an, auf dass irgendwas aus den Hähnen ströme;* dann kann ich gar kommunizieren: *Es sollten hier meine Zugtickets bis inklusive Kasachstan für mich abgegeben sein.* Das kommuniziere ich schließlich doch zumindest so weit, dass man irgendwen in Taschkent anruft, der meinen Herbergsvätern erklärt, sie sollten mir einfach mal den für mich hinterlegten Umschlag geben. Ach, wie laufen die Dinge geschmeidig.

Tun sie nicht. Drei Zugtickets im Umschlag, zwei bis drei fehlen. Herrlich, ein Problem, ich denke morgen drüber nach.

Heute bin ich hungrig. Ich sollte, so tüfteln wir's miteinander aus, nur die Gasse neben dem Hotel langgehen, dann fände ich schon zum Lyabi Hauz, dem Hauptplatz. Man schaltet extra für mich die Straßenlaterne an.

Ich gehe durch die Gassen der Altstadt, und obwohl ich eigentlich erfahrungsgesättigt bin für diesen Tag, mag genau dies die Bucharaerfahrung sein.

Diese Gassen. Lehmziegelbauten rechts und links, dazwischen finsteres, unwegsames Terrain. Der smarte Tourist hat naturgemäß eine Stirnlampe und diese im Hotel gelassen. Um auch ja in jedes Loch zu fallen und über jedes Dings zu stolpern. Der smarte Tourist hat zudem im Hotel eine Stadtkarte erworben, deren Unbrauchbarkeit noch die Kinder vieler, vieler Generationen besingen werden. Ich habe mich sofort verirrt.

Es ist schön. Wahrlich. Ich würde genau dies an Touristen verkaufen, nein, würd ich nicht, ich hielte es geheim. Mit gleichermaßen Schiss wie Neugier irre ich durch leere Gässchen, die vor tausend Jahren nicht anders ausgesehen haben. Als sei man irgendwo in ein falsches Jahrhundert abgebogen. Manchmal nehme ich Abzweigungen, wo Licht lockt, manchmal begegne ich Menschen, die auf kleinen Lichtungen im Altstadtdschungel miteinander den Abend verbringen.

Irgendwann höre ich Musik, der ich zu folgen versuche, sie ändert aber ihre Himmelsrichtung launenhaft. Dann bin ich trotz alledem am Lyabi Hauz, lasse mich in einem Restaurant am großen Brunnen nieder, werde von einem turkmenrussischen Ehepaar plus einem ebenso einsamen wie notgeilen wie betrunkenen wie ausschließlich russischsprechenden Kumpel schanghait. Vom Nebentisch driften zudem diverse Franzosen ins Bild. Ich bin hungrig und esse inmitten des Tohuwabohus das schlechteste Hühnerschaschlik der Welt. Keine Ahnung, wie man an ein Huhn so viele garstige Knorpel rangezüchtet kriegt, und womit nur wurde diese glibbrige Fettschicht angefüttert? Parallel wehre ich Wladimir ab, den notgeilen Besuffski, der mich für seine letzte Chance auf Geschlechtsverkehr hält und nicht begreifen mag, wie abgefahren dieser Zug ist; in seiner begriffsstutzigen Hartnäckigkeit ähnelt er einem Teppichhändler. Die Ehepaarfrau spricht ein bisschen Englisch, der Ehemann hat nicht nur die Vorder-, sondern, soweit ich das sehe, alle Zähne vergoldet. Ich muss den Kellner physisch bezwingen, bevor ich meine Rechnung selbst bezahlen darf, denn natürlich will Wladimir das übernehmen, und ebenso natürlich will ich das ganz sicher nicht, und anscheinend hat hier ein sturzbetrunkener Mann immer noch mehr zu melden als eine ziemlich nüchterne Frau.

Ich rette mich zu den Franzosen und tändele zwischendrin mit den Rallyefreaks, die mir sagen, sie träfen sich später in einer Dachbar, die irgendwas mit „Moon“ hieße. Ich lasse mir die ungefähre Himmelsrichtung erklären und schleppe zwei derangierte Franzosen mit, der Derangiertere hat auf der Brust seines Polohemdes *Tim-&-Struppi*-Konterfeis eingestickt, wie könnte man ihn nicht lieben.

Auf der Dachterrasse, als wir sie endlich gefunden haben und uns unterwegs der Einladung in einen lärmenden, prostituiertenlastigen subterranen Nachtclub namens *Underground* erwehrt, lungern an langer Tafel drei Dutzend Rallyeisten. Der mir zur Rechten ist Erster Offizier an Bord eines Handelsschiffes und erzählt herrliches Seemannsgarn – dies aber würde jetzt den Rahmen weiter sprengen als die zentralasiatische Historie. Mein persönliches Highlight in Kürze: der Schiffsarzt, der den amerikanischen *Immigration*-Scheiß eines Tages satt hatte. Die Schiffe – in diesem Falle Tanker – werden vor der Küste von Antiterrorkommandos gestoppt, die an Bord kommen in Full Metal Jacket, MPs in den Händen und die Splitterschutzwesten mit Granaten behängt. Handgranaten. Das ganze Einsatzkommando. Bückt sich der Schiffsarzt, der die Schnauze voll hat, zu dieser Gelegenheit, hält die Fingerspitzen hoch und sagt: „Oh – did any of you guys lose a pin?“ Der Effekt erwartungsgemäß cinematografisch, der Scherzbold in Handschellen deportiert; ich würde aber sagen, hat gelohnt, ist ein Scherz mit mächtig Chuzpe.

Ach, es ist alles so schön und gut, mir bleibt nichts, als nach einem Bier heimzugehen – wie sollte sich dieser Tag noch toppen lassen. Bot er nicht alles, was wir wollen. Hat doch das Leben gleich am ersten Grenzzaun auf mich gewartet und mich an die Hand genommen. Es scheint, ich reise wieder.

8. August 2010
Buchara

Dreckstag in, wahrscheinlich, Buchara

Dreckstag. Um drei ins Kissen gesunken mit der seligen Freude, morgen Herr meiner selbst zu sein, wozu ausschlafen gehört (heißt nicht notwendigerweise spät, ich kann auf Reisen zum eifernden Frühaufsteher werden, heißt lediglich: Ich kann's entscheiden). Pläne durchkreuzt von Hoteltyp, ruft mich 8:00 Uhr an, ob ich nicht bald mal bitte schleunigst zu frühstücken gedenke, Frühstück gäb's nur bis spätestens neun. Bin vergrätzt.

Und müde. Und krank. Magenkrämpfe, ahnte ich schon gestern, dass mir in Gestalt dieses Touristenhuhns das absolute Böse entgegentritt. Man ward ja schon vom Hinsehen malade.

Muss schreiben. Hilft nix. Muss sein. Habe zuvor noch nie Blog geführt, empfinde ungeahnte Freude daran, größtenteils, außer heute zum Beispiel, wo's mir alles nur dräuend im Nacken sitzt. Schreibe von 9 bis 17 Uhr, widme mich dann meinem Internet- und Zugticketproblem. Komme mit Letzterem nicht weiter, mitgeführte Telefonnummer hiesiger Zugticketbuchagentur führt ins Leere, die nichtenglischsprachige Majorität der Hoteliersfamilie versteht mich nicht und kann somit auch keine Tipps & Tricks beitragen. Immerhin, treibe Internetcafé auf und verzweifle – das Hochladen eines Blogeintrages würde daheim fünf Minuten in Anspruch nehmen, von hier aus dauert es ein bis zwei Stunden in guten Zeiten, in schlechteren Zeiten geht gar nichts. Das Hochladen und Einbauen von Bildern verursacht circa sechs wiederkehrende Kardinalfehler, selten weniger als fünf davon gleichzeitig.

Bekomme endlich meine Mails. Kontaktsperre war womöglich weniger turkmenischen Schergen geschuldet als einem 24-MB-Attachment (nehme an, der turkmenische Server verfügt über 25 MB, der Netzzugang des ganzen Landes muss eine Woche lang lahmgelegt gewesen sein).

Es ist inzwischen 20 Uhr, ich operiere seit zwölf Stunden hauptsächlich auf Magenschmerzen, keine Nahrungsaufnahme, kein auch nur flüchtiger Blick auf Buchara möglich. Als die 24 MB endlich verknust sind, habe ich dreihundert Mails. Von meinen fehlenden Fahrkarten handelt keine einzige, dafür bekomme ich angejahrte, nach denen ich einen weiteren Text anderswohin hätte liefern müssen, wovon ich nichts wusste, müssen höhere Wesen hinter meinem Offlinerücken befohlen haben. Auf meine irritierte Nachfrage heißt es, man würde selbstverständlich umdisponieren (Umdisponieren? Mein letzter Kontakt mit der wirklichen Welt fand unter erschwerten Bedingungen in Maschhad statt, von welcher Ursprungsdisposition ist zum Henker die Rede?), ich müsste bloß eine gesicherte Zusage zu einem Termin geben, von dem wahrscheinlich in einer der dreihundert Mails, die ich gerade während dreier Stunden runterzuladen versuchte, die Rede war.

Gesicherte Zusage? Wie soll ich auch nur garantieren, dass aus meinem Magen nicht innerhalb der nächsten dreißig Minuten ein Alien herausbricht (ich *weiß,* ihr habt das gesehen), das die gesamte Besatzung des Internetcafés plus die nächste historische Medresse verfühstückt? Hm?

Ich bin dem nicht gewachsen, habe erbärmliche Magenkrämpfe, keine dringend notwendigen Zugtickets, keine Zeit, Durchfall, und habe ich die Magenkrämpfe schon erwähnt? Ich werde übrigens nie krank von schmuddeligen einheimischen Bratbuden, mich schafft stets die Touristerie.

Vergessen wir Buchara. Kann man ja mal wieder hin. Beiße die Zähne zusammen und öffne sie nur, um mit Bier das Alien zu sedieren und mir selbst die Sporen zu geben. Arbeite bis 3:30 Uhr, bekomme nichts in den Griff, und mein Bauch tut weh. Ich tue, was ich kann. Mit den höchst wesentlichen Zugtickets bin ich kein bisschen vorangekommen, obwohl ich alles nur Denkbare versuchte. Kämpfe gegen Müdigkeit, habe als eiserner Deadlinepreuße hysterische Schuldgefühle einer Textdeadline wegen, von der ich nichts wissen konnte, habe nichts von Buchara gesehen, aber Bauchweh. Normalerweise ist Schreiben eine Lust, grad ist es Qual, ich versuche dem Hoteljungen den 8-Uhr-Weckruf auszureden und würde so verdammt gerne trotz allem morgen einen wenigstens flüchtigen Blick auf Buchara werfen. Wer weiß, wann ich hier wieder entlangkomme.

9. August 2010
Buchara

Die Seidenstraße und ich

Buchara ist atemberaubend. Mir fehlen die Worte, dafür habe ich Fotos zu viel, die Sorte sinnloser Fotos, die ich normalerweise wohlweislich nicht mache, Kulturerbe unter senkrechter Mittagssonne, da liegt kein Segen drauf. Aber hier kann ich nicht an mich halten. Glaube nicht, dass ich seit Angkor je so elektrisiert von Geschichte war.

Buchara ist ein Kopfsprung in die Vergangenheit. Der historische Stadtkern scheint sich seit tausend Jahren nicht verändert zu haben. Normalerweise bin ich kein Freund von Sperenzchen, hier aber verordnete ich, wäre ich der Chef vons Ganze, per Dekret das Tragen historisierender Kostüme. Dann noch großzügig eine Handvoll Esel und Kamele drübergesprenkelt, fertig ist die Zeitreiselaube.

Des Bauchgrimmens wegens traue ich mich erst mittags aus dem Hotel. Beziehungsweise aus dem Badezimmer. Stadtspaßintensivierung für Fortgeschrittene: trotz verkorkstem Gedärm auf Streifzug gehen und gucken, ob, wie und wo sich im Notfall innerhalb von fünfzehn Sekunden eine Toilette auftreiben lassen wird, ein astreiner Nervenkitzel, vergleichbar mit Roulette, und zwar mit russischem.

Es läuft gottlob aber glimpflich. In einem Laden am Lyabi Hauz, den ich zügig wiederfinde, treibe ich Zwieback auf. War auf der Suche nach Salzcrackern, unverzichtbare eiserne Reserve im Reisegepäck, nicht nur exzellent zum Magenkurieren bei gleichzeitiger Salzzufuhr, sondern zudem in der Lage, jederzeit als nahezu vollwertige Mahlzeit einzuspringen, besonders mit Dosenthunfisch oder *La-vache-qui-rit*-Käseecken. Bislang hielt ich Salzcracker für global ebenso ubiquitär wie die berühmten Plastikstapelstühle, erweist sich aber gerade als Irrtum. Wie schon der Turkmene präferiert auch der Usbeke den Süßkeks. Fuderweise Süßkekse stapeln sich in jedem Lädchen, der Salzcracker ist unbekannt. Dafür gibt's erstaunlicherweise überall Wasser mit Kohlensäure, was meiner bisherigen Erfahrung nach weltweit als eine eher hochexotische Flause gilt. Man lernt nie aus.

Zwiebackbewehrt erkunde ich die Stadt und bin hingerissen. Die Sonne durchglüht die Gassen und Plätze, ein tiefblauer Himmel kontrastiert mit den hellen Erdfarben der Lehmziegelbauten. Stille Gässchen münden auf Plätze, an denen alte Moscheen und Medressen mit gewaltigen Portalen in den Himmel streben. Ihre Fassaden, erdbeige mit blauen

Keramikmosaiken, spiegeln die Farben der Stadt. Zwischen den Gebäuden steht die unglaubliche Hitze, als wäre sie selbst ein Stück Architektur.

Nebenbei – dies ist die perfekte Reisezeit für Zentralasien, viel zu heiß, die Unmengen an Seidenstraßentouristen werden erst in frühestens vier Wochen in die Städte zu strömen beginnen. Ab Mitte September sei sein Hotel ausgebucht, erzählt mir der freundliche Besitzer, dessen derzeit einziger Gast ich bin. Obgleich die Stadt ein großes touristisches Freilichtmuseum ist, finde ich sehr viel Menschenleere, die ich mit meiner Fantasie bevölkern kann. Manchmal muss ich eine Viertelstunde warten, bis ein Tourist für meine Fotos auftaucht – ich brauche stets einen im Vordergrund, sonst glaubt mir die Dimensionen kein Mensch.

Zum ersten Mal empfinde ich Seidenstraßenfieber. Es ist ja gar nicht so, dass ich mir dringend die Seidenstraßenattraktionen ansehen wollte. Ich wollte bloß nach China. Und so landete ich auf der Seidenstraße, mit ziemlicher Präzision, denn nichts anderes ist schließlich die Seidenstraße: der Weg von Europa nach China. Immer noch, immer gewesen.

Ich finde es cool, nicht deswegen hier zu sein, weil ich die Sehenswürdigkeiten angepeilt hätte, sondern aus demselben Grund, der alle Seidenstraßenreisenden antrieb – nach China zu wollen. Ich fühle mich der Seidenstraßenthematik deswegen irgendwie viel, ich weiß nicht, *zugehöriger.* Öfter mal werde ich übrigens gefragt, ob ich mich für die Inkarnation Marco Polos hielte. Ich werde euch Spaghetti mitbringen.

Eine Frage, die beim Betrachten meiner inneren Weltkarte wiederholt auftaucht, ist die, warum man eigentlich Europa und Asien als zwei verschiedene Kontinente definiert hat. Es leuchtet optisch irgendwie nicht ein. Australien und die Antarktis sind mustergültige Kontinente, klar, und die Abgrenzung Afrikas ist deutlich; ich finde es aber unsinnig, Amerika als einen, nicht als zwei Kontinente zu sehen, muss man bloß dran zupfen, dann bricht's an der Sollbruchstelle Mittelamerika entzwei. Dass sich in der eurasischen Landmasse aber Europa in irgendeiner erkennbaren Kontinentalhaftigkeit von Asien trennt, ist doch an den Haaren herbeigezogen.

Ich durchstreife die Stadt, die heutige wie die von vor fünfhundert, vor tausend Jahren. In Buchara geht das. Nun gut, irgendwo muss man dann wieder eine Strecke knietief durch Kunsthandwerk waten, das ist halt der Preis, den man fürs Erleben von Weltkulturerbe immer zahlt. Wäre ich

Chef vons Ganze, würde ich zumindest ein Zehntel der Kunsthandwerker lieber mit der Herstellung von öffentlichen Abfalleimern beschäftigen, damit wäre allen gedient.

Die Hitze ist außergewöhnlich. Sie ist eine Sehenswürdigkeit für sich. Ich mag die aus der Zeit gefallenen kleinen Gassen mit ihren Lehmbauten und winzigen Holztüren ebenso wie die ehrfurchteinflößenden Monumente. Man kann die Vergangenheit der Stadt sehen; hält man nur einen Augenblick inne, erscheinen auf den sonnengeschmirgelten Plätzen Gestalten mit Turbanen und kostbaren Gewändern, staubige Karawanenreisende, Lumpenpack, Eselskarren. Lauscht man, hört man das Echo ihrer Stimmen über die Jahrhunderte hinweg. Selten bin ich an einem Ort gewesen, wo die Schleier der Zeiten so dünn sind.

Ich treibe mich rum, wehre freundlich die freundlichen Kunsthandwerker ab, meine Landweg-nach-China-Minimalgepäck-Geschichte zieht hier nicht mehr so richtig, man findet, dieser eine Schal, jener Spazierstock, die handgeschnitzte Puppe und das Keramikservice, der Krummsäbel oder der klitzekleine Sechzehnquadratmeterkelim trügen doch nun wirklich nicht auf.

Meine gestrige Quengligkeit mit Tendenz zur Panik ist verflogen, ist natürlich Quatsch, einem verpassten Sightseeingtag hinterherzuheulen, denn das eigentliche Reiseerlebnis ist ja gerade dieses: Wie ich mal eine heiße Nacht lang in Buchara mit Ingrimm und Bauchgrimm, mit Bier und Furor stundenlang gegen meine Pflichtnichterfüllungspanik anschrieb. Reisen ist schließlich: da sein. Nicht: hinsehen.

Apropos Bauchgrimm – ist machbar. Ab und zu setzen mich zwar biestige Magenkrämpfe für zehn Minuten außer Gefecht, aber so lange ich nicht das Toilettenroulette spielen muss, ist das ein echtes Minderproblem.

Zwischen fünf und sechs pausiere ich im Hotel, dusche, erreiche mit Hoteliershilfe eine Frau in Taschkent, die mir mehr Zugtickets in Turkistan verspricht. Ich warte auf die Abendsonne, denn dann mache ich die ganzen verdammten zweihundert Fotos noch mal mit richtigem Licht, ha.

Eine weise Entscheidung. Nicht der Fotos, sondern des Lichtes wegen. Die Stadt wandelt sich in einer eindrucksvollen Metamorphose. Die Lehmziegelwände, mittags von der Farbigkeit in der Wüste gebleichter Knochen, beginnen in der Abendsonne zu glühen. Dann, als mit der

Dämmerung alles in Pastelltöne fällt, gewinnen die massiven Gebäude eine ätherische Leichtigkeit, als schwebten sie oder träumte man nur von ihnen. In den Fassaden blitzen Goldornamente im allerletzten Sonnenstrahl auf wie Glut in einem erlöschenden Kamin.

Gleichzeitig beginnt die Stadt, munter zu werden. Die Plätze füllen sich mit Menschen, tobenden Kindern, skateboardfahrenden Jungs, die älteren Medressenschüler spielen Fußball, die Erwachsenen flanieren oder hocken auf den Türschwellen in den Gassen zum Klönschnack beisammen.

Alle Kinder behalloen jeden einzelnen Touristen, und dann fragen sie nach „Bonbon". Wäre auch 'ne Erklärung für die vielen Goldzähne.

Das große Problem bei zu viel Kunsthandwerkern übrigens ist, dass es nirgends mehr was Sinnvolles und Brauchbares zu kaufen gibt. Ist eine Stadt erst mal derart stark von Kunsthandwerk befallen, ist menschliches Leben nur noch sehr eingeschränkt möglich.

Ich wandere zum Lyabi Hauz zurück. Die Magenkrämpfe werden schlimmer, ich finde das überzogen nach einem Tag Zwieback, und langsam zehrt's denn doch an mir. Ich müsste irgendwas mit Nährwert gegessen kriegen, bloß wie das gehen soll, ist noch unerforscht. Irgendwas killerscharfes Ostasiatisches, das einem den Magen einfach ausbrennt, wäre eine Maßnahme, eine drastische zwar, kann aber funktionieren. Kann natürlich auch buchstäblich in die Hose gehen. Nur ist die Überlegung rein theoretisch, hier habe ich die Wahl höchstens zwischen Schaschlik und keinem Schaschlik.

Ich versuche, auf der Dachterrasse eines Hotels eine Suppe zu bestellen, vegetarisch sei die, sagt man mir, und ich finde heraus, vegetarisch heißt hier, sie besteht bloß zur Hälfte aus Tieren. Nun schätze ich eigentlich meine Nahrung tierhaltig, argwöhne aber, mein Magen begänne schon beim Gedanken an Fett vollends zu desertieren. Zweiter Versuch unten am Lyabi Hauz, ich bin misstrauisch, schließlich war's hier, dass man mich zu vergiften versuchte, und ich kann bei so was mächtig nachtragend sein.

Ich esse in größtmöglicher Entfernung zu der vorgestrigen Location eine Kohlsuppe und hoffe, das wird kein Fehler sein. Man wird sehen. Um mich herum tobt das abendliche Leben, es wird geschmaust, getrunken, gelacht, dass die Goldzähne blitzen. Gottlob komme ich heute um Geselligkeit herum, ich empfinde eine gesteigerte Schonungsbedürftigkeit und schere mich nach meinem Süppchen schnellstmöglich ins Bett. ETA Taxi zum Bahnhof morgen sieben Uhr früh, es muss jetzt schnell noch sechs Stunden geschont werden, auf dass mein Magen und ich morgen heiter Hand in Hand Samarkand erkunden können.

10. August 2010
Samarkand

Samarkand According to Infrastruktur

Pünktlich um 8:05 Uhr fährt der Zug ab, es ist wiederum ein sehr schöner, sehr sauberer und mit Teppichläufern ausgelegter Zug, gefüllt ist er mit einer deutschen Reisegruppe. Weil vier davon bereits im Abteil mit meinem Platz nisten, sortiert mich die Reiseleiterin in ein anderes, zu drei sympathischen Frauen. Leider sind sie ebenso müde wie sympathisch, was mir nicht anders geht, wir schwatzen zwar ein bisschen, gehen dann aber recht bald zum Nickerchen über. Die Gruppe ist auf dem Rückweg nach Taschkent, Abschluss einer zehntägigen Seidenstraßenbusreise, tauscht Magen- und Durchfallmedizin und hat dafür mein vollstes Verständnis – ich habe heute, des Magenstatus wegen, sehenden Auges auf Kaffee verzichtet, und wer auf den letzten 125 Seiten, die zu gefühlten 50 % von Kaffee handeln, aufgepasst hat, der weiß, ein freiwilliger Kaffeeverzicht bedeutet: Es ist ernst.

Ernst scheint man auch den Bildungsauftrag gegenüber der Reisegruppe genommen zu haben, sie deuten an, sie hätten nicht unter sechzig Medressen besichtigt, und zwar täglich, es klingt eine gewisse Kulturerbeerschöpfung durch. Schön ist, dass mir die Wissenschaftlerin erzählt, sie habe beim ersten Extrembesichtigen, als sie noch müde gewesen sei und zugegeben ihre Hausaufgaben nur halbherzig gemacht hatte, sich über die Stunden mehr und mehr verwunderte, warum die ganze Stadt voller Mätressen sei und welche historische Bedeutung denen wohl zukäme.

Drei Stunden später sind wir, schwuppdiwupp, in Samarkand, eine halbe Stunde früher, als auf meinem Spickzettel angegeben. Ich nehme ein Taxi zum Hotel, checke bei einer sehr gut englischsprechenden jungen Frau ein, die dreißig Minuten später vom Erdboden verschluckt ist. Stattdessen muss ich versuchen, mit der wasserstoffblonden Souvenirshopbesitzerin und dem scheuen Hausknecht auf Russisch auszuhandeln, ob und wie ich mit Laptop Internetzugang erhalten könnte. Die Antwort lautet naturgemäß: gar nicht. Njet. Es steht zwar ein Rechner in der Lobby – „Stunde Internet vier Dollar“ läuft als Screensaver darüber, was von wenig Realitätssinn zeugt –, wie der aber ins Netz kommt, es muss sich um ein Wunder handeln. Der Hausknecht jedenfalls versucht erst, einen total unpassenden Stecker in die Ethernetbuchse zu prökeln und dann anscheinend den USB-Drucker anzuschließen. Vielleicht frage ich mal lieber nach einem Internetcafé.

An der nächsten Kreuzung, erklärt die Blondine. In der Tat, sie hat recht. Dort lungert ein Haufen Teenagernerds rum und illustriert eindrucksvoll, wie Jugend durch exzessiven Computergebrauch verblödet. Dass man mich nicht versteht, als ich sage, ich wolle mit meinem Notebook ins Netz, ist verständlich, schließlich heißt „Notebook" auf Russisch wie Usbekisch: Notebook. Dass man's immer noch nicht versteht, als ich mein Notebook zeige, stimmt schon ein wenig bedenklich. Dass keiner einen Stadtplan versteht, ist hingegen normal; das können global tatsächlich nur ein paar kümmerliche Promille der Menschheit – wobei dies zu den Tatsachen gehört, mit deren Verständnis ich mich einst ungeheuer schwertat, Karten sind mir als Teil meiner Welt derart selbstverständlich wie dem Teheraner das bunt gefärbte Küken (siehe: *27. Juli. English for the Iranian Passenger*). Dass keiner der Jungs allerdings weiß, wie die Straße heißt, an der ihr Internetcafé liegt, wirft Fragen auf. Vielleicht suche ich mal lieber nach einem anderen Internetcafé.

Ich gehe nach Süden. *Lonely Planets* überaus rudimentärer Stadtplan weist zwar die Gegend, in der ich wahrscheinlich wohne, nur als weißen Fleck aus – Terra incognita, hier leben Ungeheuer –, ich wringe aus ihm aber genug Informationen raus, um zu wissen, ich muss ganz sicher nach Süden, um überhaupt irgendwohin zu kommen. Gottlob scheint hier dauernd die Sonne.

Das *Orient Star* läge in Laufweite zu den samarkandschen Sehenswürdigkeiten, hieß es in einem hoteleigenen Infoheftordner, der noch älteren Datums zu sein schien als der *Lonely Planet Central Asia,* und der ist schon kaum jünger als Timur himself. Ich stelle fest, dass man hier „Laufweite" ähnlich unkonventionell definiert wie „vegetarisch" in Buchara. Nach staubigen Stunden, die ich die Steppe durchschreite, schweißüberströmt (muss hier eigentlich dauernd die Sonne scheinen?), befürchte ich, der turkmenischen Grenze bereits wieder nahe zu kommen.

Man verstehe das nicht als Klage, mitnichten! Es ist hervorragend, die Gegend zeigt sich liebreizend und derart attraktionslos, dass sie mir anderweitig vielleicht entgangen wäre. Es handelt sich um ein weitläufiges Wohnviertel, von der Straße zweigen links und rechts krumme Holperwege ab und verlieren sich zwischen einstöckigen Häuschen, einige bescheiden-gepflegt, andere hart an der Grenze zur Slummigkeit. Außerdem ist's hier bloß mittags so versteppt, gegen Abend beleben sich die Straßen und Holperwege, man shoppt in Kleinstgeschäften oder bei Straßenhändlerinnen (Melonen und Fladenbrot) oder beim Greis (Einzelzigarettenhandel) und sozialisiert, und natürlich muss ich keine Stunden, sondern nur vierzig Minuten laufen. Woran ich Freude habe. Mir gefällt, welch eigenständige Identität das Viertel hat, es wirkt zur Abwechslung mal gar nicht russisch, sondern wahrscheinlich einfach nur usbekisch.

Sowohl westliche Tracht wird getragen als auch usbekische, letzteres bedeutet Käppchen beim Mann, ähnliche lange bunte Kleider wie in Turkmenistan bei den Frauen, mit schlicht im Nacken gebundenen Kopftuch, generell wirkt's natürlicher und weniger kostümiert als bei den Turkmeninnen. Alle sind sehr freundlich, es helloen die Erwachsenen ebenso wie die Kinder, und die Soldaten auf dem Kasernenhof ganz besonders, die wollen allerdings keinen Bonbon oder nur im übertragenen Sinne. Im Wohnviertel wollen auch die Kinder keine Bonbons, das geht erst bei den Touristenattraktionen wieder los. Jeder Zweite fragt, woher ich käme, und da Samarkand ja nun wahrlich eine Touristenstadt ist, frage ich mich, wieso denen die Fragerei nicht schon vor Jahren langweilig geworden ist. Dass dieses Viertel wirklich ein solch weißer Fleck auf der Touristenlandkarte ist, kann ich mir nicht vorstellen.

Großes Thema übrigens ist die Melone, in Honig- oder Wasservariante, wie schon in Turkmenistan, dort ist der Melonentag ein Nationalfeiertag. Überall werden Melonen in Hülle und Fülle von Melonenentrepeneuren angeboten. Schade, dass die Dinger so unhandlich sind als Snack *to go.*

Nach 40 Minuten erreiche ich die sozusagen Mitte der Stadt. Von hier geht es links in den östlichen Teil mit den historischen Sehenswürdigkeiten, rechts in den „russischen" Teil mit dem echten Leben. Da ich dringend echten Lebens bedarf, der Infrastruktur wegen, zweige ich rechts ab, eine weitere hervorragende Entscheidung – die Stadt ist unheimlich hübsch, und das fernab ihres Kulturerbes. Alleen mit alten Bäumen, Parks, mit einer gesünderen Anzahl Springbrunnen ausgestattet als in Ashgabat und von Menschen belebt. Vor einem Repräsentativgebäude nutzt die Sarmakander Jugend eine Springbrunnenanlage als Freibad.

Dort allerdings, wo *Lonely Planet* zu Timurs Zeiten ein Internetcafé verortete, hat die Mutter aller Stadtrestaurierungen stattgefunden.

Über mehrere Blocks hat man die zwei- bis dreistöckigen alten Stadthäuser mächtig aufgemöbelt und bunt lackiert, und zwar alle gleichzeitig, sie befinden sich im Stadium der Fastfertigkeit, nur ist noch nirgendwo wer eingezogen. Über mehrere Blocks. Was einen verwirrend potemkinschen Legoland-Effekt ergibt.

Da es in Legoland noch nichts gibt, gibt es auch kein Internetcafé mehr und ich drohe mal wieder zu verdursten, außerdem stehe ich hiermit in Sachen Internetcafé bei *Gehen Sie zurück auf Los.* Alles überaus prima für den Freund der Stadterkundung via Problemstellung.

So finde ich quasi auf natürlichem Wege ins Zentrum der „russischen" Weststadt: Die Navoi, eine baumgesäumte Einkaufsstraße, alte Häuser rechts und links, alles ein bisschen zu unnatürlich neu aufgehübscht, aber hier dann doch wieder besiedelt, geht nahtlos in den Navoi-Park über. Ich löse rechts und links am Wegesrand noch drei, vier Minderprobleme, betrete dann ein schmuckes Internetcafé, wo man mein Macbook kompetent einstöpselt und ich für zwei Stunden zermürbende Blogbilderhochladeprobleme 1000 Sum bezahle (inzwischen eher fünfzig Cent, der Wechselkurs ist in Samarkand deutlich unschmeichelhafter als in Buchara, wer's doch vorher gewusst hätte).

Entdecke, dass *Lonely Planet* von einem vielversprechenden Restaurant just um die Ecke visioniert, das kurz vor der Eröffnung stehe. Es wird inzwischen von der Enkelgeneration betrieben, existiert aber noch, heißt *Venezia* und hält, was es verspricht, nämlich Nahrungsmittel auf schlichter Pastabasis im Anschluss an die langen Schaschlikkapitel der Speisekarte. Die Magenkrämpfe beuteln mich nach wie vor, nachdem das Internet abgehakt ist, lautet die nächste Aufgabenstellung, was zu essen zu finden, das mich nicht umbringt. Esse Spaghetti und ein bisschen Salat ohne Dressing, mit Mayonnaise drohe man mir besser nicht. Am Nebentisch zwei Cargohosen, sie spielen mit ihren Laptops, habe ich anscheinend zufällig das einzige *Free WiFi* Samarkands gefunden.

Ich laufe etwa eineinhalb Stunden zum Hotel zurück, dessen mal wieder einziger Bewohner ich zu sein scheine, jedenfalls beäugt man mich entgeistert, als ich nach einer Flasche Mineralwasser frage, so was gäbe es hier nicht. Trinkende Gäste, wo kämen wir hin. Laufe ich also zurück zu den Läden an der Kreuzung, was spontan, da die Spaghetti sich gerade dazu entschlossen haben, mich doch umzubringen, nicht zu meinen Lieblingsproblemen gehört.

Ein großes Samarkander Mysterium: Jedes circa fünfte Geschäft ist eine „Aviakassa". Das muss ein Reisebüro sein, nein, das *ist* ein Reisebüro. Auf die Ladenschilder sind Flugzeuge gemalt, es wird darunter für Flugbuchungen in diverse Städte, bevorzugt russische, geworben. Im kleiner Gedruckten stehen Texte wie: Kaufen Sie mit uns Ihre Tickets, blahblah, Reisebüro halt. BLOSS: Wenn jedes circa fünfte Geschäft ein Reisebüro ist, hieße das doch, da wir uns in einer Marktwirtschaft befinden, dass jeder Samarkander (es gibt wohl so 400 000, fast doppelt so viele wie Bucharaer) etwa zweimal täglich irgendwohin fliegen müsste, um all diese Aviakassas rentabel zu halten. In einer Straße komme ich auf dreihundert Metern an vieren vorbei. Das kann nicht sein. Niemals. Die Dinger müssen noch einen mindestens zweiten, geheimen Zweck erfüllen. Doch obwohl ich Thema, Filialen, Kunden drei Tage lang scharf beobachte, komme ich nicht dahinter. Sollte ein Usbekistankenner mitlesen, bitte ich dringend um Aufklärung!

Irrelevantes Stück Aufklärung meinerseits: Stelle fest, dass Schwachmatensandalen nicht nur bescheuert aussehen, sie bewirken zudem bei dauerhaftem Einsatz in Gebieten mit starker Sonneneinstrahlung ein selten dämliches Bräunungsmuster auf den Füßen.

Und wer sich fragt, wozu diese Hotelpools im Gartenteichstadium, von denen auch das *Orient Star* über ein Exemplar verfügt, eigentlich gut sind, schlafe eine Nacht bei offenem Fenster und finde heraus: zur Mückenzucht.

11. August 2010
Samarkand

Samarkand According to Kulturerbe

Nach einer Nacht, über die ich hier geflissentlich schweigen werde, besteht die Hoffnung auf ein Ende des Magenelends – kann eigentlich nix mehr drin sein, was stört. Ich wage gar einen Kaffee, er fällt in hallende Leere, na bitte. Und so biege ich heute nach meinem morgendlichen Aufgalopp ins Stadtzentrum nach links ab, zum historischen Samarkand. Im 14. Jahrhundert von mythenumwobenen Glanz als Hauptstadt Timurs, aka Tamerlan, Zentrum und Herz der Seidenstraße. Ich habe mir heute freigegeben von allen Erledigungspflichten, heute bleibt der Rechner aus, heute wird lediglich geschlendert. Ich erhoffe mir davon eine ähnliche Epiphanie wie in Buchara.

Aber, nun ja. Ich würde sagen, ließe man die beiden gegeneinander antreten, liefe es für Samarkand ähnlich wie für England gegen Deutschland. Man verstehe mich nicht falsch, es gibt unglaubliche und unglaublich schöne Bauwerke zu sehen, die mich zutiefst beeindrucken – aber eben nicht bezaubern. Der Registan, das Guri-Amir-Mausoleum, die Bibi-Khanym-Moschee, Shah-i-Zinda, sie ragen als Inseln aus einer modernen Stadt, museale Relikte einer Vergangenheit, zu der das Band zerrissen ist. Überall zahlt man Eintritt, Foto kostet extra – was mich gewiss nicht stört, so was zu hegen, zu pflegen, zu bewahren kostet Geld, ich würde auch freiwillig spenden. Nur verschärft es das Musealgefühl. Wäre alles trotzdem toll – käme man nicht gerade aus Buchara.

Die Samarkander Kunsthandwerker übrigens würde ich, wäre ich Chef vons Ganze, zu 100 % in die Herstellung öffentlicher Abfalleimer abkommandieren, und wer nicht spurt, der kriegt die allzu emsig webenden kleinen Fingerchen gebrochen. (Nebenbei, die meinerseits beklagte Abwesenheit von Abfalleimern resultiert nicht in öffentlicher Verschmutzung, ganz im Gegenteil, alles ist derart sauber und geleckt, wie es sich für einen ordentlichen autoritären Staat gehört. Man mag noch nicht mal eine Zigarettenkippe in den Rinnstein werfen und tut es auch nicht. Für den Touristen aber stellt sich damit das Problem: Wohin mit den Dutzenden leerer Wasserflaschen?)

Zurück zum Kunsthandwerk. Sie sind überall. Der Registankomplex besteht aus drei großen Medressen (Koranschulen, keine außerehelichen Freundinnen), was bedeutet, dass die Innenhöfe umringt sind von vielen kleinen Zellen, ein antikes Studentenwohnheim. In jede dieser Kammern haben sich Kunsthandwerker eingenistet wie Einsiedlerkrebse. Und auch vor den Mausoleen schrecken sie nicht zurück. Sie sind überall. Ihre Zahl ist Legion. Und sie singen den Gesang der Nervensäge. In einer derartigen Lautstärke, es macht mir schlechte Laune, und das ist gar nicht so leicht.

Es lässt sich keine Minute konzentriert staunen ob all der historischen Grandezza. Visit my shop, Madam; visit my shop, Madam. Den ersten Zweihundert bringe ich noch die relaxte Freundlichkeit aus Buchara entgegen – ich habe eigentlich tiefes Verständnis, ich möchte auch nicht rasend gerne mir in solchen Ländern mit solchen Jobs meinen Lebensunterhalt und den für meine Familie verdienen müssen. Bei den nächsten Zweihundert aber erlahmt mein Enthusiasmus ein wenig. Ihrer nicht. Visit my shop, Madam! Sie lassen nicht locker. Ein freundliches „Nein danke" hilft nicht, ein unfreundliches genauso wenig. Eine rennt mir minutenlang bis in den Basar hinein nach, ich werde sie, ungelogen, erst durch Antäuschen, Hakenschlagen, Davonpreschen los. Es ist für beide Seiten unendlich entwürdigend.

Ein Verweilen im Registan oder Guri Amir ist unmöglich, ich bin gezwungen, die Flucht zu ergreifen – die achthundertste Visitmyshopmadam-Madam hätte selbst Gandhi erdrosselt.

Vom Registan zur Bibi-Khanym-Moschee führt der Weg durch eine deprimierend scheußliche Shoppingmallzeile. Verkauft wird, Überraschung, Kunsthandwerk. Irgendein Nutzgut gibt es dementsprechend auch in dieser Stadt nicht mehr, so was vollends Abwegiges wie einen Stadtplan zum Beispiel. Was schon okay ist, schließlich ist die zweitschönste Art, eine Stadt kennenzulernen, das hoffnungslose Verirren.

Bibi Khanym präsentiert sich ebenfalls gestopft voll mit Einzelhandel. Da ist mir der Basar nebenan sympathischer, da weiß man wenigstens, woran man ist. Ich nehme von dort den anstrengenderen Weg, einen Berg hinauf, und treffe damit die richtige Entscheidung. Zum einen werde ich Shah-i-Zinda von oben betreten, wo's keinen Eintritt kostet. Zum anderen bin ich plötzlich allein auf weiter Flur und finde, was mir von Samarkand wohl am eindrucksvollsten in Erinnerung bleiben wird.

Ein Friedhof erstreckt sich auf der Hügelkuppe. Aus der hartgebrannten Erde ragen Grabmale empor, deren Marmorstelen eingravierte

Zeichnungen tragen mit den Gesichtern der Toten. Ich habe so was noch nicht gesehen. Natürlich, man kennt die Grabsteine mit Fotomedaillons, meist eher unvorteilhafte Schnappschüsse. Ich kenne auch die überkandidelten Grabmale der Moskauer und Lemberger Friedhöfe. Etwas so Schönes aber sah ich noch nicht.

Ich finde es unendlich anrührend, dass die Toten hier ihre Gesichter behalten dürfen. Die Zeichnungen sind voller Würde, die einem Foto abgeht, und es wohnt ihnen unvergleichlich mehr Leben und Seele inne. Der Ort ist ruhig, fast leer, ein paar Gestalten zu Besuch bei ihren Angehörigen verlieren sich im Gräbergewirr. Das Gras versengt von der Hitze, auch der leichte Wind hier oben ist heiß. Von der Stadt weiter unten hört man kaum etwas. Ich wandere zwischen den Gräbern, Tote sehen mich an und mir zu, alte Frauen mit Kopftuch, pausbäckige Kinder, verschmitzte Herren mit Zigarette und Anzug. Sie sagen: Ich war ein Mensch, nicht bloß zwei Jahreszahlen. Es ist mir fast so peinlich, von ihren Gräbern ein paar Fotos zu machen, wie es mir bei lebenden Menschen immer ist.

Vom zeitgenössischen Friedhof gelangt man hinunter in den historischen: Shah-i-Zinda. Eine Allee alter Mausoleen, deren erste auf Timur und seinen Clan zurückgehen. Sie sehen alle aus wie eben errichtet, die blautürkisen Keramikmosaike sind zum Niederknien.

Was daran liegt, dass sie quasi eben errichtet sind. In einem Nebengebäude eine Fotoausstellung, die dokumentiert, wie verfallen all dies bereits war. Ich kann nachempfinden, dass die Restaurierung, laut *Lonely Planet* Teil von Präsident Karimovs Unser-Land-soll-schöner-werden-Kampagne, auf deren Konto wahrscheinlich auch Legoland zu verbuchen ist, höchst umstritten war. Schwierig. Einerseits, tut man gar nichts, ist's irgendwann alles perdü; andererseits, tut man was und zu viel, tendiert's schnell zu einer Rekonstruktion, der etwas disneyeskes anhaftet, liftet man jegliche Spur von Alter aus dem Antlitz der Geschichte.

Immerhin, es sind nach wie vor echte Gräber und echte Pilgerstätten, das heißt: keine Kunsthandwerker. Warum das für den armen Timur und seine Söhne und Enkel, die im Guri Amir begraben liegen, nicht gilt, weiß der Henker.

Ich reime mir anhand der vagen Andeutungen meiner *Lonely-Planet*-Karte eine gewagte neue Spazierroute zum Hotel zusammen und bin selbst verblüfft, als das genauso funktioniert, wie ich's mir gedacht hatte. Ich schlafe ein bisschen – unruhige Nacht – und mache mich dann zum Sonnenuntergang ein zweites Mal zum Registan auf, des Lichtes wegen, diesmal allerdings eher pflichtschuldig denn aus Leidenschaft. Und diesmal bin ich entweder fünfzehn Minuten zu spät, oder der leichte Schleier, der im Himmel über der Stadt hängt, dämpft die Farben weg. Ich sitze in der Dämmerung noch ein wenig vorm Registan und höre ein paar Kids dabei zu, wie sie ein klitzekleines bisschen Schulenglisch an einer Koreanerin erproben – es wird bemerkenswert wenig Englisch gesprochen in Usbekistan, nicht mal Taxifahrer-Bröckchen wie „How much" oder „Where is". Außerhalb von Hotelrezeptionen treffe ich niemanden, der flüssig Englisch spricht.

Ich warte, ob der Registan noch was Interessantes tut, aber das tut er nicht, und wundere mich darüber, wie ein so weltwunderspektakuläres Ensemble mich so vergleichsweise kalt lassen kann. Liegt vielleicht am Kunsthandwerkertrauma. Dann gehe ich gegenüber in eine nette Schaschlikeria, die von Einheimischen wie Touristen gleichermaßen gut bevölkert wird, was mich hoffen lässt, das Tier auf dem Grill sei noch nicht allzu arg gealtert.

Guri Amir hingegen tut noch was des Nachts: Es lässt sich schrillblau anleuchten. Eine Farbe, die meinem Teint nicht bekommt, ich zweige lieber vorher ab zu einer Moschee, angelockt vom Gesang, und hänge unter den Bäumen davor ein wenig meinen Gedanken nach.

Mein 40-Minuten-Steppenheimweg ist als Nachtmarsch noch reizvoller als tagsüber. Des Usbeken Meinung zu Straßenbeleuchtung ist der des Turkmenen diametral entgegengesetzt. Sprich: Er hat keine. Völlige Dunkelheit, obwohl die Straße durchaus befahren ist. Und das bei Gehwegen, die sich optisch nahtlos ins Straßenbild von Dresden '45 eingefügt hätten, was ich natürlich nur haptisch wahrnehme, dies aber intensiv. Der smarte Tourist hat naturgemäß seine Stirnlampe schon wieder im Hotel gelassen – übrigens auch so ein Accessoire von unersetzlicher Nützlichkeit, das im Einsatz einen völlig verblödeten Eindruck erweckt. Als ich in die finstere und auf den ersten Kilometern tatsächlich verwaiste Straße einbiege, mache ich mir zunächst ein bisschen Sorgen, schleppe ich ja stets meine Kamera im Wert von fünfzehn mittelusbekischen Jahreseinkommen mit mir rum. Andererseits, sage ich mir, ist hier bestimmt wie in jedem ordentlichen autoritären Staat Verbrechen verboten, und schreite forsch voran.

Nur weil's finster ist, hat das Leben in meinem Lieblingsviertel keineswegs aufgehört, au contraire, es herrscht geschäftiges Treiben. Ich kaufe noch Wasser bei meinem Lieblingssupermarkt, den ich schätze, weil er auf kleinstem Raum alles bietet – der Fleischwolf, in dem halbe Schafe verschwinden, steht direkt neben dem Rechner mit Drucker/Kopierer –, und schließe vorm Schlafengehen wohlweislich das Fenster.

Ich muss übrigens bloß mal einen halben Tag schmerzfrei sein, schon sticht mich der Hafer. Seit heute Mittag überlege ich, wo ich ein bisschen zusätzlichen *trouble* herbekommen könnte. Vielleicht mittels eines Bergwandertages in Taschkent, in 80 Kilometer Entfernung soll es dort sehr schöne Wanderberge geben, und ein solcher Plan wirft natürlich exquisite neue Probleme auf: Ich müsste in Taschkent taugliche Wanderschuhe in Größe 42 auftreiben, woran sich's schon in Hamburg bequem scheitern lässt, plus entweder topographische Karten oder, wohl sinniger, einen Guide. Hatte noch überlegt, ob ich Wanderschuhe mitnehme (ich sollte mir ein paar Obsessionen zulegen, die keines speziellen Schuhwerks bedürfen, es reduzierte mein Reisegepäck erheblich), ließ es dann, des Gewichtes wegen, dachte, es ginge auch ohne Wanderei. Geht es nicht, ich habe dieses Jahr auf meine Trekkingwoche in den Alpen verzichten müssen und bin auf Entzug. Unterwandert und überstädtert – Taschkent wird meine elfte Stadt innerhalb eines Monats. Warum nicht einen Tag Landflucht, kriege ich einerseits etwas Auslauf und andererseits auch mal die Landschaft hier zu sehen. Beschließe, den Plan in Taschkent weiterzuverfolgen, mal sehen, was geht.

Samarkand-Taschkent und über den Umgang mit Eingeborenen

Nach so viel Laissez-faire gestern handhabe ich mich heute streng. Ein paar Stunden schreiben, dann Fußmarsch zum *Venezia,* ich sage nur: lecker WiFi! Auf meiner 40-Minuten-Meile gehe ich ein Stück des Wegs mit einer Fünfzehnjährigen, die ihr Schulenglisch an mir ausprobiert und Rastaextensions trägt. Außerdem trägt sie eine große Melone. Ihre Begleiterin ist älter und zerrt ein Kleinkind hinter sich her, für die Mutter zu jung, schätze ich, und tippe auf ältere Schwester. Ich werde zum Melonenessen eingeladen, sage aber mit Bedauern ab, ich muss halt ran ans WiFi, hilft ja nix.

Während ich bei Fruchteisbecher im *Venezia* mit dem Blog heute mal beängstigend problemlos klarkomme, bahnt sich ein Drama an: Plötzlich, mittendrin im ganzen Mach & Tu, gehen meine Mails nicht mehr raus. Der SMTP-Server akzeptiere mein Kennwort nicht. Die blöde Sau, ja und, ich meine, was kann ich denn dafür? Was für ein intoleranter Bastard, und muss ich das jetzt ausbaden oder was?

Ich kann's erst mal nicht ausbaden. Ich muss zum Hotel zurück, sonst verpasse ich meinen Zug um 17 Uhr, und das wollen wir nicht. Ich hoffe vorerst, der Server hat bloß seine Tage und morgen sieht die Welt schon anders aus.

Schweren Herzens trennen sich hier meine Wege von einem weiteren guten Buch, der *Sandelholzstrafe* von Mo Yan (ich lese mich China entgegen). Der Doulatabadi übrigens ward damals in letzter Minute doch noch gerettet, meine Mitreisende Katy erbarmte sich seiner, er hat, wie ich per Mail erfuhr, inzwischen in Istanbul bei einer Deutsch-Iranerin ein neues Zuhause gefunden. Bücher aussetzen ist noch grausamer als Kätzchen aussetzen.

Mein Zugabteil ist zwar äußerst kommunikativ, bloß leider nicht mir gegenüber – es wird Russisch in einem derartigen Tempo gesprochen, dass ich kaum mehr die Gesprächsinhalte zu erahnen vermag. Ich bekomme trotzdem von picknickender Mutter mit Teenagertochter einen Maiskolben ab. Man kann eh sein eigenes Wort nicht verstehen, es läuft auf zwei abteilintegrierten Flachbildschirmen eine russische Komödie, eine Mitreisende sieht ohne Kopfhörer einen anderen Film auf ihrem Netbook, und vom Gang her plärrt Musik. Musik kommt hier übrigens in den zwei immergleichen Varianten, es muss sich um zwei Radiosender mit einer Fünfsongplaylist handeln. Zum einen gibt es, tja, wie soll man es nennen, Techno für Arme? Und zwar für so Arme, dass sie sich nicht mehr als drei Töne leisten können, und ich spreche hier von Tönen, nicht etwa von Akkorden. Das andere ist Usbekenpop und genauso schlimm. Beides ist laut, sehr laut.

Und das Abteil ist kalt. Im letzten Zug war gottlob die Klimaanlage kaputt, aber so viel Glück kann man nicht immer haben, mache mentale Notiz, selbst für kürzere Zugfahrten die Polarfleece-Unterwäsche einzupacken. Wärme mich in der Raucherecke auf, die am Ende der Waggons liegt, dort lässt sich's auch aus dem Fenster schauen, unser Abteilfenster ist milchig, keine Ahnung, ob das Absicht ist. Ländliche Gegend, Ortschaften mit kleinen Bauernhäusern, mal aus Stein, mal aus Lehm, Hirten treiben Schaf- und Rinderherden durch Felder, darüber sinkt die Sonne. Nach dreieinhalb Stunden sind wir in Taschkent.

Ich lasse mich vom ersten Taxi-Mann abgreifen, frage nach dem Preis; zehn, sagt er, also zehntausend Sum, etwas weniger als fünf Euro, könnte noch halbwegs im Rahmen liegen, schließlich ist Taschkent eine große Stadt.

Ich verabscheue die Attitüde vieler Rucksacktouristen, aus irgendeinem sportlichen Ehrgeiz keineswegs mehr als die Spottbeträge für Einheimische zahlen zu wollen. Ich sehe den leicht erhöhten „Touristenpreis" als Solidaritätszuschlag. Herrgott, die Schwachmatensandalen an unseren Füßen haben in den meisten Ländern den Gegenwert von ein bis drei Monatseinkommen, mit dem Geld für unsere Flugtickets ließen sich drei Kinder zur Universität schicken und zusätzlich eine Rente sichern. Und wenn ich mal einen Euro mehr zahle oder zwei, so fuckin' what. Wir reden hier von Summen, mit denen man in Hamburg nicht mal eine Packung Kekse kaufen könnte. Auch auf die Gefahr hin, mich zu wiederholen – keiner von uns hätte Lust, hier seinen Lebensunterhalt als Taxifahrer oder Kunsthandwerker bestreiten zu müssen.

Einen oder zwei Euro zahle ich gerne mehr, zehn Euro nicht. Das ist dann nämlich kein Solizuschlag sondern Beschiss, und da ich meinerseits das Recht einfordere, als Mensch gesehen zu werden, nicht als Brieftasche, fordere ich somit auch das Recht darauf, nicht beschissen zu werden.

„Zehn Dollar", sagt mein Taxifahrer, nachdem ich meinen Rucksack in den Kofferraum gelegt habe; ich breche in herzliches Gelächter aus und gehe durch die Rucksack-aus-dem-Kofferraum-Wiederrausnehm-

Pantomime; er fällt ebenso herzlich ins Gelächter ein, wir bekumpeln uns und fahren los. Drei Minuten später versucht er's ein weiteres Mal mit den zehn Dollar, ich finde das überflüssig.

Wir unterhalten uns – es rechtfertigt sich der Touristenaufschlag beim Taxifahren schon aus dem Grunde, weil jedes Mal eine Privatstunde Russisch inklusive ist. Zunächst werden unweigerlich beiderseitig die Familienverhältnisse abgefragt: verheiratet, Kinder, wie viele.

An diesem Punkt bereits halten es viele Rucksacktouristen für angebracht, Kinderschar plus Ehepartner herbeizulügen. Welch ein Quatsch. Ich möchte doch auch nicht von einem Usbeken auf Hamburgbesuch seine möglicherweise fünf Kinder verschwiegen bekommen, weil er denkt, damit überfordere er meinen kulturellen Verständnishorizont. Ich oute mich stets als ledig und kinderlos, erkläre auf Nachfrage, dass ich viel – und lieber – reise und arbeite. Mag sein, dass ich so bisweilen einen kulturellen Verständnishorizont herausfordere (de facto fast nie), aber wie sollte denn bitteschön je eine Begegnung auf Augenhöhe zustandekommen, wenn ich im Default-Setting mein Gegenüber als beschränkten Hinterwäldler betrachte? Ist mir schleierhaft. Ich zücke höchstens mal als Manöver des letzten Augenblicks einen imaginären Boyfriend in Hamburg aus der Tasche, um allzu aufdringlichen Interessebekundungen einen Riegel vorzuschieben.

Jetzt zum Beispiel. Doch selbst der Hamburger Boyfriend schreckt den Fahrer, Murat ist sein Name, nicht ab, ich könne mir doch zusätzlich einen usbekischen zulegen, sagt er, ich nehme an, er hat da schon wen im Sinn.

Der Typ ist ein Honk, und ich habe kein gar so gutes Gefühl. Er will sofort mit mir teuer Stadtrundfahrt machen, ich biege das Gespräch in die Richtung, er solle mir seine Telefonnummer geben, wenn ich die nächsten Tage ein Taxi bräuchte, nach Chimgan zum Beispiel, dem Bergsportgebiet, riefe ich ihn an. Ich spiele auf Strategie – wenn er sich für morgen ein gutes Geschäft von mir verspricht, schneidet er mir heute vielleicht nicht mehr die Kehle durch; er ist nämlich soeben in eine verlassene Straße durch einen Park eingebogen.

Wo das Hotel liegt. Keinerlei Doch-zehn-Dollar-Stress, worauf ich ebenjene zehn Dollar gewettet hätte, stattdessen schenkt er mir eine Melone. Ich bin beschämt. *Too much suspicion is a sin,* man muss sich täglich daran erinnern.

Die Hotelreservierung hat der sehr nette Mensch vom hiesigen Goethe-Institut für mich vorgenommen, was deutlich billiger ist, als wenn man's aus dem Ausland bucht, es ist ein prima Hotel. Leider ist sehr netter Mensch gerade in Berlin, die Goethe-Institute haben Sommerferien, ein Jammer. Ich esse im Hotelrestaurant zu kreischendem Usbeken-Dreitontechno Nudeln und schmiede Pläne für den kommenden Tag. Mal sehen, wie weit ich komme mit meinem Wandervorhaben.

Melonen: Original und Fälschung

13. August 2010
Taschkent

Pläneschmieden in Taschkent

Die Bässe des Frühstücks-Usbekenpops lassen die hartgekochten Eier in ihrer Wärmeschale erregt wabbeln. Humpta-humpta, kann ich bitte heißes Wasser bekommen, wie bitte, heißes Wasser, danke. Mann, ist das laut hier. Ich veranstalte beim Kaffeemachen eine veritable Sauerei, weil ich den Kaffee aus einem Glas in die Tasse seihen muss, ist aber nicht zu ändern. Unter Schwierigkeiten lasse ich die Rezeptionistin auf der *Lonely-Planet*-Karte das Hotel lokalisieren, auch sie hat noch nie in ihrem Leben einen Stadtplan gesehen – obwohl's am nächsten Kiosk überraschenderweise welche zu kaufen gibt. Das Hotel ist noch viel besser als gedacht, es hat nämlich *Free WiFi* in der Lobby. Ich allerdings habe nach wie vor keinen SMTP-Server, und was ich ja so richtig gern möchte, ist aus Usbekistan mal die Telekom-Technikhotline anrufen. Sie werden mit unserem nächsten freien Mitarbeiter verbunden.

Ich spaziere stattdessen ein Stündchen die Straße hoch, wo's laut *Lonely Planet* ein Kaufhaus geben soll. Das sogar noch steht – die meisten anderen Angaben zu Taschkent werden sich als eher von historischem Interesse erweisen. Treffe dort ein Cargohosenpärchen mit *Lonely Planet* in der Hand, das versucht, ein Zelt zu kaufen. Wir wissen nicht, was Zelt auf Russisch heißt. Ich habe Spaß mit der Garderobiere, der ich eine kleine Zeichnung anfertige, mit Bergen und Wäldern im Hintergrund und einem Zelt davor; als das noch nicht wirkt, zeichne ich einen Wanderer mit Rucksack dazu, worauf sie uns umgehend an die Rucksackabteilung überweist.

Man hört übrigens sofort auf, über *Lonely Planet* zu lästern und leistet auf Knien Abbitte, wenn man morgens mal eine halbe Stunde glaubt, ihn verloren zu haben.

O Wunder, im zweiten Stock verstecken sich in der Schuhabteilung tatsächlich ein paar chinesische Wander-Halbschuhe, sogar in Größe 42. Nun bedürfen feenhafte Fesseln wie die meinen eigentlich knöchelhoher Stiefel, aber für zwei Wandertage, hier und in Almaty, wird's ja wohl gehen. Die sechzig Euro soll es mir wert sein. Und, o Zweitwunder, man kann mit Visakarte bezahlen, zum ersten Mal seit Istanbul. Zwar habe ich in einem großen Samarkander Hotel schon einen Geldautomaten gesehen, nur erfüllte der rein dekorative Zwecke, es war kein Geld drin, was der befriedigenden Begegnung mit Geldautomaten eher abträglich ist. Ich sah's als gutes Omen. Mein Bargeld nämlich wird nicht mehr ewig reichen.

Zum ebenfalls ersten Mal seit der Istanbuler Sintflut sehe ich heute Morgen einen bedeckten Himmel – klar, ich will ja morgen wandern gehen, da muss folgerichtig heute der Monsun einsetzen.

Was ich seit Istanbul nicht mehr gesehen habe, sind die Innenstadt-Einkaufsstraßen mit den global immergleichen Handelskettenfilialen. Ich vermisse sie gewiss nicht. Seit Turkmenistan dominiert die Basarkultur, Basare jeglicher Couleur, von Obst & Gemüse bis zu Juwelenhändlern.

Mit der Metro fahre ich ein Stück nach Süden. Dem *Lonely Planet* habe ich den Namen der auf Trekking etc. spezialisierten Agentur *Elena Tour* entnommen, dem Internet deren aktuelle Adresse. Die Telefonnummer allerdings führt nur zu sinnlosen Geplänkeln mit überforderten Russinnen, und mein Wanderplan ist in zweiter Linie natürlich eine Stadterkundungsstrategie, also begebe ich mich halt zum Büro. Auf *Elena Tour* fiel meine Wahl, weil meine fabelhafte Dolmetscherin und Reisebegleiterin in Kamtschatka so hieß, warum nicht, irgendwelche Entscheidungskriterien braucht man eben.

Die Metro ist klasse. Analog zu der in Moskau sind die Stationen prachtvoll und nach variierenden Thematiken ausgeschmückt. Analog zur Moskauer Metro dient sie leider auch als Atombunker und darf somit nicht fotografiert werden, worüber jeweils ein halbes Dutzend Polizisten wacht. Als ich in der überaus schrillen „Kosmonautlar" mir gerade wenigstens ein Handyfoto erschleichen will, setzen sich mir zwei Stück direkt gegenüber, verdammt. (Meinen nächsten Atomkrieg verbringe ich übrigens trotzdem lieber in der Moskauer Metro, die liegt nämlich zehnmal so tief unter der Erde.)

Ich steige an der folgenden Station aus. Des bedeckten Himmels wegen kann ich mich nicht einnorden (brauche zu allem anderen Krempel wohl doch noch mal einen Kompass) und frage einen der ubiquitären Polizisten nach dem Weg, der mich prompt in die Irre schickt. Was ich merke, als die Sonne wieder durchbricht. Bis dahin habe ich schon wieder ein interessantes Stückchen Stadt abgewandert.

Trotz größtenteils russischer Reklame- und Ladenschilder und naturgemäß allerlei Sowjetarchitektur vermittelt Taschkent wenig Russlandgefühl. Es hat eine sehr eigene Identität. Wer sich fragt, wie die Leute aussehen: Es gibt solche und solche, und die anderen auch. Einige sehr europäische Gesichter, einige sehr russisch, einige asiatisch in jeglichen

Varianten. Von allem was dabei. Die Einteilung Zentralasiens in Staaten erfolgte auf dem Reißbrett, zusätzlich ad absurdum geführt durchs traditionelle Nomadentum der Kasachen, Turkmenen, Kirgisen. In Wirklichkeit herrschte hier seit Urzeiten ein bunter Völkermix. Und dass wir uns in der Schnittmenge von Europa und Asien bewegen, lässt sich dem Ethnoprofil jedes zufällig ausgewählten U-Bahn-Waggons entnehmen.

Was nicht heißt, es ermangele den verschiedenen Ethnien an ausgeprägten Eigenheiten. Der Usbeke zum Beispiel verabscheut das Straßenschild im selben Maße wie den Salzcracker. Sprich: Es gibt keine. Ist mir schon in Samarkand aufgefallen. Ich irre herum, denn das *Elena-Tour*-Büro muss irgendwo in einem Seitengässchen liegen. In einem solchen frage ich schließlich bei einem kleinen Hotel nach dem Weg und finde heraus, dass eben dieses Hotel dort steht, wo früher *Elena Tour* gewesen sein muss. Erklärt die disfunktionale Telefonnummer. Soweit dazu.

ABER: Kam ich doch vor zwanzig Minuten in einer ausgestorbenen Wohnstraße an einem Schild vorbei: *Asia Travel.* Spezialisiert auf Trekking etc. Muss ein Zeichen gewesen sein. Ich trabe zurück.

Konferenz bei *Asia Travel* zwischen einem englischsprachigen Herrn, der vom Wanderbusiness keine Ahnung hat, einer nichtenglischsprachigen Frau, die das Wanderbusiness koordiniert, und mir. Einen Privatführer haben sie nicht übrig, es ist Hochsaison. Meine einzige Chance sei, mich morgen einer Gruppe Franzosen anzuschließen, die am ersten Tag ihres Trekkingtrips bloß eine Rundwanderung machten, sodass ich abends von Chimgan versuchen könnte, per Taxi oder Marshrutka nach Taschkent zurückzukommen. Nun bin ich zwar der Ansicht, Wandern ist eine höchst intime Angelegenheit, die man wie Sex allein oder mit höchstens ein, zwei guten Freunden ausüben sollte, nicht mit einem sechzehnköpfigen Trupp Franzosen; aber wenn's halt meine einzige Chance ist, ist's meine einzige Chance.

Alles andere ist illusorisch, weder kann ich – selbst mit topographischer Karte – allein durch die Berge Usbekistans stolpern, deren Wege womöglich nicht ganz den Schweizer Alpenvereinsstandards entsprechen werden und die zudem wegen Grenznähe gesperrt oder vermint sein könnten (zu *Lonely Planets* Zeiten waren sie's); wäre eine Idiotenidee, was, wenn man sich doch mal einen Haxen bricht. Noch lässt es sich jetzt, um 16:30 Uhr, eine andere Agentur auftreiben. Dann also sechzehn Franzosen, die ich morgen früh um 8:45 Uhr in ihrem Hotel treffen soll, mitsamt des Reiseleiters Kamariddin. Fünfzig Dollar kostet der Spaß, dafür gibt's Picknick inklusive. Man drückt mir noch eine mittelprächtige halbtopographische Faltkarte in die Hand; wo morgen gewandert wird, davon allerdings haben beide *Asia Traveller* keine Ahnung. Lassen wir uns überraschen, ich steh auf Überraschungen.

Ich trete den langen Weg zurück an, vom Süden der Stadt nach Nordwesten zum Hotel, mit Umweg übers Zentrum. Rund um den zentralen Platz, wo eine Reiterstatue Timurs Herrn Marx ersetzt hat, zeigt sich neben einer prima Sowjethotelfassade aufs Schönste der Hang jedes ordentlichen autokratischen Präsidenten zum Bauwesen, und zwar insbesondere zum Palastbauwesen. Auch Taschkent hat übrigens viele ausufernde, schöne Parks, mit nicht wenigen Brunnen-, Denkmal- und Architekturkuriositäten darin.

Zunächst aber gehe ich den Amir-Timur-Boulevard weiter hoch, auf der Suche nach dem Goethe-Institut, wo ich, falls doch wer zu Hause ist, einfach mal Hallo sagen wollte. Das Einzige, was der Usbeke noch mehr verabscheut als Straßenschilder und Salzcracker ist die Hausnummer. Als ich schon fluchend aufgeben will – ich latsche seit nunmehr sieben Stunden durch drückende Hitze –, fällt mein Blick auf ein schmuckes Häuschen direkt neben einem großen Basar: das Goethe-Institut. Die Pförtner sprechen mich auf Deutsch an, was mir überaus schräg vorkommt. Leider ist die Vertreterin des sehr netten Menschen vor wenigen Minuten heimgegangen, es ist Freitagabend, 18 Uhr. Ich hinterlasse wenigstens ein Brieflein mit Dank.

Während ich in der Dämmerung durch Fußgängerstraßen und diverse Parks Richtung Hotel streune, grollt es aus den lilagrau zusammengeballten Wolkenbergen, und kurz darauf regnet es: der erste Regen seit Istanbul.

Ich frottiere mich im Hotel, und obwohl ich eigentlich mal abends Gastronomie und Nachtleben erkunden sollte, bin ich zu müde dafür. Leider. Zudem sah ich den ganzen Tag nirgends ein verlockendes Etablissement und besitze keinen Regenschirm. Kurz: Ich schaff's nicht weiter als bis in die Lobby und habe auch nicht mehr Hunger als auf ein Sandwich. Das Hotelrestaurant bietet darüber hinaus den Vorteil, dass ich mich beim Essen über meinen nichtfunktionierenden Mailserver ärgern kann, und dann hab ich's nicht mehr weit bis ins Bett. Muss morgen schließlich früh hoch und sechzehn Franzosen ins Auge sehen.

Landpartie nach Chimgan

Pfannkuchen, Dreitontechno und Kaffeezeremonie zum Frühstück, finde dann problemlos ein Taxi, das nicht ganz so problemlos das Franzosenhotel am anderen Ende der Stadt findet. Bin überaus pünktlich, stelle mich den Franzosen vor, die alle nett und jung sind und eine Kombireise gebucht haben, Kultur und Trekking fifty-fifty. Vom Prinzip nicht verkehrt, hätte ich über mehr Zeit verfügt, ich wäre zwischendrin irgendwo sicher auch eine Woche wandern gegangen. Ich bräuchte sowieso mehr Zeit, meine Aufenthalte in Ürümqi und Xi'an werden viel, viel zu kurz sein, es ließ sich nicht ändern. Verdammte Kompromissmacherei. Morgen bin ich auf den Tag genau einen Monat unterwegs. Es ist schon komisch mit der Zeit auf Reisen. Sie vergeht schneller. Sie vergeht langsamer. Sie vergeht ganz anders. Und das alles gleichzeitig. Mein Reisemensch Schneider sagte mal so schön: Auf Reisen ist das Leben unendlich. Auch mein zweitliebstes Reisezitat stammt von ihm: Wer im Harz nichts erlebt, wird auch aus dem Kongo nichts zu erzählen haben.

Kamariddin, der sich Kamaro nennen lässt, stelle ich mich ebenfalls vor, er behauptet, über meine Teilnahme informiert zu sein, fährt dann aber beinahe ohne mich ab, weil ich noch auf der Toilette bin, ich muss dem anfahrenden Bus hinterherlaufen. Er spräche kein Englisch, sagt er bescheiden, ein bisschen tut er's aber durchaus.

Beim Asia-Travel-Büro holen wir noch Anatoly Wassiliwitsch ab – ehrfürchtig stellt Kamaro ihn vor, er sei eine usbekische Bergsteigerlegende, der auf dem Everest war und auf dem Pik Lenin und Pik Kommunismus sowieso. Anatoly Wassiliwitsch ist ein munterer Greis, dessen Everest-T-Shirt etwas unwürdig in der Trainingshose steckt, er spricht einige Brocken Deutsch, mit denen er mir allerlei erzählt. Dann fahren wir nach Nordosten zur Stadt hinaus.

Guter Nebeneffekt dieses Ausflugs: Eigentlich, so dachte ich, kann ich kein Französisch. Jetzt aber, im Vergleich mit der Russerei in den vergangenen Wochen, kommt's mir plötzlich so vor, als könne ich's doch. Meine Verständnisquote liegt plötzlich nicht mehr bei den 5 bis 10 %, die ich im Russischen erreiche, sondern bei flotten 40 bis 60 %. Nu guck. Und was mir nicht alles für Wortschatz einfällt, scheint, ich spreche Französisch, ohne dass mir das klar gewesen wäre, muss ich wohl irgendwann durch Osmose inkorporiert haben.

Zweiter guter Nebeneffekt: An der ersten Polizeikontrolle fällt mir auf, dass mein Pass im Hotel liegt. In Buchara insistierte man darauf, man müsse meinen Pass bis zu meiner Abreise behalten, in Samarkand insistierte man darauf, man müsse meinen Pass bis zu meiner Abreise behalten, in Taschkent aber machte man für die allfällige polizeiliche Registrierung bloß eine Fotokopie und ich mir weiter keine Gedanken: Ich ließ ihn im Hotelsafe. Wenn überall die Pässe im Hotel bleiben, dann auch hier, dachte ich; nö, eigentlich dachte ich irgendwie gar nicht. Der Spannungsgehalt dieses Ausflugs steigt bei der Polizeisperre, obwohl vorerst nur des Fahrers Papiere kontrolliert werden, dementsprechend sprunghaft an. Hatte ich wohl kurz vergessen, dass hier *Too Much Suspicion* nicht als Sünde, sondern als Primärtugend gilt. Nun trage ich natürlich eine Fotokopie des Passes sowie den Personalausweis (warum nicht, man hat schon meinen Internationalen Führerschein für einen Reisepass gehalten) bei mir, und trotzdem ist es von sagenhafter Blödheit, seinen Pass nicht dabeizuhaben. So was tut man nicht. Nicht auf einem 80-Kilometer-Ausflug, und schon gar nicht in Usbekistan. Auha. Was die Wandertour an Spannung möglicherweise nicht bringt, wird durch den Passmangel mehr als ausgeglichen.

Wir fahren drei Stunden hinaus nach Chimgan, zu *Lonely Planets* Zeiten hat's noch eineinhalb gedauert, kann aber daran liegen, dass sich unser Bus selbst minimalste Steigungen nur im ersten Gang hochquälen kann. Das Terrain wird zunächst hügelig, dann tauchen hinter den Hügeln ernsthafte Berge auf. Es ist fabelhaft, mal raus zu sein aus der Stadt. Vor uns kreuzt eine Herde hübscher Stuten mit Fohlen die Straße.

Weiter oben passieren wir einen Gasthof namens *Edelweiß*. Er hat einen kleinen Pool, der von schrillgrünen Plastikpalmen gesäumt wird, leider habe ich die Kamera nicht schnell genug gezückt.

Um 12 Uhr sind wir in Chimgan, wo ein Stück abseits der Straße von einem Rudel Jungspunde bereits das Camp für die Franzosen errichtet wird. Die Jungs sind die Träger für die Trekkingtage morgen und übermorgen, neun an der Zahl, dazu kommen zwei bis drei Köchinnen und ein weiterer junger Bergführer namens Alexej, den mir Kamaro vorstellt, weil Alexej Englisch spricht.

Es geht aber noch lange nicht los. Erst wird Melone serviert und Fladenbrot. Die ersten Franzosen tänzeln nervös, außerdem herrscht ein bisschen Unmut darüber, dass man heute nur einen Tagesausflug macht, keinen Trek zum nächsten Ort, wie man sich's wohl vorgestellt hat. Kamaro beschwichtigt, dafür würde morgen umso mehr getrekkt werden.

Kurz vor 13 Uhr setzt sich die Karawane endlich in Bewegung. Anatoly Wassiliwitsch voran, sechzehn Franzosen plus eine Deutsche im Gänsemarsch hinterher, Kamaro sammelt am Ende die Reste ein.

Wir laufen ein gutes halbes Stündchen das Tal hoch, krauchen dann ein gutes weiteres halbes Stündchen über steilere, steinige Wegstrecke, stehen dann unterhalb eines kleinen Wasserfalls („Cascadette" nennt's eine Französin), dann ist auch schon Schluss mit lustig. Nach nicht mal eineinhalb Stunden. Wir pausieren ausgiebig – wovon eigentlich. Zwanzig Minuten später kommt Alexej den Weg – ein richtiger *Weg* ist's natürlich nicht – hoch, an seinem Rucksack klappern zwei Wasserkessel, es wird Tee gekocht, dazu gibt's Butterbrot, was auf Russisch übrigens: Butterbrot heißt.

Das Pausieren zieht sich, währenddessen wandert die Sonne hinter die Felsen, die um uns emporragen, und im Schatten wird es kalt. Wir rücken der Sonne hinterher, ich setze mich schließlich ein paar Meter ab, wechsele auf den gegenüberliegenden Hang, wo's noch Sonne hat und zudem einen schönen Blick ins Tal.

Nach einer Stunde bricht zumindest Alexej auf, mir wird bedeutet, ich solle mit ihm gehen, komme ich zu spät nach Chimgan zurück, erwische ich vielleicht kein Taxi mehr. Mir nur recht. Ich winke von meinem Hang ein Adieu nach Frankreich und folge Alexej. Und noch die nettesten Franzosen können nicht darüber hinwegtäuschen: Wandern mit achtzehn Mann hoch ist einfach nix.

Mit Alexej hingegen macht es Spaß, in der Abendsonne hinab ins Tal zu steigen. Er ist leidenschaftlicher Amateurfotograf, wir geraten ins Fachsimpeln, er begutachtet und testet meine Kamera, hält allerdings Canon für Nikon überlegen. Man begegnet jetzt übrigens schon der Generation, die Analogfotografie gar nicht mehr kennt. Ich versuche ihm zu erklären, was Dias waren.

Alexej ist 26. Hat einen Master-Abschluss als Elektronikingenieur, hatten wir das nicht schon mal? Nebenbei hat er erst Biathlon gemacht, dann Triathlon, jetzt ist er bei Pentathlon, wusste gar nicht, dass es das gibt.

Reiten und Fechten gehören dazu. In den Alpinismus ist er kürzlich eingestiegen. Ich bin beeindruckt.

Und er singt das Lied der talentierten, ehrgeizigen Jugend, das ich allerorten höre, das Lied der Hoffnung aufs Ausland. Er sei gut und qualifiziert, sagt er, aber er bekäme in Usbekistan keinen angemessenen Job. Allenfalls Lehrer könnte er werden, aber das will er nicht, er sei Wissenschaftler und wolle als solcher arbeiten, und er brauche eine noch bessere Ausbildung. Über den DAAD bewirbt er sich um einen Studienplatz in Deutschland, aber das täten alle seine Freunde. Er würde auch nach Russland gehen oder nach Japan oder in die USA, wenn man ihn nur irgendwo nehme. Er befragt mich nach Details zu den Arbeitsbestimmungen für ausländische Studenten, ich kann es ihm nicht sagen.

Wir überholen eine Hirtenfamilie mit Schafherde, deren Zelte wir schon beim Aufstieg sahen, plaudern im Camp noch ein bisschen weiter, essen Äpfel, dann bringt Alexej mich zur Straße, wo ich ein Sammeltaxi nach Gasalkent besteige, der nächsten Kleinstadt, von dort sollen Marshrutkas fahren. Wir verabschieden uns, ich wünsche ihm Glück. Aus ganzem Herzen. Dieser mein Pass, womit eigentlich habe ausgerechnet ich den verdient.

Dieser mein Pass liegt bekanntlich im Hotel. Fällt mir, kaum sind wir unterwegs, wieder siedendheiß ein. Mal gucken, ob ich mir damit ein Problem fange, das problematischer ist, als ich es noch für wünschenswert erachte – *Lonely Planet* wartet durchaus mit Knaststorys auf. Und mal gucken, wie das so klappt mit dem Nach-Taschkent-Zurückkommen. Ich sehe aus dem Fenster, das Taxi (Anmerkung: Es ist natürlich fast nie von „richtigen" Taxis die Rede – „Taxi" bedeutet: Typ mit Auto) braust nur so dahin, die Abendsonne zeichnet attraktive Schatten in die Berghänge. Fahre ich hier so durch Usbekistan, denke ich, und freue mich darüber. Und freue mich, das nicht mit sechzehn anderen Leuten plus einem Dutzend Aufpassern und Problemlösern tun zu müssen.

Das Taxi hält direkt an einem Taschkent-Marshrutka. Easy going. Ich steige um – Marshrutkas sind Klein- oder Transporterbusse, die definierte Strecken abfahren, Marschrouten halt, es kostet mich 2000 Sum, das Sammeltaxi verlangte 3000 Sum, das ganze Vergnügen ist also für weniger als drei Euro zu haben.

Es ist in der Tat ein Vergnügen. Zwei alte Männer setzen sich neben mich, wir unterhalten uns, es werden ein paar anzügliche Witze über mich gerissen und gefragt, ob die Männer hier nicht noch heißer seien als das Wetter, sie plustern sich dabei hitzig. Alles aber absolut im grünen Bereich. Wir fahren nicht, wie auf der Hinfahrt, über die Autobahn, sondern eine Art Landstraße, auf der Suche nach Passagieren, die vom Straßenrand winken. So kriege ich allerlei zu sehen. Zum Beispiel diverse Polizeisperren. Bei einer werden wir rausgewunken. Ich bemühe mich um die Unauffälligkeit einer Topfpflanze. Es werden aber bloß die Papiere des Fahrers kontrolliert, dann dürfen wir weiterfahren.

Dies heute mag nun nicht die Wanderung aus meinen feuchten Träumen gewesen sein, die ganze Aktion aber ist gut. Wenn es auch nur eineinhalb Stunden waren, ich habe es genossen, mal ein bisschen in Landschaft herumzulaufen. Es war schön. Ich habe die Begegnung mit Alexej genossen, und diese Heimfahrt ist klasse. Wieder was Neues erlebt und getan. Ich werde im Hotel umgehend Trekkingagenturen in Almaty kontaktieren, um meine Chance auf einen richtigen Wandertag dort zu erhöhen.

Der Rückweg dauert alles in allem exakt eineinhalb Stunden. Dann setzt uns das (der? die?) Marshrutka an der nordöstlichsten Metrostation ab. Ich bummele ein wenig durch die dortigen Läden, finde eine halbwegs vernünftige Hautcreme (seit ich mir im Samarkander Supermarkt eine Billigcreme zulegte, jucken, spannen und zwicken mir ununterbrochen Gesicht und Hände), für die ich zweieinhalb Pfund Sum auf den Tisch legen muss. Die Kassiererin verfügt, smart, über eine Sumzählmaschine für Einkäufe ab zehn Euro. Dann nehme ich die Metro heim.

Heute bin ich so müde, dass ich beinahe einschlafe, bevor ich's noch in die Lobby zum Hotelrestaurant schaffe. Wieder kein Nachtleben, wieder keine Gastroexkursion, selbst die Mails nach Almaty muss ich auf morgen verschieben. Und das der Frau, die in der Schweiz täglich zwölf bis vierzehn Stunden bergwandert. Muss entweder an der Hitze oder am Alter oder an der falschen Hautcreme liegen.

Nachts nach Kasachstan

Nach einem ereignisfreien Tag – ich schreibe bis 17 Uhr, eile dann freudig in die Lobby zum *Free WiFi,* das natürlich just zusammengebrochen ist; die Stromversorgung zeigt sich heute generell kapriziös, es ist nicht der Tag zum Fahrstuhlfahren – nehme ich um 19 Uhr ein Taxi zum Bahnhof. Um 20:05 Uhr geht der Zug, 45 Minuten eher, als es in meinen Unterlagen stand, wohl dem, der nicht vergisst, vorsichtshalber die eigentliche Fahrkarte zu dechiffrieren. Malerisch ist, dass jeder Passagier mit mindestens zwei bis vier Melonen im Handgepäck reist. Und die Dinger sind groß wie eineinhalbjährige Kinder.

Der Zug ist mal wieder überaus adrett, in den 1.-Klasse-Abteilen gibt's stets ein hübsch dekoriertes Teeservice auf den Tischen, Wasser kommt aus dem Samowar am Ende des Ganges. Die Verspätungen haben übrigens radikal aufgehört, kaum, dass ich aus dem schludrigen Europa raus war, seit dem Iran fahren die Züge auf die Minute pünktlich und kommen fast ebenso pünktlich an – selbst der heutige wird das schaffen, trotz unberechenbaren Stunden an der Grenze, ein Mysterium, wie er das macht.

Keine Klimaanlage. Gott sei Dank! Lieber sterbe ich vor Hitze als zu erfrieren.

Die Grenze erreichen wir bereits eine Stunde nach Abfahrt. Es ist natürlich eigentlich eine tolle Gedönsgrenze, bloß hat man als Zugpassagier nicht so viel davon, mir sind die Aktivgrenzen lieber. Hier lungern wir lediglich im Abteil rum, füllen die langwierigen usbekischen Zollformulare aus – den Kasachen ist das zu doof, sie haben keins –, zeigen ab und zu unser Gepäck jemandem vor, der nur mäßig dran interessiert ist, tätscheln die diversen Hunde, mit denen man vorbeischaut, Schäferhunde und Cockerspaniel, einen der Letzteren zertrete ich, ist aber auch verdammt eng im Abteil.

Die Usbeken sind gründlich. Sie lassen gar sämtliche Deckenverkleidungen öffnen, außerdem haben sie den Papierkram. Der Kasache sieht's relaxter, trägt aber genauso schöne große Uniformhüte.

Dreieinhalb Stunden dauert der Spaß, zwischendrin fahren wir zehn Minuten von Usbeken zu Kasachen, der Augenblick, hastig zum Klo zu stürmen, an der Grenze ist's geschlossen.

Es ist wahnwitzig irrsinnig geisteskrank heiß. Es ist fast so heiß wie in deutschen Zügen. Die Schrift auf den Zollformularen verwischt, weil der Stirnschweiß darauf tropft. Strömt. Schwallt. Ich sterbe vor Hitze, warum zum Teufel haben die hier eigentlich keine Klimaanlage?

Meine Abteilgenossin ist eine bezaubernde Usbekin, vielleicht ein paar Jahre jünger als ich. Sie bietet mir halbgefrorenen Eistee an und umsorgt und umhegt mich aufs Liebevollste. Allen Offiziellen erklärt sie, ich sei Deutsche und verstünde kein Russisch, sie checkt, ob ich genug Stempel in meinen Pass bekommen habe, sie reicht mir Erfrischungstücher, wir gehen zusammen rauchen. Als ich ihr meinerseits Mineralwasser anbiete, simuliert sie einen entzückenden Schluckauf, um mir zu verdeutlichen, sie vertrüge die Kohlensäure nicht. Unser Zug fährt nach Moskau – wache ich nachher um entweder vier oder fünf nicht rechtzeitig auf, habe ich ein Problem –, dort will sie hin, Urlaub, ihren Bruder besuchen. Deswegen führt sie allerhand hausgemachte Würste und halbe Hühner mit, sehr zur Freude der Cockerspaniel.

An der kasachischen Grenze spielt sich draußen ein Drama ab. Eine Frau schreit und heult, als ginge es um ihr Leben, wirft sich zu Boden, immer mehr Uniformierte stehen drum rum und wissen auch nicht recht, was zu tun ist. Von oben aus dem Abteilfenster lässt sich deren Mützendurchmesser besonders gut bewundern. Ich finde nicht raus, was mit der Frau ist, es wird ein Geheimnis bleiben müssen. Es gesellen sich dann noch zwei junge Kerls zu uns ins Abteil, meine Reisegenossin protestiert schwach, es sei ein Damenabteil, mir ist es wumpe, ich liege eh im Hitzekoma und halluziniere vor mich hin.

Gegen halb eins setzen wir uns in Bewegung, gegen vier schrecke ich aus wilden Träumen: Der Zug steht. Ein Schaffner, den ich vorhin fragte – hat bloß fünf Minuten gedauert, dann war ich zugweit bekannt wie ein bunter Hund, eine Deutsche, man stelle sich vor! –, behauptete, um vier seien wir in Turkestan. Springe hektisch hoch, keine Ahnung, wie lange wir hier schon stehen, sprinte zum Waggonende, werde vom Schaffner beruhigt: Ist noch nicht so weit. Ein Wechselmann gesellt sich dazu, Turkestan in einer Stunde, sagt er, um sechs, so kann ich mich endlich vergewissern, dass ich wieder eine Stunde verliere – im *Lonely Planet* stand's nicht drin. Aus lauter Dankbarkeit wechsele ich beim Wechselmann meine restlichen Sum, ein sehr unbefriedigendes Geschäft, ich drücke ihm ein Fuder Scheine in die Hand und erhalte eine kümmerliche Banknote zurück. Das sei noch nicht alles, macht er mir klar, aber er hätte gerade nicht mehr Tenge, und seine Rubel will ich nicht.

Ich rauche gemeinsam mit dem Schaffner eine Zigarette, er sagt mir, wie schön ich sei und lädt mich zum Flirten in sein Abteil ein, ich sage dankend ab, ich schlafe lieber noch eine Dreiviertelstunde.

Der Zug, wie gesagt, kommt pünktlich auf die Minute an. Meine Reisegenossin begleitet mich noch zur Tür, sie ist so süß, ich würde sie am liebsten behalten. Dann stehe ich kurz vor Tagesanbruch in Kasachstan. Auf dem Bahnsteig. Rum.

Einige der fliegenden Bahnhofshändler errichten ihre Stände, andere schlafen noch auf ebendiesen. Wechselmann kommt und drückt mir ein Häufchen Rubel in die Finger, Tenges sind und bleiben wohl knapp. Ein merkwürdiger Mensch mit Kutte, Turban und Gandalfstock spricht mich an, „Schwester“, sagt er, den Rest verstehe ich nicht. Er wird von einer Bahnhofsvorstehermatrone verscheucht, die ich nach einem Taxi frage, ohne große Hoffnung, hier regt sich noch nix in der Stadt. Sie erzählt mir viel, das ich wenig verstehe, dann nimmt mich ein alter Mann in seinem Mercedes mit in die Stadt. Nehme ich doch an. Hoffe ich irgendwie. Ich werde durch Schlafmangel nicht unbedingt plietscher.

Der Greis trägt eine Art Admiralsuniform und sieht darin wichtig aus, wahrscheinlich aber, nach meiner Erfahrung mit derartigen Sachlagen, ist er bloß zweiter Kellner. Oder nicht? Der Mercedes spricht dagegen. Keine Ahnung, ob das jetzt ein Taxi oder eine freundliche Geste ist, man kann ja auch nicht immer alles wissen.

Wir fahren im ersten Morgenlicht durch die schlafende Stadt. Halten auf einem Parkplatz, und von dort sieht man das Yasaui-Mausoleum, rosig schimmernd und unwirklich erhebt es sich aus einer karstigen Brache. Es ist der letzte Timur-Bau auf meinem Weg, und jetzt und hier, kurz vor Sonnenaufgang, an meinem ersten Morgen in Kasachstan, auf einem struppigen Parkplatz, übermüdet und ohne ein Hotel in Sichtweite und stattdessen mit einem ungeklärten greisen Admiral am Hals, ist es wunderschön, viel schöner als zweimal Registan.

Ich packe die Brieftasche aus, aber der Admiral will kein Geld, der Admiral will Küsschen und eine Verabredung am Abend. Das Küsschen hat er mir derart blitzschnell ins Gesicht gehackt, dass ich mich kaum wegducken konnte, die Verabredung verstehe ich nicht, ich kann nämlich auch unheimlich wenig Russisch verstehen, wenn ich will. Er steigt in den Wagen, hält noch mal an, will doch Geld, hat sich wohl überlegt, der Tenge in der Hand sei immer noch besser als das Date auf dem Dach. Ich reiche ihm die zerknautschten Rubel, er darf sich die schönsten aussuchen, mehr als ein oder zwei Euro sind's eh nicht. Wo das *Hotel Yassi* denn nun sei, frage ich, er weist mit einer großzügigen Geste Richtung Horizont, dann lichtet er Anker.

Steh ich hier also mal morgens in Kasachstan rum. Lasst uns *Lonely Planet* preisen, denn obwohl der über Turkestan nicht mehr als eine Seite zu berichten weiß, ein Stadtplänchen ist dabei. Ich schultere mein übergroßes Marschgepäck – der Frontbeutlerbeutel ist das Problem, mit Kamera und Laptop ist er zu schwer, ein Airbook müsste man haben –, und wandere, das Yasaui-Mausoleum zur Linken, dem Horizont entgegen.

Wo in der Tat alsbald das *Hotel Yassi* auftaucht. Dem Menschen, den ich dort geweckt kriege, sollte man aufgrund seiner Gemütsveranlagung einen Umzug nach Maschhad nahelegen. (Wer das dementsprechende Kapitel vergessen hat: Er ist ein ekelhafter Bastard und behandelt mich wie ein Stück Scheiße.) Unsere Beziehung bessert sich auch nicht eigentlich durch die Tatsache, dass es wider Erwarten keine Reservierung für mich gibt. Weil man in Buchara schon Schwierigkeiten hatte, die zu finden, gebe ich ihm meine Kopie, er schleudert sie mir zurück ins Gesicht. Barsch zeigt er auf die Preisliste und hat offensichtlich eine schwere Gästephobie. Nun kostet das Einzelzimmer 3000 Tenge, gut 15 Euro, das kann ich mir leisten (nachmittags beim Smalltalk wird eine junge Ladenangestellte aus dem Staunen nicht rauskommen, wie ich in einem so teuren Hotel absteigen kann) – bloß a.) jetzt gerade nicht, ich hab ja noch keine Tenge, und b.) stellt sich damit wieder mal das große Fahrkartenproblem, denn die Fahrkarten, die in Buchara fehlten, sollte ich jetzt und hier in diesem Hotel hinterlegt bekommen, wo ich gleich, wenn ich mich nicht schnellstens unterwürfig zeige, mit Schlägen vor die Tür gejagt werde.

Ich mache dem Bastard klar, dass bei aller Liebe ich erst mit Banköffnung tengefähig werden kann, und bekomme ein Zimmer im Tausch gegen meinen Pass. Ist genau der Typ, dem ich gerne mal meinen Pass aushändige. Ist aber nicht zu ändern, ich kann im Augenblick nichts machen, in Hamburg ist es drei Uhr morgens, in Taschkent, wo die Agenturansprechdame beheimatet ist, deren Telefonnummer das letzte Mal schon nicht funktionierte, fünf Uhr früh. Das Einzige, was ich grad tun kann, ist schlafen, und das kann ich sogar ziemlich gut.

Yasaui-Mausoleum und Polizeiwache

16. August 2010
Turkestan

Turkestan, ein Provinz-Intermezzo

Um neun schrillt mich das Telefon aus abnormen Träumen. Am anderen Ende der Leitung schrillt mir eine Frau munter entgegen, sie sei der Guide und warte in der Lobby. Guide? Lobby? Fünf Minuten, sage ich, während derer ich herauszufinden versuche, wer ich bin, wo ich bin, wo meine Brille ist (lässt sich ohne Brille nie feststellen) und um welches Land zum Henker es sich gerade handelt. Ich habe kaum in meine Hose gefunden, als die Frau erneut anruft, sie käme mich holen; nein, sage ich, das macht mir Angst. Gottlob ist das Zimmer winzig, es gelingt mir durch systematisches Abtasten meine Brille zu finden.

Die Dame heißt Dila und ist auf einer Frequenz- und Volumeskala derart aufgekratzt, die ich noch nicht bedienen kann. Sie hat, o Wunder, meine Zugtickets dabei und der Rezeptionistin – in der jetzigen Schicht eine englischsprechende Wohlmeinendere – Geld versprochen. Außerdem hat sie ihre Lesebrille vergessen und ist somit nicht in der Lage, Fragen zum Ticket zu beantworten, will sich mir aber unbedingt als Stadtführerin andienen. Ich würge sie damit ab, mir ihre Telefonnummer aufschreiben zu lassen, und gehe zurück ins Bett, danke.

Nun ist in Turkestan nicht genug Stadt vorhanden, als dass eine Führerin sich ihrer annehmen könnte, wie ich feststelle, als ich weitere zwei Stunden später mich zusammensortiere. Turkestan ist ein Kaff. Ich habe das schon vermutet, nicht jedoch in diesem Ausmaße. Auf, zunächst und dringlich, der Suche nach einer Bank laufe ich die Straße hinunter – es gibt eigentlich nur eine. Jedenfalls Downtown. In Ermangelung irgendeines Kaffees kaufe ich mir eine Cola, womit meine Tenge-Barschaft auch fast erschöpft ist. Die Bank, es gibt nur eine, ist zwar mit 80 wartenden Menschen gut gefüllt, Geldwechsel aber beginnt erst in einer halben Stunde. Schön, denke ich, schaue ich mir bis dahin die Stadt an. Nach fünf Minuten bin ich damit fertig und vertreibe mir die Zeit bis Wechselbeginn in einem Gespräch mit einem goldzähnigen Hallodri und seinem verschämten Teeniesohn.

Geldwechsel geht in einem Séparée vonstatten, ich muss dafür erfreulicherweise keine Nummer ziehen und mich nicht unter die 80 Wartenden einreihen. Es scheint die einzige Wechselmöglichkeit der Stadt zu sein, was ich nicht gedacht hätte, auch wenn Turkestan klein ist, so liegt es doch zum einen grenznah und hat zum anderen mit dem Yasaui-

Mausoleum Kasachstans wichtigste Pilgerstätte und bedeutendstes historisches Monument. Wäre ich an einem Sonntag hier aufgeschlagen, wäre ich gefoppt gewesen. (Wäre ich nicht – erstaunlicherweise funktioniert fast alles dann doch immer irgendwie.)

Mit frischen Tenge in der Tasche drehe ich eine weitere Runde durch Downtown. Ich bin hier fraglos ein Ereignis. Man staunt und verwickelt mich in Smalltalks rechts und links des Wegesrands, mit Minimalenglisch, Minimalrussisch oder einer Kombination aus beidem. Nicht nur meine germanische Herkunft, vor allem die Tatsache, dass ich allein reise, erregt Aufsehen. Wär's Sonntag gewesen, hätte ich mein Geldproblem dadurch gelöst, Eintritt für mich zu verlangen.

Ich besichtige das Yasaui-Mausoleum, das übrigens keinen Eintritt kostet. Timur hat einst über dem Grab des Sufi-Weisen und Poeten Kozha Akhmed Yasaui einen Schrein errichten lassen, starb aber vor Fertigstellung.

Es gefällt mir gut. In seiner Unfertigkeit, mit seinem Standort inmitten weitläufiger, verdorrter Felder. Ein Rosengarten kämpft davor gegen die Dürre, auf der Rückseite sind Bau- und Restaurationsarbeiten im Gange. Kein Kunsthandwerk, die wenigen Souvenirshops führen Pilgerbedarf. Im Eingangsbogen nisten Hunderte Schwalben und tschilpen.

Trotz der Heiligkeit des Ortes und seiner Bedeutung als Pilgerstätte legt man salopp wenig Wert auf Äußerlichkeiten. Ich sehe Besucherinnen in Hotpants, nur das Haar wird – eher symbolisch – bedeckt, am Eingang gibt's Leihtücher zu diesem Zwecke, ich trage aber eh Bandana wegen Sonnenstichgefahr. Man fragt nach meiner Nationalität, dann heißt man mich willkommen.

Unter der Kuppel eine Halle von weißer Leere, im hinteren Teil befindet sich der Schrein aus grünem Marmor. Ich gehe zunächst in das Kämmerchen zur Rechten, verweile dort, eine klare Männerstimme singt von irgendwoher einen anrührenden Gesang, die Klänge vermischen sich mit dem Geräusch der Bautätigkeit. Linker Hand des Schreins entdecke ich den Sänger, ein junger Mann sitzt dort, Grüppchen oder Familien, Pilger oder Besucher, setzen sich für einige Minuten zu ihm, er singt, die Akustik des Gewölbes trägt sein Lied hoch und weit. Dann spricht er ein kurzes Gebet für und mit den Anwesenden. Ich setze mich am Rande dazu, aber meine Schüchternheit ist unnötig, hier wird keine ausschließende Religiosität zelebriert, im Gegenteil. Es ist schön, und der Gesang macht mir Gänsehaut. Außerdem gefällt mir naturgemäß, ist der Heilige gleichermaßen als Dichter verehrt.

Ich streune unter der brennenden Nachmittagssonne im Ort umher – im Gegensatz zu den großen Städten kann sich Turkestan keine großzügige Bewässerung seiner öffentlichen Anlagen leisten, alles Grün ächzt unter Sonne und Staub. Ich wundere mich über ein Denkmal im Park, das mir dem Tennisball gewidmet zu sein scheint. Ich plausche mit diversen neugierigen Passanten. Nachdem ich während dreier Stunden weder Polizisten noch Melonen gesehen habe, dafür aber Dutzende öffentliche Abfalleimer, wird mir unmissverständlich klar, dass ich das Land gewechselt habe.

Die Stadt ist kasachisch. Fällt mir wahrscheinlich nur deswegen so deutlich auf, weil mir in Taschkent die ethnische Diversität in der U-Bahn ins Auge sprang. Hier sind alle Gesichter kasachisch, und es wird kein Russisch gesprochen, außer mit mir.

Immer wieder beobachte ich ja interessiert, wie sehr sich die Grenzen eigentlich nach Grenzen anfühlen. Zwischen Iran und Turkmenistan drastisch – kaum zu glauben, dass zwei derart unterschiedliche Städte wie Maschhad und Ashgabat bloß so vergleichsweise wenige Kilometer trennen. Zwischen vollständig anderer Kultur, anderen Menschen, anderer Sprache, anderer Mentalität. Hier lässt sich schwer sagen, wie viel die Landesgrenze ausmacht, denn der wesentliche Kultursprung scheint mir der zwischen Provinz und Großstadt zu sein.

In Turkestan bin ich hauptsächlich deswegen gelandet, weil's grenznah liegt und, zur Abwechslung, eine Kleinstadt ist, eine gute Wahl, ich mag es sehr, einen Tag in einem solch schläfrigen Städtchen zu vertändeln. Abends besuche ich erst ein kleines Internetcafé, in das mich vorhin ein paar aufgeregte Youngsters zu locken versuchten, esse dann in einer offenbar beliebten Schaschlikeria, wo sich ein junger Typ, den Freunde oder Freundin versetzt zu haben scheinen, zu mir setzt und wir ein fröhliches Rudimentärgespräch zusammenradebrechen. Er begleitet mich noch zum Hotel, macht sich Hoffnungen, vergeblich, fragt mich nach allem Möglichen, unter anderem nach meiner Religion, er ist natürlich Muslim. Ich mute ihm mal zu, keine zu haben, worauf er mich belustigt fragt, ob ich vielleicht Satanist sei – es stellt sich heraus, er steht auf finnischen Death

Metal. Ein sichelförmiger Mond liegt über dem Yasaui-Mausoleum und macht sich gut dort.

Auf den Tag genau vor einem Monat bin ich morgens um halb neun am Hamburger Hauptbahnhof in den Zug gestiegen. Ich resümiere ein bisschen. Über meine rote Linie, die zur Hälfte jetzt Gestalt angenommen hat, in Form von Straßen und Schienen, von Menschen und Geschichten, von Wetter und Landschaft. Die Punkte darauf mit den Namen von Städten sind Bilder und Erinnerungen geworden. Was mich verblüfft ist, wie wenig weit mir die Distanz zwischen Hamburg und hier eigentlich erscheint, nun, da sich der Weg zu Welt gewandelt hat.

Es ist lange her, dass ich so lange allein unterwegs war. Es ist toll, allein zu reisen, man trägt unweigerlich eine größere Offenheit umher, ein Vakuum, das sich mit Begegnungen füllt. Der Vorzug des Reisens in Gesellschaft hingegen ist, jemanden zu haben, mit dem sich das Erlebte teilen lässt. Manchmal fehlt mir das; es ist schön, einen Blog zu haben, ist ein bisschen, als hätte man Mitreisende. Trotzdem, da jede Begegnung unterwegs den allzu schnellen Abschied in sich trägt, beginnen mir Freunde zu fehlen. Nicht schlimm, aber ein bisschen. (Und seit drei Tagen fehlt mir tatsächlich merkbar der Tango, ist's zu glauben?)

Wringe schnellstmöglich noch etwas Schlaf aus der Nacht. Mein Zug nach Astana geht um 3:45 Uhr, wer wohl auf solche Ideen kommt. Schon heute Nachmittag habe ich bei der Rezeptionistin mehrfach ein Taxi für drei Uhr beantragt, kein Problem, sagte sie jedes Mal, ich mache mir trotzdem zum ersten Mal Sorgen darüber, einen Zug zu verpassen. Hier gestaltet sich der Pkw-Verkehr schon tags übersichtlich, wer sich um drei an den Straßenrand stellt, um ein Taxi zu winken, wartet vermutlich doch etwas länger.

Turkestan–Astana in instabiler Seitenlage

Um Punkt drei stehe ich in der Lobby, relativ wach, Zugversäumnisängste motivieren. Beides unterscheidet mich kenntlich von der Rezeptionistin, die zuerst nicht wach und dann nicht motiviert ist. Sie ruft zwar bei einem Taxiruf an (wer hätte gedacht, dass es so was hier gibt), fällt aber in der Warteschleife umgehend in Sekundenschlaf, murmelt dann etwas in den Hörer und teilt mir mit, alle Taxis seien belegt, da könne man nichts machen, sie senkt die Lider. JAHAA, brülle ich laut genug, sie hochzuschrecken, deswegen hätte ich das Taxi ja bereits gestern Nachmittag beantragt, mein Zug nämlich fahre dessen ungeachtet. Sie sieht mich reglos an und versucht, mit offenen Augen weiterzuschlafen. Hilft die Strategie *Doofer-Tourist-braucht-mitleidigen-Beistand* nicht weiter, gehe ich gern zu Plan B über: so lange jemandem im Weg zu sein, bis er mir allein deswegen behilflich ist, um mich endlich loszuwerden. Es wirkt. Ein wortloser Zehn-Minuten-Showdown zwischen uns, Close-up auf unsere Augenpartien und schweißnassen Stirnen, Morricone-Soundtrack im Hintergrund. Jedes Mal, wenn ihr die Augen zufallen, sage ich laut irgendwas, um sie wach zu halten. Ein Tumbleweed weht über die staubige Straße, Fliegen summen. Schließlich wird ihr klar, ihre einzige Chance auf ungestörten Schlaf ist, mich aus der Stadt zu schaffen. Die ist nämlich zu klein für uns beide. Mit letzter Kraft greift sie erneut zum Hörer und besorgt mir ein Taxi. Ich wirble meine Colts, hülle mich in meinen Poncho und reite zur Stadt hinaus.

Erstaunlicherweise funktioniert nämlich fast alles dann doch immer irgendwie. Ich bin überpünktlich am Bahnhof, wo bemerkenswert viel Buhei ist, der Zug fährt umgehend ein. Ich zwänge mich mit Sack und Pack an Bord und, auha.

Seit Istanbul reiste ich 1. Klasse, sprich: in Abteilen. Gab's auf dieser Strecke nicht, und somit befinde ich mich jetzt inmitten der klassischen *Platskartny*-Experience.

Platskartny geht so: Im offenen Großraumwaggon sind linker Hand Sixpacks von Pritschen übereinander quer zur Fahrtrichtung angeordnet, zur Rechten des schmalen Ganges ist parallel eine Art Billy-Regal an die Zugwand geschraubt, wo pro Sixpack drei weitere Reisende gestapelt werden; dies mal neun, also prinzipiell 81 Fahrgäste, die doppelt belegten Kojen nicht mitgezählt – Mütter teilen sich die ihre generell mit mindestens

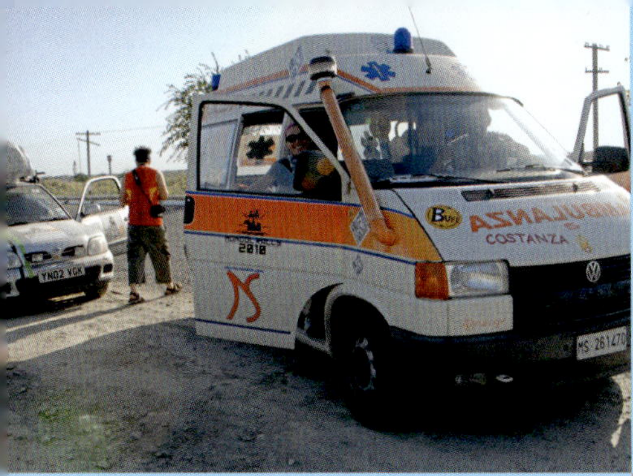

„Mongol-Rally“-Konvoi

Selten, aber schön: Twinklosett

Mir-i-Arab-Medresse, Buchara

Zoohandlungsschaufenster, Samarkand

Friedhof in Samarkand

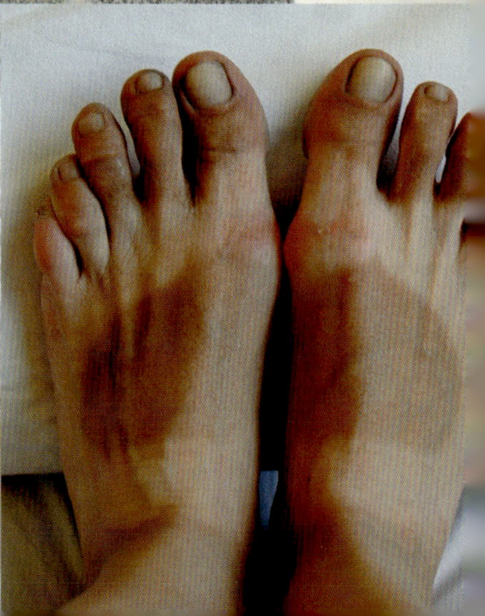

Shar-i-Zinda, Samarkand

Muster im Vergleich:
gutes Brotmuster,
doofes Fußmuster

Schöner Blick ins Tal, Chimgan

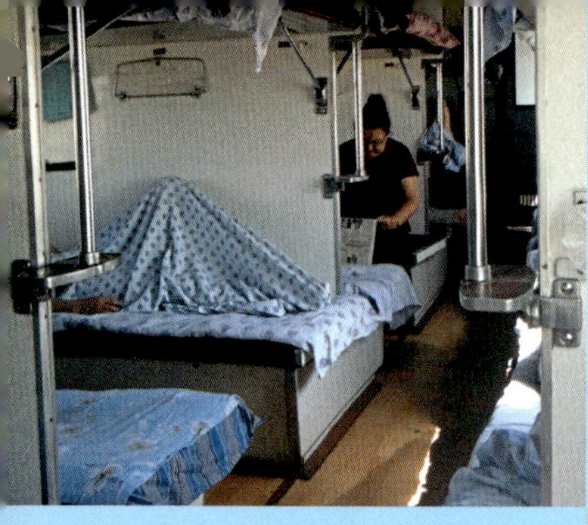

Salz- und Pfefferstreuer,
groß, gülden. Astana

„Platskartny" nach Astana

Sieht nicht so aus,
ist aber echt:
der Nurzhol-Boulevard

Einzug des Touristen.
Im Goethe-Institut Almaty

Plovpostkartenset

„The Ethic Culture Street“, Ürümqi

Ürümqi: Schaschlik. Was sonst

Herr Xiao kalligraphiert, Xi'an

Terrakottaarmee, Xi'an

Hotelzimmer-Wohlfühlkitsch, Peking

Uebel in Shanghai

zwei Kindern und/oder fünfzehn Melonen. Für alle Beteiligten gibt es an einem Waggonende ein Klo und am anderen einen Samowar.

Nun fuhr ich durchaus schon *Platskartny* und kann berichten, dass es zum einen unglaublich lustig ist – ein bisschen so, als hätten die Hennen einer Legebatterie mal richtig Spaß –, und dass ich zum anderen jedem, der die handelsüblichen Thrills und Herausforderungen schon durch hat, ans Herz legen kann, mal *Platskartny* im Nachtzug Kaminsky-Podolsky (oder so ähnlich)–Kiew zu fahren, und zwar in der hintersten, untersten Koje direkt bei den Toiletten; oder aber sich in Turkestan im *Hotel Yassi* Zimmer 405 geben zu lassen und dort zu versuchen, das Türschloss auf- oder zuzuschließen.

Meine heutige Pritsche befindet sich mittig im Billyregal, was die Challenge erhöht, sind die Billyregalfächer doch bloß so circa fünfundvierzig Zentimeter breit, sicher zehn bis fünfzehn weniger als die Sixpacklager quer zur Fahrtrichtung, die zudem den Vorteil haben, dass man die Füße zum Gang hin überhängen lassen kann. Das Regal hingegen fordert jeden Pygmäen heraus. In meinem Kästchen aber, das der Schaffner mir anweist, liegt sowieso ein großer, schwitziger Mann und füllt es vollständig. Belegt, sagt der Schaffner und lässt mich stehen. Man rufe sich in Erinnerung, dass mich ein großer Rucksack rücklings überragt und mir ein nicht wirklich kleiner vor dem Bauch beutelt. Zudem trage ich eine Proviantplastiktüte im Stadium finaler Erosion in den Händen.

Der Mann in meinem Fach ist mir an Körpermasse und Entschlossenheit und olfaktorisch sowieso überlegen, keine Frage. Ich ziehe mich zurück – rückwärts, bebeutelt, wie ich bin, kann ich nicht wenden. Nun hat mir ja schon vor hundert Jahren irgendwo auf dem Balkan mal ein Schaffner ein Alternativbett angewiesen, als das meine belegt war, ich bin mir dementsprechend nicht sicher, ob ich den Zweikampf mit dem Fachbeleger aufnehmen oder mich woanders einsortieren lassen soll.

Schaffner, bei der nächsten Begegnung, zeigt keinerlei Mitleid mit dem doofen Touristen, es gilt hier offensichtlich: Every man for himself. Ich wende Plan B an: Ihm so lange im Weg zu sein, bis er gar nicht umhin kann, mich irgendwie fortzuschaffen.

Das geht mit zwei Rucksäcken und einer voluminösen Plastiktüte enorm gut. Ich postiere mich direkt vor seinem Kabäuschen. Als er das nächste Mal vorbei will, kommt er nicht durch. Sein Problem, nicht meines. Harr.

Er textet mich unwirsch zu, ich sage ihm lächelnd, dass ich kein Wort Russisch verstünde, der inhärente Widerspruch, ihm dies auf Russisch zu sagen, fällt ihm nicht auf. Will er hier in den nächsten dreißig Stunden durch, muss er mich wohl oder übel irgendwo verstauen.

Er verdreht die Augen, schreitet zu meinem Regal und räumt den großen, schwitzigen Mann weg, der sich knurrend trollt. Dann gibt er mir Bettwäsche. Ich wirble meine Colts, beziehe das Matratzensäckchen und falte mich in mein Fach. Harr. Jetzt darüber nachzudenken, dass mich nichts vor dem freien Fall rettete, wenn ich mich im Schlaf auf fünfundvierzig Zentimetern umzudrehen versuche, führte zu nichts.

Ich verbringe den Rest der Nacht, kompakt in die beliebte Yogastellung „Der Maxibrief" gefaltet, mit etwas Ähnlichem wie Schlaf. Vormittags dann stellt sich die Frage, was nun. Hinsetzen geht nicht, das können nur die Ebenerdigen. Wir im ersten Stock bleiben in unsere Fächer sortiert. Living in a box. Meine Leidensgenossen, soweit ich das überblicke, schaffen sich entweder ebenerdige Freunde an oder schlafen dreißig Stunden.

Da keiner mein Freund sein will und ich schüchtern bin, versuche ich es mit Letzterem. Das aber kann nicht jeder, hier sehen wir einem der wirklich fundamentalen Unterschiede zwischen den Völkern ins Auge: Die einen können's, die anderen nicht, und keiner kann's besser als die Khmer.

Mit Ach und Krach schinde ich noch ein paar weitere Stunden bis zum frühen Nachmittag raus. Dann verlege ich mich aufs Beobachten – zum Lesen sind die Schmerzen zu groß.

Muss auch nicht sein, es gibt genug zu gucken. Eine Karawane von Einzelhändlern zwängt sich durch den Gang, morgens schon kaufte ich einen Zentner Äpfel (die kleinste erwerbbare Packungsgröße, ich wollte bloß fünf, aber so läuft das nicht), jetzt folgen Frauen mit mehreren Kubikmetern Damenmode auf den Schultern, Herren mit Religionsbedarf (reges Interesse bei den zwei verschleierten Musliminnen schräg links), diverse Spielzeug- und Modellbauanbieter, allerlei Kulinarisches in Körben. Einmal zieht gar eine dreiköpfige Boygroup vorbei, die auf traditionellen Instrumenten jedem Sixpack ein Lied aufspielt und mit einem Gebet abrundet. Ich hätte ihnen auch Geld gegeben, aber uns Regalinhabitanten schenken sie keine Beachtung. Bei den Zwischenhalten – und es gibt viele – wechseln Teile der Belegschaft. Während eines Stopps stürmen alle hinaus auf den Bahnsteig und kaufen jeder drei Kürbisse. Als nachmittags die mittlere Sixpackpritsche direkt vor meiner Nase, die minütlich größer und ausladender erscheint, bis sie mir das Ausmaß eines Fußballfeldes vorgaukelt, über Stunden von einem Sechsjährigen okkupiert wird, empfinde ich Lebensraumneid. Hätte allerdings auch schlimmer kommen können – die obersten Pritschen dienen hier im nicht ausverkauften Zug als Gepäckfächer, was ihre diversen Bewohner natürlich nicht davon abhält, sie trotzdem zu bewohnen. Und die haben nicht mal ein Matratzensäckchen. Man sollte nicht undankbar sein.

Trotz des ganzen Wuhlings bleibt der Zug erstaunlich sauber – der Schaffner fegt regelmäßig durch, und selbst das Klo wird instand gehalten, obgleich es sich um einen dieser unheiligen Hybriden aus Sitz- und Hocktoilette handelt, die beiderlei Nutzungsarten selbst einem ausgebildeten Yogi verunmöglichen. Sowohl die Sauberkeit unterscheidet diese Fahrt vom Kaminsky-Podolsky-Törn als auch die Bettwäsche – wir haben alle Laken und Kissenbezüge in verschiedenen hellblauen Mustern, was es irgendwie unglaublich gemütlich macht. Sieht man mal von den unerträglichen Schmerzen ab.

Was bei Kaminsky-Podolsky-Kiew geschmeidiger lief, war die ausufernde Kommunikativität. Hier liege ich allein in meinem Regal und verstaube.

Es rettet mich eine polizeiliche Papierekontrolle am späten Nachmittag. Die beiden Bemützten bestaunen meinen Pass, ja, sage ich, dochdoch, Germania, Njemka. Deutsche Demokrrratische Rrrepublik, strahlt der eine; naja, so ähnlich, sage ich. Halten wir uns nicht mit Feinheiten auf. Drei Minuten später steht eine junge Frau vor meinem Kästchen. Ob ich Englisch spräche, ich bejahe; ob ich Deutsche sei; ich bejahe; man hätte mich für eine Russin gehalten, ob ich nicht runterkommen wollte und Tee trinken. Ich bejahe.

Von nun an läuft's geschmeidig. Wobei ich nicht zu sagen vermag, ob man an Russen nicht interessiert ist oder sie nicht leiden kann – der Zug ist nahezu hundertprozentig kasachisch, und es wird auch nichts anderes gesprochen. Außer mit mir. An Deutschen ist man nämlich überaus interessiert. Zhongaya, so heißt die Frau, Anfang dreißig ist sie, Englischlehrerin in Astana, quält sich mir zuliebe durch ihre recht fragilen Englischkenntnisse und dolmetscht all die neugierigen Fragen, die gleichzeitig mit jeder Menge Nahrungsmitteln auftauchen. Ich bekomme Grünen Tee – der doofe Tourist hat natürlich keine eigene Tasse dabei, obwohl er noch folgenlos dran dachte – und Kekse; wenigstens kann ich dafür einen kaum gebrauchten Zentner Äpfel in die Runde einbringen.

Auch der Schaffner, mittlerweile arg derangiert im Schiesserrippunterhemd, hat sich zu uns gesellt. Wir klären via Zhongaya die Parameter ab. Ich bin 41, nicht verheiratet, keine Kinder. Sie ist 42, sagt Zhongaya und weist auf die dicke Dame unseres Grüppchens, die mit Enkeltochter und ihrem eigenen circa achtjährigen ADHS-Sohn alle Hände voll zu tun hat. Warum, werde ich gefragt; zum einen – nicht den richtigen Kerl gefunden, sage ich, zum anderen – reise und arbeite ich lieber als zu heiraten und Kinder zu kriegen. Man staunt und bedenkt dies. Sie staunen und bedenken, sagt Zhongaya; ist mir nicht neu, sage ich. Schiesserrippschaffner springt auf und prescht davon; ist er jetzt los, mir schnellstmöglich einen Ehemann zu besorgen, frage ich und habe damit die Lacher auf meiner Seite. Ich hätte keine Probleme, sage ich zu Zhongaya, mir aus jedem von mir bereisten Land drei bis fünf potenzielle Ehemänner als Souvenir mitzubringen, sie bezweifelt es nicht.

Eine Händlerin trägt meterlange Räucherfische vorbei, einer der Typen unserer kleinen Party kauft mehrere davon; er ist einunddreißig und hat morgen Geburtstag, da wird er Bier trinken, dazu braucht's Räucherfisch, erklärt Zhongaya. Einen Fisch verzehren wir sogleich. Er ist irrwitzig salzig, ich esse ihn nur, weil's lustig ist. Ein anderer Typ fragt mich, warum ich diese Omabrille trüge – eine John-Lennon-Gedächtnis-Nickelbrille –, wo ich doch eigentlich so hübsch wäre. Ich lasse ihm ausrichten, ich hasse es, Brille zu tragen und hätte eigentlich Kontaktlinsen, nur jetzt gerade wäre das unpraktisch. Hey, im Billyregal kann ich nicht mal meine Nasenflügel blähen, wie sollte ich da Kontaktlinsen rein- und rausprökeln, hm? Warum ich mir die Augen nicht lasern ließe; weil ich eine Memme sei, sage ich.

Zhongaya und ich unterhalten uns. Sie habe eine neunjährige Tochter, die aber bei der Großmutter in Taraz lebe, während Zhongaya in Astana arbeite. Astana ist sehr, sehr teuer, europäische Preise bei kasachischen Löhnen. Zhongaya wohnt in wechselnden Gemeinschaftswohnungen, gefielen ihr die Leute nicht, ziehe sie weiter, sie hätte halt als Kasachin die nomadischen Gene. Mit ihrem Job ist sie unzufrieden. Vorher habe sie als Dolmetscherin gearbeitet, wäre aber entlassen worden, und es würden bevorzugt entweder Männer eingestellt, bei denen keine Gefahr eines Ausfalls durch Schwangerschaft bestünde, oder junge, hübsche Model-Mädchen. Sie will versuchen, einen Einstieg in den TV-Journalismus zu finden, zehn Tage hat sie noch Zeit für Jobsuche, bevor ihr Urlaub zu Ende ist. Unendlich gerne würde sie auch reisen, sagt sie, es müsse sich eine Arbeit finden lassen, die ihr das Reisen ermögliche, unbedingt und bald, sie sei nicht mehr jung genug, um noch lange zu warten.

Das Gespräch kommt auf Sprache. Zhongaya erzählt mir einiges über die Struktur des Kasachischen und wie wichtig ihr ihre Sprache sei. Es verärgert sie, dass die Russischstämmigen selten Kasachisch lernten, während die Kasachischsprachigen fast alle Russisch könnten. Ich mag es, wenn jemand so begeistert von seiner Sprache schwärmt. Wir reden über die Umstellung vom Russischen aufs Kasachische, die im Gange ist; wobei sie es wiederum schade fände, ginge das Russisch dabei perdü, eröffnete es doch weitreichende Chancen. Ich erzähle ihr, dass die Schweiz drei Sprachen habe, und wie neidisch ich darauf immer bin, wenn ich Schweizer treffe, die fließend Deutsch, Französisch und Italienisch sprechen, plus natürlich Englisch (Schwiizerdütsch oder gar Rhätoromanisch lass ich aus, das kann ich ja nicht mal verstehen). Sie findet das hochinteressant. Dann bietet sie mir Kartoffeln aus einem mitgeführten Topf an.

Seit sich meine deutsche Herkunft rumgesprochen hat, ist's auch in der Raucherecke viel kommunikativer geworden, ich mache diverse Bekanntschaften und wir stoppeln Gespräche zusammen. Bei Anbruch des Abends fahren wir an der Küste des Balkhashsees vorbei, er ist groß wie ein Meer. Eine rote Sonne legt sich in der Steppe zum Schlafen nieder. Zhongaya liebt die Steppe, sie liebt ihr Land. Selbst die harten Winter in Astana mag sie, über die sonst unisono geflucht wird. Ich müsse wiederkommen, sagt sie, und die ländlichen Gebiete bereisen, der Leute wegen vor allem, sagt sie, die kasachischen Menschen seien warm und wundervoll. Das muss ich wohl, sage ich, und meine es ernst.

Es wird dunkel, und irgendwann, es hilft ja nichts, muss ich in mein Schächtelchen zurück. Wie gut, dass ich unter anderem deswegen reise, um's mal ordentlich unbequem zu haben. Ich komme in dieser Hinsicht hier voll auf meine Kosten.

Als wir morgens kurz vor neun Astana erreichen, fehlen mir zwei bis drei Bandscheiben im Kreuzbereich. Könnte aber schlimmer sein – Economy auf Langstrecke fliegen zum Beispiel. Da gibt's ja nicht mal Räucherfisch. Schweren Herzens lasse ich das nächste Buch zurück, Yu Huas *Brüder*, ein großartiger Roman. Ob er irgendwie durchkommen wird? Ich fragte Zhongaya, ob nicht einer ihrer Studenten vielleicht Deutsch lernte und das Buch haben wollte, aber sie verneinte. Die *Brüder* werden *Platskartny* in eine ungewisse Zukunft weiterreisen müssen. Ich helfe noch dabei, das ausufernde Gepäck der dicken Dame zum Fenster rauszureichen – zum Schluss wird das Kleinkind hinterhergeschoben –, verabschiede mich herzlich und humpele dann frohen Mutes Astana entgegen.

18. August 2010
Astana

Astana: Schrill!

Astana. Wer sich bei der Karte auf dem Vorsatz gewundert haben mag, warum die Rote Linie so einen Sackgassenabstecher nach Norden macht, dem sei gesagt: Ich fahre nach Astana, dreißig Stunden hin und dreizehn Stunden retour, allein wegen meines Faibles für hemmungslose Architektur. Dafür nämlich ist Astana, seit Präsident Nasarbajew 1994 beschloss, hier einfach mal eine neue Hauptstadt hinzuerfinden, berüchtigt.

Astana. Zunächst Kulturschock – alle fünf Minuten stößt man sich die Schienenbeine an öffentlichen Abfalleimern und Bankomaten, ich bin definitiv plötzlich ganz woanders. Es gibt Straßenschilder und Fußgängerampeln bei jeder Kreuzung, an denen die Autos tatsächlich halten. Sie halten sogar an Zebrastreifen. Verrückt!

Mein langer Weg vom Hotel ins neue architektonische Epizentrum führt mich zunächst durch die alte Mitte der Stadt. Auch diese nicht unmodern und durchaus mit baulichen Schrulligkeiten gespickt, aber ich weiß und ahne, da geht noch was.

Ich überquere den Ishim-Fluss und wandere durch einen verdorrten Stadtpark, wo die Gebeine eines alten Vergnügungsparks in der Sonne bleichen. Man hat übrigens den Thermostaten gerade auf Mitteleuropa runtergedreht, die Temperaturen kratzen kaum an den Dreißigern, und es weht eine frische Brise.

Da sich der Stadtpark zieht, ein kleiner Einschub: Kasachstan hat das etwas unglückliche Länderkennzeichen KZ, weshalb als einer der daraus resultierenden Folgeschäden – neben den diversen durch .kz-Endung verunfallten Websites – die hiesige Ausgabe von „Deutschland sucht den Superstar“ den Namen *SuperStar KZ* trägt, was ich mal kurz pietätsfrei lustig finden muss, ich verspreche dafür aber, keine *I ♥ KZ*-T-Shirts als Souvenir mitzubringen.

Über die struppigen Parkbüsche und -bäumchen ragen die ersten architektonischen Perlen: ein gewaltiges Gebäude im lupenreinen Revival stalinscher Zuckerbäckergotik, den Moskauer „Sieben Schwestern“ nahezu ebenbürtig, dahinter eine Art großes, schiefes Zelt. Der Weg dorthin führt über den Boulevard der bizarren Themenrestaurants: ein Fachwerkbau neben einer Ritterburg neben einem Timur-Mausoleum neben einer ländlichen Windmühle neben etwas, was so in der freien Natur architektonisch gar nicht vorkommt. Bin begeistert!

Das große, schiefe Zelt stammt aus der Feder von Norman Foster, dem Astana des Weiteren eine ägyptische Pyramide verdankt, den *Palace of Peace and Harmony.* Es heißt Khan Shatyr und ist eine Shoppingmall. Hier haben wir sie dann wieder, die globalen Konzernketten, bzw. hier bekommen wir sie, die meisten sind noch nicht eröffnet. Nun ist Khan Shatyr auch von innen nicht ganz uninteressant – hoch oben unter dem Zeltdach fahren zum Beispiel recht putzig ein paar Achterbahnwägelchen herum –, krankt aber daran, eine Shoppingmall zu sein, und ich hasse Shoppingmalls aus tiefstem Herzen. Diese treibt mich zum Wahnsinn dadurch, dass ich eine Rolltreppe in die erste Etage nehme, ohne mich zu vergewissern, ob es auch eine zurück nach unten gibt, ich war einfach mal davon ausgegangen. Gibt's nicht. Im Fahrstuhl schließen sich die Türen und gehen nicht wieder auf, ohne dass sich das Ding bewegen würde. Ich entrinne nur knapp und durch glückliche Fügungen dem Urteil „Lebenslang in Khan Shatyr".

Dann aber. Aber hallo! Hier beginnt nämlich, nachdem man ein Prunktor durchschritten hat, der Nurzhol-Boulevard, eine Sichtachsenorgie mit Khan Shatyr an einem und dem Präsidentenpalast am anderen Ende, dazwischen: Architektur. Mein lieber Herr Gesangsverein!

Vielleicht langt's nach Pjöngjang und Ashgabat nur für Platz drei, dieser ist jedoch ehrenvoll verdient. Es mangelt im direkten Ashgabatvergleich zwar an stringentem Wahnsinn, was aber nicht heißt, dass es an Wahnsinn mangelte, nur an Stringenz.

Man hat hier als architektonisches Konzept einfach ALLES hingebaut, und das direkt nebeneinander, in eklektischer Mischung zur futuristischen Fantasy-Postmoderne formiert. Gewellte und gedellte Glastürme stehen gegenüber einem blau-weiß gestreiften Bauklötzchenkomplex, daneben ein eleganter, sich oben auffächernder Monolith, daneben Wolkenkratzer, die in chinesischen Pagodendächern oder orientalischen Kuppeln enden. Von allem was dabei – es ist ziemlich lustig! Auch an ausladenden Springbrunnenensembles herrscht keine Knappheit, ebenso wenig wie an Kunst im öffentlichen Raum – die Wahl besteht zwischen Abstraktem, mannsgroßen bunten Siegelringen oder Heckentieren. Blumenbeet-Musterarrangements liegen mittig im Nurzho-Boulevard wie Teppichläufer. Ich passiere zur Rechten etwas, das wie eine tarnoliv angemalte, eierförmige Radarkuppel aussieht, ich kann's mir nicht wirklich erklären.

Auf halbem Weg steht das Bayterek, Astanas Wahrzeichen, es gleicht in etwa der Fußball-Worldcup-Trophäe. Man kann darin mit einem Fahrstuhl hochfahren und tut das natürlich auch. Im goldenen Ball stehend, lässt sich der ganze große Spielplatz von oben bestaunen. Erstaunlich zudem, wie hinter dem Nurzhol die Stadt plötzlich ratzfatz aufhört und nur noch Steppe herrscht. Auf einer Empore steht ein altarartiges Tischchen mit dem goldenen Handabdruck des Präsidenten, in den man die eigene Hand legen kann. Ein genauso verpflichtendes Fotomotiv wie die Schahschenkel Teherans.

Im Gegensatz zu Ashgabat ist hier übrigens alles ziemlich belebt, und in den flankierenden Gebäuden gibt es durchaus Restaurants, Malls, Geschäfte. Die Überleitung zum Präsidentenpalast geschieht durch symmetrische, bogenförmige Komplexe mit riesenhaften Toren darin zu den beiden Seitenstraßen des Nurzhols. Dahinter rechts und links zwei große goldene Dinger, die wie Salz- und Pfefferstreuer aussehen. Ein weitläufiger Platz schließlich liegt vor dem blau bekuppelten Präsidentenpalast, hier wird an allen Ecken und Enden noch mächtig gebaut, zwei etwas alberne Ministeriumstürme mit goldenen Küppelchen zuoberst stehen allerdings schon und sorgen für mein Amüsemang.

Mit dem zufriedenen Gefühl architektonischer Sättigung wende ich mich spätnachmittags wieder nordwärts und laufe zurück, diesmal über eine Autobrücke, dann ein Stück am Ishim-Ufer entlang, wo abends der Astane gern promeniert. Ich diniere in einem mir vom hiesigen Goethe-Institut empfohlenen, bezahlbaren Restaurant und lasse mir von scheherazadehaft verkleideten Kellnerinnen Plov servieren, wovon noch die Rede sein wird. Danach gehe ich ein weiteres Stündchen zum Hotel zurück, womit ich zehn Wanderstunden absolviert habe. Trotz Müdigkeit versuche ich kurz, mich ins hoteleigene *Free WiFi* einzuklinken, das aber funktioniert alles ganz und gar nicht, ich verschieb's auf morgen, da habe ich bis zur Zugabfahrt um 19:21 Uhr Zeit, mir alle möglichen Sorgen zu machen – Astana schließlich darf ich als nahezu zur Gänze abgewandert betrachten.

19. August 2010
Astana

This Ain't no Technological Breakdown this Is the Road to Hell.

Der Tagesanbruch sieht mich durch Gänge, Flure, Bügelstuben und surreale Festsäle des *Hotel Everest* streifen, das iPhone in der Hand wie einen Geigerzähler, Jäger des verlorenen WiFi. Nachdem mich die Rezeptionsmaus endlich einen Blick auf die Master-Passwortnotiz hat werfen lassen, wobei ich feststellen konnte, sie schreibt große „Z"s wie Zweien, habe ich zwar das Passwort in den Rechner eingegeben, genutzt hat's mir nichts. iPhone hingegen weigert sich, überhaupt irgendein WiFi zur Kenntnis zu nehmen. Problemklärung mit Rezeptionsmaus scheitert daran, dass sie keine Ahnung hat, und dies ausschließlich auf Russisch. Schätze, ich suche mir mal besser ein Internetcafé.

Nun besteht natürlich angesichts des *Everest* einerseits eine mehr als gute Chance, das Netzversagen sei das ihre, nicht das meine. Andererseits habe ich – sowie mannigfaltige Netzcafénerds – inzwischen in derart vielen Internetlocations ebenso munter wie ahnungslos wie ausführlich nach dem Blindes-Huhn-Prinzip in den Eingeweiden meiner Netzwerksoftware-Einstellungen herumgefuhrwerkt, bis ich mein jeweiliges Onlinekorn fand, dass mich die Befürchtung plagt, ich könne dabei versehentlich irgendwie den ganzen Kornspeicher niedergebrannt haben.

Was mir zu denken gibt, ist die verweigerte SMTP-Serververbindung – das Problem ist jetzt in zwei Ländern in mindestens sechs verschiedenen Locations aufgetreten, die Wahrscheinlichkeit, es könnte *nicht* an meinem Rechner liegen, geht damit meines Erachtens gen null. Außerdem meldet mir meine Software, der AirPort habe eine selbstzugewiesene IP und könne deswegen möglicherweise nicht ins Netz. Nun glaube ich nicht, dass ich dem eine IP zugewiesen hätte, allein, weil ich gar nicht weiß, wie das geht, vermag aber auch nicht zu beschwören, es nicht versehentlich doch getan zu haben. Ich brauche zur Differenzialdiagnose dringend einen garantierten Netzzugang, wofür das *Everest* sich nicht unbedingt qualifiziert.

Scheine wieder mal der einzige Gast zu sein, nehme an, die anderen haben's nicht gefunden. Von der Innenstadt kommend, marschiere man zügig nach Nordosten zur Stadt heraus, zunächst durch Gebiete mit großen Wohnblocks, dann mit kleinen Wohnhäusern, schließlich Baracken, dann über Brache mit Gewerbegebieteinsprengseln – hier ein Baumarkt, dort eine Handvoll familienbetriebener Zementmanufakturen. Wo die

Straße an den Ruinen einer Tankstelle endet, biege man links ab, und voilà, dort steht das *Everest.* Es ist verwachsen mit einem Großrestaurant namens Ljudmilla, in dessen surrealem Festsaal, wo einst zum Ersten Mai stets der Kolchosenchor sang, ich heute Morgen zwei Mädchen mit meinem Begehr nach Frühstück verschreckte. („Kolchosenchor", fällt mir gerade auf, ist ein schönes Wort – ach, wäre ich doch musikalisch, ich studierte mit einem Kolchosenchor aus Korsakow-Kosaken schwermütige Trinklieder ein!)

Ich laufe nach Südwesten. Brache, Gewerbe, Baracken, Häuschen, schäbige Wohnblocks, bessere Wohnblocks, Internetcafé.

Man halte die Jugend von Computern fern. Die intellektuellen Schädigungen sind unabsehbar.

Englisch spricht keiner, macht ja nix, ich verhandele die Chose (schade, dass es keine Kolchosenchose ist) schließlich nicht zum ersten Mal. Kann ich mit meinem Notebook ins Netz, frage ich. Ich wiederhole „mein Notebook" in zwei Varianten, weil ich nicht weiß, ob „Notebook" im Russischen feminin oder maskulin ist. Die Internetcafémaus versteht kein Wort und rappelt mir einen epischen Text entgegen. Ich verstünde leider nur ein bisschen Russisch, sage ich, dann hole ich mein Notebook heraus. „Notebook", sagt sie, sie betont es nicht anders als ich, rappelt noch ein bisschen, sagt mir eine Platznummer. „Gibt's WiFi", frage ich, oder Kabel, ich deute auf den Kabelanschluss. Maus ist völlig überfordert und rappelt einen Jüngling mit bescheuertem Zöpfchen auf kahlrasiertem Schädel herbei, der mir den Platz weist. Wiederholte Geste auf Kabelanschluss; njet, sagt er. Mein Rechner avisiert zwei Passwortgeschützte WiFi-Zugänge. „Gibt's WiFi", frage ich und präsentiere die Meldung. Zöpfchen ist völlig überfordert, „WiFi", übersetzt der Nerd mir zur Linken, ohne den Blick von der überrumpelten Schar Mutanten zu wenden, die er gerade niederknallt. Er betont es nicht anders als ich. Moment, sagt Zöpfchen und wendet die effektivste aller Problemlösungsstrategien an, indem er verschwindet und einfach nicht wieder auftaucht. Ich warte ein Weilchen, gehe dann zur Maus zurück. „Gibt's WiFi", frage ich, auf die WiFi-Meldung zeigend. Maus sagt, sie spräche nur Russisch. Was ein glücklicher Zufall, dass ich auf Russisch gefragt habe. Einen Antrag auf *Mensa*-Mitgliedschaft ihrerseits halte ich für wenig aussichtsreich. „Wissen Sie, was ‚WiFi' ist", frage ich; sie starrt mich an mit einem Gesichtsausdruck wie Russisch Brot. Klar, ich habe ihr ja gesagt, ich spräche nur wenig Russisch, insofern ist es per definitionem unmöglich, dass sie ein komplexes Wort wie „WiFi" aus meinem Munde verstehen könnte. Wie auch. Als sie mich nicht loswird, rappelt sie einen Zweitjüngling zu Hilfe, der aber bloß von Weitem einen angewiderten Blick auf mich wirft, bevor er zum Counterstrike zurückkehrt.

Muss man auch erst mal finden, ein Internetcafé, das nicht weiß, ob es WiFi hat. Die Kabelfrage noch mal aufzuwerfen erscheint mir unter diesen Umständen sinnlos, checke ich wenigstens über Webmail meine Nachrichten, ob Wichtiges dabei ist.

Ein Tsunami der Wichtigkeit bricht über mir zusammen. Es werden dringlich Dinge angefordert, die sich nur mit Computer versenden ließen. Houston meldet, man habe mit Telekom- und Apple-Hotlines telefoniert, Telekom erkläre sich unschuldig (wäre mir neu – bislang waren die *immer* und an allem schuld!), Apple mutmaßt, es läge an meiner Soft- oder Hardware, für genauere Diagnostik bräuchte man eine Seriennummer des Rechners, und ich solle doch bitte mit dem Rechner online ein Formular ausfüllen. Witzbolde. Behielten sie allerdings recht, hieße das wohl, es gingen die Lichter aus im Blogwerk.

Das führt hier alles zu nichts. Jetzt hilft nur noch reich sein oder so tun als ob. Mit Geld geht alles. Ich brauche sofort ein Fünf-Sterne-Hotel.

Mein Plan, mich unauffällig ins Fünf-Sterne-Radisson einzuschleichen, krankt, was die Unauffälligkeit angeht, schon daran, dass ich mit meinem Rucksack voller Kamera und Computer erst mal die schrille Sirene des Metalldetektors auslöse. Ich sehe übrigens derzeit nicht unbedingt fünfsternig aus, vielleicht gäb's noch einen halben dafür, dass ich mir gestern die Haare wusch. Sie stehen somit in starkem Kontrast zu meiner Hose, bin seit geraumer Zeit nirgends dauerhaft genug gewesen, als dass eine Hosenwaschung infrage gekommen wäre. Außerdem liegt ein einstündiger Treck mit schwerem Marschgepäck bei Mittagshitze durch Brache, Gewerbe, Baracken, Häuschen, schäbige Wohnblocks, bessere Wohnblocks, Innenstadt hinter mir.

Richtig gute Hotels aber erkennt man daran, dass dort niemals eine Miene verzogen wird, nicht mal, wenn ein Schmuddelkind wie ich unter Sirenengeheul auf Schwachmatensandalen in die Lobby geschlappt kommt. Ich solle doch bitte Platz nehmen und das *Free WiFi* genießen.

Ich nehme Platz in einem Lederfauteuil und genieße das *Free WiFi*. Und siehe! Es funktioniert! Und zwar ALLES, selbst das Mailverschicken, worauf inzwischen nicht mal mehr Apple gehofft hätte. Ich hole Mails, verschicke wichtige Dinge, erübrige gar ein paar Minuten, meinen Wanderplan zum Wochenende weiterzuverfolgen, und empfinde tiefes Glück. Eine der ersten Mails, die ich zu sehen kriege, stammt übrigens von meinem Tangopartner, der nicht nur tanzt wie ein junger Gott, sondern offensichtlich auch über Geheimwissen verfügt, er sendet mir diverse Tipps, wie ich den Blog mit coolen Interlinks aufrüschen könnte; nichts, was sich nicht nach einem Informatikstudium und während eines mehrwöchigen Freizeitaufenthaltes im *Radisson Astana* spielend bewältigen ließe. Danke, Olaf, aber, äh, naja – ein andermal!

Jetzt muss ich zunächst beschwingt durch Innenstadt, bessere Wohnblocks, schäbige Wohnblocks, Häuschen, Baracken, Gewerbe, Brache heim ins *Everest* eilen, mein Geraffel zusammenschmeißen und sehen, dass ich den Zug nach Almaty erwische.

In diesem Zusammenhang erwische ich den ersten fließend englischsprachigen Menschen Kasachstans – mein Taxifahrer. Ist's zu glauben? Er selbst sagt, er sei mit Sicherheit der einzige englischkundige Taxifahrer des Landes. Was daran liegt, dass er vor acht Tagen noch Banker war, bis wegen der Wirtschaftskrise in großem Stil entlassen wurde. Er heißt Asemkhan, ist 31, erzählt von den weltweiten Reisen seiner Mutter. Er würde auch gerne reisen. Er habe eine so gute Ausbildung, und jetzt müsse er Taxi fahren. Das Taxi ist übrigens sein eigener BMW. Wären nicht seine Frau und die zwei kleinen Kinder, er würde alles versuchen, um ins Ausland zu gehen, hier habe er beruflich keinerlei Chancen. Wieso das, frage ich; er sagt, man bekäme nur mit Beziehungen einen Job, alle Diplome helfen nicht, man könne ein Genie sein, ohne Vitamin B sei keine Karriere zu machen. Er erzählt von den Verträgen, die er mit einer Berliner Bank abschloss, dann beginnt er, sich schwelgerisch über BMW auszulassen. Er liebe diese Autos. Aber nur mit Gangschaltung, Automatik, das sei doch kein richtiges Autofahren. Wir Deutschen hätten Glück – die besten Autos der Welt, und dann keine Geschwindigkeitsbegrenzung auf den Autobahnen. Als wir am Bahnhof angekommen sind, zeigt er mir sein T-Shirt: Ein BMW-Logo prangt über dem Herzen, und ein weiteres schmückt seine Gürtelschnalle.

Dass ich einen 37 Jahre alten Mercedes fahre, lässt er aber gerade noch gelten. Er ist ein großer Sympath, ich hätte ihn gern eher getroffen und mich länger mit ihm unterhalten. Wer einen kompetenten Dolmetscher/Führer/Fahrer in Astana braucht, wende sich wegen Asemkhans Mailadresse bitte an mich!

Der Zug wartet bereits, obwohl ich fast eine Stunde vor Abfahrt am Bahnhof bin, und ich erleide einen mittelschweren Schock. Da ich wiederum ein Zweiter-Klasse-Ticket habe, bin ich von Kopf bis Fuß auf eine weitere *Platskartny*-Nacht eingestellt, sowohl innerlich als auch was Outfit & Equipment angeht. So stehe ich, zerknautscht und mit zerfledderter Proviant-Plastiktüte nebst Front- und Rückbeutel vor dem letzten Schrei des Schienenreisens, dem spanischen Talgo-Schnellzug. In Plastik gegossene Möchtegernmoderne. Zugbegleiterinnen im adretten Fünfzigerjahre-Stewardessenlook. Vier-Personen-Abteile mit Bordtelefonen, Steckdose und, total bizarr, einem Waschbecken; den Menschen möchte ich sehen, der sich vor drei Fremden im Business-Anzug herzhaft die Zähne schrubbt. Es gibt an Bord sogar WiFi, funktioniert zwar nicht, trotzdem cool. War der letzte Zug das Landei-Shuttle, ist dieser hier der *Biznesmeny*-Express. Sprich: Ich bin fast so underdressed wie im Radisson. Das wäre mal ein Tag für die Tangoschuhe gewesen. Gut, dass ich nicht auch noch meine vier Melonen dabeihabe.

Außerdem bin ich enttäuscht. Ich hätte mehr Lust auf *Platskartny* gehabt. Scheiß auf die Bandscheiben, wer braucht schon Bandscheiben. Hatte extra noch diverse Lebensmittel besorgt, die sich gut teilen und anbieten lassen. Außerdem sieht dieser Talgo arg nach Nichtraucherzug aus. *Platskartny* ist irgendwie lustiger.

Dafür bietet sich hier ein zugegeben fulminantes Bett, in dem ich wahrscheinlich richtig hätte schlafen können, hätte sich nicht der Herr neben mir als Radaubruder erwiesen. Aber in der Bar lässt sich's rauchen. Und ein nettes Gespräch führe ich vorm Einschlafen noch, mit Aigul, der Lehrerin in der Koje schräg über mir, erst auf Russisch, dann stellen wir fest, ihr Englisch ist immer noch einen Tick tauglicher als mein Russisch.

Sie kommt aus Karaganda und erzählt mir, wie groß dort früher die deutsche Minderheit war, nachdem Stalin die Deutschen in die kasachische Steppe deportiert hatte. Anfang der Neunziger seien jedoch die meisten nach Deutschland gegangen, so wie auch viele Russen das Land verließen, der prozentuale Anteil der ethnischen Kasachen stiege deswegen ständig, früher hätte er bloß bei 30 % gelegen. All dies habe ich so auch gelesen.

In Sowjetzeiten sei die kasachische Sprache ebenso wenig wie die deutsche erwünscht gewesen, erzählt Aigul weiter, sie spreche trotzdem Kasachisch, des engen Kontaktes zu ihrem Großvater wegen, ihre zwei Brüder allerdings nicht. Schulen und Universitäten waren russischsprachig. Sie selbst denke auf Russisch, spräche sie Kasachisch, müsse sie hin- und zurückübersetzen. Präsident Nasarbajew habe verkündet, innerhalb von zehn Jahren müsse sich das Land auf Kasachisch umstellen. Interessant, dass unser Gespräch wiederum, wie mit Zhongaya, auf die Sprache kommt. Beiden schien dies das Wichtigste zu sein, was sie über ihr Land berichten wollten; welch Bestätigung dafür, wie sehr Identität an Sprache hängt. Aus diesem Grunde forciere Nasarbajew das Kasachische, als Kitt einer ja quasi erst kürzlich erfundenen Nation. Berdymuchammedov und Karimov halten es mit dem Turkmenischen bzw. Usbekischen nicht anders. Scharf auf Sprache, wie ich bin, würde ich natürlich die Zweisprachigkeit zementieren, wäre ich Präsident vons Ganze, und dann übrigens könnten sich zudem selbst Turkmenbashi, Berdymuchammedov und Nasarbajew architektonisch mal ganz warm anziehen.

Aigul und der schweigsame Jüngling über mir schlafen, ich liege wach und verfluche den Radaubruder, der mit seinem Leselicht an Stroboskopeffekten probt. Aber leider ist in diesem Zug selbst die Klimaanlage so perfekt eingestellt, dass keine Chance darauf besteht, er könne wenigstens in absehbarer Zeit erfrieren.

20. August 2010
Almaty

On- & Offline in Almaty

Ich bin um kurz vor acht in Almaty und müde. Mann, bin ich müde. So schlecht habe ich nun auch nicht geschlafen, als dass ich diese Müdigkeit für gerechtfertigt ansehen würde. Mache mir im *Hotel Astra* umgehend Freunde durch ausgedehnte Kaffeepantschsauerei, mache mir dann Sorgen meines technologischen Breakdowns wegen. Hab' ja sonst nichts vor.

Das Hotel ist überaus proper und hat natürlich *Free WiFi,* bloß funktionieren tut's nicht. Auf sowohl Rechner wie iPhone laufen circa 80 % aller Onlineangelegenheiten gar nicht, dies aber auf gänzlich unterschiedliche Art und Weise. Der Rechner gelangt, wenn auch unendlich langsam, ins Netz, das iPhone nicht. Das iPhone kann Mails verschicken, der Rechner nicht. Mails empfangen können beide abwechselnd mal sehr wohl, dann wieder keineswegs. Das alles ergibt überhaupt keinen Sinn in meinen Augen. Wir bräuchten hier den Dr. House der Informatik. Hätte mir einen der vielen Elektronikingenieure, die meinen Weg pflasterten, mitnehmen sollen. Die einzig sinnvolle Erklärung für die Technologieausfälle scheint mir der böse Blick zu sein – trüge ich nicht am Handgelenk das Antiböserblick-Kamelhaararmband von Lena, in der Brieftasche das Antiböserblickauge von Serdar und um den Hals schon ewig das Antiböserblick-Santeríaamulett aus Venezuela. Daran kann's also auch nicht liegen.

Ich spiele sowohl auf meinem Zimmer als auch in der Lobby alle denkbaren Varianten durch, um 13 Uhr holt mich der sehr nette Herr Augustin vom Goethe-Institut ab, wir wollen dort gemeinsam daran weiterspielen, Goethe ist nämlich verbürgt online. Bis ich durch die Tür trete. Da bricht nämlich sofort deren Server zusammen.

Das Goethe-Institut ist weniger repräsentativ als das Taschkenter, es liegt recht bodenständig in den obersten Stockwerken eines angegrauten Gebäudes, hat aber eine Bibliothek voll mit Zeitungen. Zeitungen! Echte Zeitungen! Lecker! Mir läuft das Wasser im Munde zusammen, ich könnte mir umgehend einen Alternativplan für Almaty vorstellen. Ich bin im wirklichen Leben Zeitungsjunkie und ernähre mich seit vier Wochen von nichts als gelegentlichen englischen Newstickern. Wollüstig streiche ich über die Seiten einer fast neuen *Zeit* und seufze.

Der Server erholt sich nicht, aber Herr Augustin macht Kaffee. Echten Kaffee! Ich schütte so viel wie möglich davon in mich hinein, doch es hilft nichts: Ich erhole mich genauso wenig wie der Server. Ich bin müde. Ich bleibe müde.

Nachdem wir bei den Computerhökern in Erdgeschoss und Keller vergeblich nach einem Mac-Kundigen gesucht haben, verabschiede ich mich. Das Goethe-Institut liegt gut, nämlich am anderen Ende der Stadt, zu meinem Hotel muss ich einmal quer durchs Zentrum.

Was wahrlich perfide ist: An der Rezeption lag heute Morgen ein Gratis-Stadtplan aus, *Courtesy of Umex Real Estate Agency.* Wendet sich das ahnungslose Opfer mit dem Plan in der Hand nun der Sonne nach gen Südwesten, wird es nach zehn Minuten merken, dass hier irgendwie gar nichts stimmt. Nach weiteren zehn Minuten wird es sich hoffnungslos verirrt haben, und wenn es schließlich vor der Einsicht kapitulieren muss, dass es ihm niemals gelingen kann, diese Stadt je wieder zu verlassen, kauft es sich notgedrungen eine Immobilie. Deshalb hat der Stadtplan oben Süden und unten Norden, ohne darauf irgendwie hinzuweisen. Abgefeimt, oder?

Almaty ist hübsch – lange, gerade Straßen, von üppigen Bäumen gesäumt, alte Häuser, viele Parks. Ein fast europäisches Flair. Wär ich doch bloß nicht so müde. Ich überlege, meine gestrige Radisson-Invasion heute im Hyatt aufzuführen, lande stattdessen aber auf Herrn Augustins Tipp hin im *Coffeedelia.* Und, was soll ich sagen: Internet! Mailversand! Mailempfang! Café Latte! Und das alles gleichzeitig! Hier geh ich nie wieder weg!

Tu ich dann doch. Schweren Herzens. All der Café Latte vermag nichts gegen diese bleierne Müdigkeit auszurichten. Zwar habe ich via Herrn Augustin eine Einladung zu einer Fotovernissage, was mich eigentlich lockt – Almaty ragt in Sachen Kunst- und Kulturszene aus den zentralasiatischen Städten wohl unangefochten heraus –, die aber beginnt bereits um 19:30 Uhr, und zu dieser Zeit erreiche ich gerade erst das Hotel und befinde mich in keiner vernissagenpräsentablen Verfassung. Ich dusche erst mal, dann gehe ich stattdessen in die hübsche kleine Schaschlikeria gegenüber des Hotels, die hinter einer Hecke ihre Schaschlikveranda versteckt.

Ich bestelle irgendwas, das ich nicht ganz begreife, aber jedenfalls mit Lamm. Von Hühnern habe ich seit Buchara die Finger gelassen. Mineralwasser gibt's nicht, na schön, trinke ich halt Bier, ist ja auch lecker. Vor und nach der ziemlich guten Lammbratpfanne arbeite ich am Blogwerk, dann gesellt sich Wladimir zu mir.

Wladimir arbeitet im Cargo-Airline-Management, lebt in Moskau, befindet sich auf zweitägiger Geschäftsreise. Er ist fünfzig, sieht aber jünger aus, Englisch spricht er noch weniger als ich Russisch, was man bekanntlich erst mal hinkriegen muss – und nichtsdestotrotz unterhalten wir uns drei Stunden lang. Und wieder bin ich verblüfft, wie gut das geht, wenn's nur beide Seiten wollen. Wir greifen zu allen Tricks und Kniffen, um uns verständlich zu machen, zeichnen auf Papierservietten, kommen Worten mithilfe von Gegensatzpaaren auf die Schliche, einmal ruft Wladimir einen Freund in Moskau zum Dolmetschen an, der allerdings auch kein Englisch spricht, wie ich beim ausgelassenen Telefonat mit ihm feststelle. Mein iPhone mit der Russischwörterbuch-App hängt leider oben im Hotelzimmer an der Steckdose, vielleicht ganz gut, so ist's lustiger. Andererseits hätte ich mich glatt mit einem Anruf bei meinem Russischbeauftragten in Hamburg revanchiert. Wladimir und ich verplaudern die Stunden, trinken die Biervorräte bis auf die Grundfesten nieder und haben Spaß. Erwartungsgemäß muss ich am Ende des Abends zwar zu physischer Gewalt greifen, um ihn loszuwerden, er steht natürlich inzwischen in voller Brunst, das aber ist eine Kulturtechnik, die ich nun wahrlich aus dem Effeff beherrsche.

Beim Anblick des Bettes entsinne ich mich schlagartig wieder meiner Müdigkeit. Hatte ich zwischenzeitlich ganz vergessen, war zu viel los. Lässt sich nun aber ja gut und gerne weiterverfolgen das Thema, und zwar mit tiefem, ausgiebigem Schlaf, in einem Bett von der Breite mindestens des Nurzhol-Boulevards und ganz ohne nervensägende Zimmergenossen – wie gut man's doch bisweilen haben kann!

21. August 2010
Almaty

Nichtwandern in Almaty

Dies wäre ihr Wandertag gewesen. So lautete der Plan. In den Bergen, die von Süden schroff und schneebedeckt auf die Stadt hinuntersehen. Einen Bergführer konnte ich mir zwar nicht mehr organisieren, es ist auch hier Hochsaison, und der vom netten Herrn Augustin aufgezeichnete Wandervorschlag schien mir nicht recht befriedigend, ich entschloss mich aber zu einer im *Lonely Planet* skizzierten Route, die wegen einprägsamer Wegmarken auch ohne Wanderkarte machbar sein müsste – in der Hoffnung, die Berge haben sich seit *Lonely Planets* Erscheinungsdatum nicht allzu viel bewegt. So lautete der Plan. Eigentlich.

Denn als ich aufwache ist es zum einen bereits neun, und zum anderen sind mir Kopf und Glieder schwer wie die Wolkendecke, die sich über die Stadt gelegt hat. Beides wenig motivierend – was die Wolkendecke oben in den Bergen bedeutet, vermag ich nicht zu erahnen, die Berge sind hoch, es geht bereits relativ stadtnah auf über dreitausend Meter. Was mir mein Kopf und meine Glieder sagen, ist hingegen klar: zu viel Bier.

Andererseits, denke ich beim Frühstück, war ich schon gestern bierfrei erbärmlich müde. Und habe mich seit Hamburg nicht mehr betrunken, wie ich seit Hamburg keinen Tag mal einfach nichts getan habe. Vielleicht soll das auch mal sein. Vielleicht erklärt sich die unerklärliche gestrige Müdigkeit daraus, dass es schlicht anstrengend ist, per Bahn in zwei Monaten von Hamburg nach Shanghai zu fahren. Vielleicht mache ich heute einfach mal: gar nichts.

Ich mache zumindest den halben Tag gar nichts – außer schlafen. Nachmittags aber treibt mich dann doch das Pflichtgefühl ans Blogwerk und hinaus, zum *Coffeedelia,* wo sehr viel Kaffee mich nur sehr wenig munterer macht. Netzverbindung hingegen funktioniert wiederum sehr aufgeweckt – ich werde mich, was meinen *technological breakdown* angeht, vorerst der Überzeugung hingeben, Kasachstan ist kaputt, nicht ich.

In der Dämmerung schlendere ich die Fußgängerzone *Arbat* einmal hoch und wieder hinunter, heute ist hier Straßenfest, allerlei Kunst ist ausgestellt, und eine zehnköpfige Jungsband groovt auf einer Bühne. Ich esse Lammvariante in einem Restaurant, das sich anscheinend als georgisch herausstellt, und bin kurz nach neun zurück im Hotel, wo ich bis morgens um zwei brav weiterschreibe.

Was den kommenden Tag angeht: schwierig. Meinen eigentlichen Wandertag habe ich ja nun verschlafen. Ich könnte ihn morgen nachholen, bloß: habe ich vom Goethe-Institut die Einladung, mich an einem Ausflug mit jungen Deutsch- und Journalistikstudenten zu beteiligen. Schwierig. Zwei meiner großen Leidenschaften stehen sich gerade unversöhnlich gegenüber: Menschen vs. Berge. Beides kann ich nicht haben.

Ich ringe den ganzen Tag mit der Entscheidung. Schließlich gewinnen die Menschen – Berge werden hoffentlich noch ausreichend meinen Weg kreuzen, doch diese Leute kann ich nur hier und morgen kennenlernen. Die Berge werden sich gedulden müssen (aber das können Berge ja ganz gut).

Auch ich muss mich gedulden. Freitag früh gab ich der Hotelrezeptionistin meinen Pass, für die notwendige polizeiliche Registrierung, er sollte am Abend zurück sein. Pustekuchen. Er ist immer noch nicht da. Was er mit dem Zugticket nach Ürümqi gemein hat, das hier für mich abgegeben werden sollte. Nun habe ich mich wegen der Zugtickets schon zweimal völlig unnötig wild gemacht, einmal in Buchara, einmal in Turkestan. Jetzt mache ich mich mal nicht wild, und wegen Wochenendes kann ich sowieso auch niemand anderen wild machen. Nach den großen Murphy'schen Universalgesetzen müsste das bedeuten, sobald ich mich *nicht* wild mache, wird's zum ersten Mal nicht klappen. Aber Herrgott – ohne Pass nützte mir auch das schönste Zugticket nichts, also was soll der Gram. Sorgen führen eh nur zu Likör, und den wollen wir heute Abend mal tunlichst vermeiden.

Essen II: Mission Plov

Plov. Weniger ein Tellergericht als sakrosanktes, quasireligiöses Kult- und Kulturgut, der Eintopf, auf dem Nationen gebaut sind. Die zentralasiatischen Nationen. Jede davon beansprucht naturgemäß den wahren Plov für sich, und den besten, und den generell plovigsten. Alle essen ihn ununterbrochen. Soweit die Theorie.

Gemäß diesen meinen hiermit kurz zusammengefassten Recherchen gilt es, unbedingt Plov zu essen. Zudem habe ich ja foodbloggendem Freund Stevan versprochen, Gaumen und Magen vor Ort zu sein und dementsprechend zu berichten. Überhaupt, welch ein schönes Wort, Plov – in Bulgarien hätte ich beinahe in Plovdiv Station gemacht, bloß weil mir der Name gefiel. In Samarkand erwarb ich schon mal ein Plovpostkarten-Set. Ich fühle mich bereit.

Nun zur Praxis. Plovessen ist nahezu unmöglich. Es handelt sich um ein striktes Mittagsgericht, und bei aller Neugier und Hingabe und Verpflichtung: Ich bin kein Mittagesser. Ich bin auch kein Frühstücker in Belangen, die über Kaffee und Zigaretten hinausgehen. Am späten Vormittag bei 40 °C ein Gericht zu mir zu nehmen, das allerorten für seine Fettigkeit und sein triefendes Öl gerühmt wird – ich kann das nicht. No way.

Versuche trotzdem seit Turkmenistan händeringend an Plov zu gelangen. Es geht nicht. Schon mittags sehe ich keinen einzigen lebenden Plov, abends ist er ausverkauft, und selbst wenn's gelegentlich vielleicht denkbar wäre: Es widerspricht jedem Survivalinstinkt, ein Gericht von einer vergilbten Karte zu bestellen in einer Location, wo sämtliche Eingeborene gerade ausnahmslos Schaschlik essen.

Kein Plov in Turkmenistan. Taschkent brüstet sich laut *Lonely Planet* gar mit dem *Zentralasiatischen Plov-Center,* da müsse man jedoch unbedingt vor 12 Uhr erscheinen. Ich wollte mich überwinden und es dessen ungeachtet tun, stand aber an jenem Vormittag vor der Wahl: Plov oder Blog, entschied mich für Letzteres, Blog kann ich nämlich auch mittags.

Kein Plov in Usbekistan. Die Plovuhr tickt. Kasachstan ist die letzte Chance. Schließlich, im Scheherazadekostümrestaurant in Astana, die Katharsis: Plov nicht nur auf der Karte, sondern auch tatsächlich vorhanden. Abends. Endlich! Welch großer Moment. Her mit dem Plov, ich erwarte ihn in fiebriger Andacht. Nach Wochen ist es so weit. Ich werde das

Weiße im Auge des Plovs zu sehen bekommen. Die Spannung ist unermesslich.

Scheherazade bringt mir einen Teller. Auf öliger Reiswüste kämpfen vereinzelte winzige Lammstückchen gegen Agoraphobie. Ein paar bleiche Karottenschnitze sorgen nicht wirklich für Unruhe. Wenn man aber Salz drüberschüttet, schmeckt es zumindest nach Salz.

Noch bin ich für zwei Tage in Almaty, und ich werde bis zur letzten Minute mit Zähnen und Klauen um Plov kämpfen, auch wenn mir Lamm inzwischen zu den Ohren rausblökt. Ich gebe nicht auf, ich kann und will nicht glauben, dass es das plovmäßig schon gewesen sein soll. Von so was macht man doch keine Postkartensätze. Das Restaurant des heutigen Abends entpuppte sich als undercovergeorgisch, die kennen Plov nicht, die gestrige Schaschlikeria hatte selbst mittags keinen. Ich beginne zu befürchten, die Mission Plov könnte sich als impossible erweisen.

22. August 2010
Almaty/Butakovka

Landpartie in guter Gesellschaft

Wer tags zu viel schläft und deshalb nachts bis vier schlaflose Gelegenheit hat, seinen Blog aufzufrischen, findet immerhin heraus, dass das *Free WiFi* des *Hotel Astra* sehr wohl funktioniert – bloß halt erst nachts um vier. Obwohl ich dementsprechend das Frühstück versäume (gibt's nur bis zehn), bin ich guter Dinge: Mein Pass, der kleine Racker, er begrüßt mich zum Tagesbeginn, und das ist ja fast so erhebend wie Kaffee; Mensch, Pass, alter Junge, was hast du nur getrieben in all der Zeit.

Da eine kaffeefreie Existenz natürlich trotzdem nicht denkbar ist, bummele ich gemütlich zum *Coffeedelia*. Um zwei erst treffe ich die Ausflügler beim Goethe-Institut, ich habe alle Zeit der Welt, trinke einen Eimer Café Latte, verspeise ein Croissant, nehme dann ein Taxi.

Tue ich nicht. Wer schon mal gereist ist, weiß, das Enervierendste unterwegs ist, die omnipräsenten Taxifahrer allüberall abzuschütteln, *Taxi? Taxi?* lautet die nimmerschweigende Stimme der Welt. Es sei denn, man braucht mal eins. Dann herrscht tiefe Ruhe im Kosmos.

Keine Taxis. Ich stelle mich mit raushängender Hand an den Straßenrand, in der Gewissheit, irgendein Tarntaxi werde in den nächsten fünf Minuten umgehend anhalten.

Tut es nicht. Keine Taxis gleich welcher Provenienz. Ich lege einen dreißigminütigen gestreckten Galopp durch die halbe Stadt ein, südwärts, also bergauf. Habe ich schon erwähnt, dass heute die Sonne scheint? Und die dementsprechende zentralasiatische Hitze sengt?

Als ich über die Straße vorm Goethe-Institut presche, kommt mir inmitten der Fahrbahn ein Kleinbus entgegen, mein Instinkt rät mir, mich mit letzter Kraft vor dessen Kühler zu werfen – und siehe: Es handelt sich in der Tat um meine Ausflugsgruppe. Nun bin ich zwar als Last-Drücker-Woman berüchtigt, dies aber ist selbst für mich kein schlechter Stunt.

Der Kleinbus ist gefüllt mit den Teilnehmern eines einwöchigen interkulturellen Journalismusseminars – fünf junge freie Journalisten aus Deutschland treffen zehn Studenten aus Zentralasien, die Germanistik, Journalistik oder Verwandtes studieren oder am Journalismus Interesse zeigen. Kasachen, Usbeken, Kirgisen sind vertreten, vorwiegend weiblich. Sobald ich wieder atmen kann, plaudere ich mit einer Usbekin, die dank eines Au-pair-Jahres ausgezeichnet Deutsch spricht und im diplomatischen Dienst Karriere machen will.

Es ist ein unglaublich netter Haufen. Richtige Entscheidung, seinetwegen auf die Bergtour zu verzichten, und ein bisschen Berg gibt's ja trotzdem zu sehen. Unser Bus fährt Richtung Süden, nach Butakovka, wo sich die hiesige Nomenklatura Villen ins hübsche Vorgebirge baut. Unter Führung Susannes vom Goethe-Institut laufen wir eineinhalb Stunden hoch zu einem Wasserfall – Wasserfälle waren mein Schicksal.

Die Landschaft ist von verblüffender Schweizeralmhaftigkeit. Selbst Kühe hat es, nur die Pferde im Hintergrund muss man halt in Photoshop wegmachen, aber das ist ja kein Problem, dann passt's. Es ist wunderschön. Mein innerer Bergfex juchzt und quengelt, ich muss ihn wohl in absehbarer Zeit mal auf eine Trekkingwoche hierher einladen. Gemächlich wandern wir den Pfad entlang und führen Gespräche, es ist auch für die Gruppe der erste Tag, ein allgemeines, großes, neugieriges Kennenlernen ist im Gange.

Deutsche im Ausland erkennt man übrigens, nicht nur hier, sondern generell, an den vernünftigen Schuhen. Keine andere Nation trägt derart vernünftige Schuhe. Zentralasien ist zum Teil auf Flipflops unterwegs, nicht unproblematisch, das letzte Stück geht's über Stock und Stein ein Bachbett empor. Die zwei Raucher, Juri aus Samarkand und ich, sind den Nichtrauchern meistens ein Stück voraus, wie er ganz richtig anmerkt.

Am Wasserfall gibt's zunächst Wasserfallposing-Fotos, dann Picknick. Diverse andere Wandertrüppchen plantschen unterm Wasserfall, ich und Nikolas aus Berlin kneipen zumindest unsere Füße im Bach. Ich erfreue mich der Sonne, der Landschaft und einer Salamistulle und wünschte wirklich, ich hätte wenigstens zwei, drei Tage länger Zeit für eine kleine Trekkingtour. Wie viel man auch reist, man reist immer zu wenig.

Gegen fünf Rückweg im warmen Spätnachmittagslicht, der Bus fährt uns in die Stadt, wir sind alle Mann hoch eingeladen zum Abendessen bei Susanne – und dort wird aufgetischt, ich erstarre in Ehrfurcht. Hatte ganz vergessen, dass der Mensch sich von anderem als Schaschlik ernähren kann.

Die Wohnung ist derart groß, es ist eine Erwägung wert, sich von der Küche zum Klo ein Taxi zu nehmen, und hat einen verglasten Balkon, der das Haus zur Hälfte umrundet. Wir Raucher sehen von hier dem Sonnenuntergang an Gebirgssilhouette zu, erzählen Reisegeschichten und Geschichten aus dem Rest der Welt. Sehr netter Herr Augustin ist ebenfalls zu uns gestoßen, man mischt sich drinnen und draußen zu wechselnden Grüppchen.

Juri und ich, als die beiden ernsthafteren Raucher, unterhalten uns länger, er erzählt mir vom Aralseedesaster. Wie er zwar darüber gelesen hatte, es dann aber dennoch einen gewaltigen Unterschied machte, selbst dort zu sein. Das faulige, übersalzene Duschwasser zu riechen, den Staub einzuatmen, die Menschen zu treffen, die durch das Verschwinden des Sees krank oder arbeitslos oder beides geworden seien.

Ich habe begriffen, dies ist Teil meines Landes, diese Leute sind sozusagen meine Nachbarn, so weit weg ist Samarkand nicht, sagt er. Als usbekischer Bürger liege all dies in auch seiner Verantwortung. Er verfügt zudem über ein erschöpfendes Fachwissen, nicht nur was den Aralsee angeht, sondern ebenso betreffend der Geschichte Usbekistans und der aktuellen ökonomischen Situation. Ich bin beindruckt von ihm, und als Susanne später berichtet, unter der zentralasiatischen Jugend herrsche, der ewigen Dauerpräsidenten wegen, eine weitverbreitete Politikverdrossenheit, denke ich, jemand wie Juri ist die hoffnungsvolle und hoffentlich nicht einzige Ausnahme, die Regel zu bestätigen.

Wir speisen uns durch üppigen Salat mit Balsamico-Vinaigrette, Suppe, Gemüsepfanne, Chili con Carne, Wassermelone, Kekssortiment. Es gibt ein Leben jenseits des Schaschliks. Es gelingt mir gar, meine schwebende Plovverpflichtung zeitweise zu verdrängen.

Was ich zunehmend weniger verdrängen kann, ist meine fehlende Fahrkarte. Weil die ja bekanntlich abgängig ist, weiß ich nicht mal zu sagen, ob der Zug überhaupt morgen zu der Zeit fahren wird, zu der man ihn vermutet. Netter Herr Augustin wird tagsüber unterwegs sein, aber seine Freundin Asem bietet mir Hilfe an – die mir einst ausgehändigte Zuständigentelefonnummer „vor Ort“ muss irgendwo in Russland liegen, und jemanden zu haben, der sich mit den dortigen Eingeborenen flüssig zu verständigen in der Lage ist, kann der Sache nur dienlich sein. Ich bin zutiefst dankbar, schon mal auf Vorschuss. Irgendwie findet der doofe Tourist doch stets mitleidigen Beistand.

Gegen elf werden vier Taxen gerufen – nein, ich will mich nicht an den Straßenrand stellen und eins winken, ich habe derzeit ein schlechtes Transportkarma –, die ganze Rasselbande wird von Susanne fachgerecht verstaut, ich hoffe, ich bekomme sie morgen Abend vor meiner Abfahrt noch mal zu Gesicht.

Falls ich denn abfahre. Dies, wie gesagt, eine derzeit noch übermütig offene Frage.

Schweizeralmhaftigkeit bei Butakovka

Adieu Almaty & Mission Plov Accomplished

Es regnet. Gießt, schüttet. Die Straßen haben sich in reißende Flüsse verwandelt. Gischt spritzt, Wale blasen. Verdammt, und dies an meinem letzten Tag in einer Stadt, die ausnahmsweise noch nicht erschöpfend abgewandert ist. Andererseits, ich habe da ja noch dieses klitzekleine Fahrkartenproblem, bis das gelöst ist, scheint gewiss wieder die Sonne. Beschließe ich. Treffe den netten Herrn Augustin im Hotel, wo er Verleger abholt, er stellt zwar anhand der Vorwahl meiner *Ansprechpartner-vor-Ort*-Rufnummer fest, dass ebendieser sich in Moskau befindet; dort aber ist's zwei Stunden früher, also sieben Uhr, man ist noch nicht auf. Ich plantsche ausgiebig in literweise Selfmadekaffee, kontaktiere dann Asem, die versuchen will, in Moskau wen zu erreichen.

Was ihr gelingt. Man verspricht ihr, sich diese meine Frage zu stellen, sie solle sich in zwei Stunden zurückmelden, worauf ich mich bei ihr zurückmelden soll. Ich vertreibe mir die Zeit damit, dem Geschehen hinterherzubloggen, bis zum Anruf der Rezeption kurz vor 14 Uhr: Mein Ticket sei da. Ich frohlocke. Erstaunlicherweise funktionieren die Dinge ja bekanntlich dann doch immer irgendwie, wenn auch keiner weiß, wie eigentlich genau.

Falls nicht, wäre jetzt der Zeitpunkt, wo's eng würde. Die Durchführung dieser ganzen Expedition in so vergleichsweise kurzer Zeit erforderte mehr als halbjährige Recherchen und Planung sowie größtmögliche Voraborganisation. Einige meiner Zugverbindungen sind häufig, andere fahren nur einmal (Istanbul–Teheran) oder zweimal wöchentlich (der heutige Zug von Almaty nach Ürümqi), sind sowohl zuweilen Wochen im Voraus ausgebucht als auch manchmal erst wenige Wochen vorher überhaupt buchbar. Deswegen sammele ich meine Tickets unterwegs auf, deswegen kann ich sie mir nicht vor Ort selbst besorgen, will ich keine mehrtägigen oder -wöchigen Verzögerungen riskieren. Nun suchte ich mir zwar einst die Verbindungen zusammen, damals gab's aber noch keinen aktuellen Fahrplan, den gab's teils selbst bei meiner Abreise aus Hamburg noch nicht. Daraus resultiert zum Beispiel, dass der aktuelle Almaty–Ürümqi-Zug zwei Tage später fährt als gedacht, ich also mehr Zeit in Kasachstan, aber weniger in China habe. Das letzte Wegstück ist damit derart eng getaktet, es bleibt mir kein Reservetag nirgends, bricht hier jetzt irgendwas zusammen, ist das ganze letzte Stück der Kette mit Zügen und Hotels hinfällig.

Aber erst mal sieht's sonnig aus, wenn auch nur im Herzen, an das ich meine Fahrkarte drücke. Nun allerdings will ich draußen spielen. Aus Gewichtsersparnisgründen beschloss ich, in Zentralasien regne es nicht, und ließ die Funktionsjacke daheim. Wobei ich ohnehin eher Ölzeug oder besser noch Neopren benötigte.

Ach was, sagt der Hamburger, das bisschen Regen schreckt mich nicht, und ertrinkt prompt an der nächsten Straßenkreuzung.

Keine Chance. Zwar habe ich mich in eine Art durchsichtigen gelben Plastikmüllsack gewandet, der leichtgewichtigste Kompromiss für den Fall, Zentralasien könne meine Schlechtwetteransichten doch nicht teilen, und gewiss das unwürdigste Kleidungsstück, das ich je am Leibe trug, aber was nützt das schon, strömt das Wasser kniehoch durch die Straßen. Immerhin entdecke ich unterwegs, dass der Plastikmüllsack hierorts durchaus en vogue ist, und erwerbe, den Schamverlust nutzend, als passendes Accessoire noch eine dieser karierten Plastiktaschen, die zerfledderte Prooianttüte zu ersetzen.

Ich kenne solche Taschen unter dem Begriff „Polenkoffer", sie sollen anderswo – vermutlich in Polen – auch als „Russenkoffer" bezeichnet werden. Hier nenne man sie, so der nette Herr Augustin, „Chinesenkoffer", und ich zweifele nicht daran, dass sie in China „Kasachenkoffer" heißen. Als internationalisierte Begrifflichkeit böte sich vielleicht der Ausdruck „Nachbarnationendisstasche" an.

Ich schaffe es gerade mal bis zum Supermarkt zwei Blocks weiter, fülle meine nagelneue Provianttasche mit Bahnfahrtnahrungsmitteln, gute Teilbarkeit ist dabei ein wesentliches Kriterium, und schwimme mit kräftigen Zügen zum Hotel zurück, um mich dort in meinen heutigen Stubenarrest zu fügen.

Bis 18 Uhr, dann stehe ich mit Sack und Pack – die Nachbarnationendisstasche erhöht die Fragwürdigkeit meines Auftretens noch erheblich – an der Rezeption und bitte um ein Taxi. Muss zwar erst um 19 Uhr im Goethe-Institut sein, aber eingedenk meines schlechten Taxikarmas will ich heute gern mal den letzten Drücker vermeiden. Weise Voraussicht – es gibt nämlich keine Taxis, des Regens wegen. Das hoteleigene Faktotum erbarmt sich schließlich, stürzt sich hinaus in die Fluten und kommt nach fünfzehn Minuten mit einem Taxifahrer zurück, keine Ahnung, wo er den herhat.

Doch, weiß ich. Nach drei Minuten im Taxi. Den wollte einfach sonst keiner. Der arme Mann hat trotz seines biblischen Alters noch nie eine weibliche Person gesehen, er fährt dementsprechend überall gegen, wildes Gehupe, quietschende Bremsen, Alleebäume springen in letzter Sekunde aus dem Weg, alldieweil der Taxifahrer das Steuer zwar in beiden Händen hält, den Kopf aber um 180° gedreht hat, um mir hemmungslos in Gesicht und Ausschnitt zu starren. Ich dachte, das könnten nur Eulen. Beim Aussteigen hascht er mir nach und kriegt noch flüchtig Zopf und Nacken erwischt, ich empfinde leichte Fremdscham für ihn.

Einzug des Touristen. Gottlob lief mir unten ein kleines Kontingent der gestrigen Reisegruppe über den Weg, das mir das Geraffel in den vierten Stock schleppen hilft. Währenddessen ragen hinter der Stadt die Berge dramatisch aus Wolkenfetzen, ich hoffte, das oben aus einem Fenster mal fotografieren zu können, dafür aber müsste ich zunächst zwei Dutzend große alte Bäume niederholzen, und dazu hab ich gerade keine Zeit, ich soll hier ja ein bisschen was vorlesen. Einer Tagung von GUS-Staaten-Verlegern und, welch Wiedersehensfreude, einem Fanclub der Journalismusseminaristen. Der nette Herr Augustin kocht mir Kaffee, die Institutsleiterin Frau Fraenkel-Thonet stellt mich mit Kurzbio vor und fügt hinzu, ich hätte ein akutes Plovproblem, sachdienliche Plovhinweise würden dankend entgegengenommen; sie outet sich somit als Blogleserin, ich freue mich drüber.

Ich lese ein knappes Stündchen, aus gegebenem Anlass erst „Lebensform Tourist", dann eine Reisegeschichte aus Papua. Im Anschluss Fragestunde, was wirklich Spaß macht, oft beschränkt sich dergleichen ja auf die beiden Tötungsgrundfragen *Ist-das-autobiografisch* und *Können-Sie-vom-Schreiben-leben*, hier aber geht's ums Reisen, von praktisch (Impfungen) bis philosophisch, ums Schreiben, Kultur und Kulturschocks, Politik und Gesellschaft, Generelles und Persönliches. Währenddessen übrigens wurde im Hintergrund ein Fototapetensonnenuntergang arrangiert, der sich gewaschen hat.

Auf die Frage, warum ich's so mit dem Reisen habe, kann ich nur antworten: ist vermutlich genetisch. Schon als Vier- oder Fünfjährige habe ich mit meinen Puppen nicht Mutter-und-Kind gespielt, meine Puppen waren als Tom Sawyer und Huck Finn auf Abenteuer aus und reisten wie Hobos auf Zugdächern – auf einem Zugdach zu reisen ist der früheste Kindheitstraum, an den ich mich erinnere, nach 25 Jahren war's in Kambodscha dann endlich so weit. Während anderer Mädchen Barbies sich für ein Date mit Ken hübsch machten, hatten meine für so was keine Zeit, sie waren ständig am Amazonas und zum Nordpol unterwegs (der rosa Barbiescheiß taugte nichts, aber die Big-Jim-Accessoires waren gut, ich hatte den Camper und eine Freundin den Jeep, damit ließ sich was anfangen!), und selbst meinem Monchichi (einst eine Must-have-Plüschkreatur für Drittklässler) habe ich Schlaf- und Trekkingrucksack genäht und Bergsteigerausrüstung gebastelt. Es muss genetisch sein.

Inzwischen sind bei Frau Fraenkel-Thonet dringliche Plovdepeschen eingetroffen, und wir ziehen in kleiner Runde noch weiter, in eine charmante muslimische Kantine, wo wir gemeinsam ploven.

Plov Revisited. Selber Reis wie letztes Mal, nur sind die drei Lammstücke noch etwas kleiner. Ein Novum ist die optionale scharfe Sauce, wenn man die drüberschüttet, schmeckt es zumindest nach scharfer Sauce. Mein Fazit: der Plov, ein Gericht, das eher in der Postkartenedition zu sich selbst findet als beim Verzehr.

Dazu probiere ich Kamelmilch – Airag, die vergorene Stutenmilch der Mongolei, mochte ich irgendwann notgedrungen sogar ganz gerne –, ist mir aber zu säuerlich. Wir schnacken noch ein Stündchen, brechen dann auf. Wär ja schade, jetzt, wo ich ein so schönes Ticket habe, den Zug zu verpassen.

Der nette Herr Augustin schenkt mir noch eine Flasche Kwass – lecker, kenne ich aus Sibirien –, dann teilen wir uns ein Taxi, das sich in zwei Discomäusen manifestiert, die auf sein Handzeichen anhalten. Wir verstauen mein Gebratze (ein sächsischer Ausdruck für Geraffel, den mir Herr Augustin beigebracht hat) im Kofferraum und nehmen auf der Rückbank Platz. Im Radio läuft ein bizarrer Humpta-Danceremix von *Türlich, türlich (sicher, Dicker),* ich amüsiere die Mäuse königlich dadurch, dass ich mitsinge und ein paar alberne Rapgesten mache.

Am Bahnhof Abschied vom netten Herrn Augustin, ach, immer diese Abschiede. Der Zug wartet natürlich schon, eine gute halbe Stunde vor Abfahrt um 23:10 Uhr. Er ist chinesisch. Sieht so aus, als gelangte ich wahrlich demnächst nach China. Verblüffend. Na, kann ich wenigstens bald aufhören so zu tun, als spräche ich Russisch, und mich darauf beschränken, stumm und großäugig in der Gegend rumzustaunen und gar nichts mehr zu verstehen.

Nachbarnationendisstasche

Nach China

Ein fabelhafter Zug. Genau richtig – rustikal genug, um gemütlich, lustig und kommunikativ zu sein, komfortabel genug, keine Legebatteriehennensyndrome zu verursachen. Geschlafen habe ich trotzdem nicht, aber man kann halt nicht alles haben, ich döse während des Vormittages ein bisschen, wir sind nur vier Leute im Abteil, da geht das kommod.

Meine Mitreisenden sind Ani und Alma, Mutter und Tochter, sie leben in China und sprechen deswegen nur Kasachisch und Chinesisch, kein Russisch. Doch da ward mir ja noch Amir vom Schicksal geschenkt, er kommt aus Almaty, studiert in Xi'an, und obwohl er sein Schulenglisch ziemlich vergessen hat, reicht's locker für ein bisschen Smalltalk und gelegentliche Übersetzungshilfe. Von Ürümqi fliegt er nach Xi'an, erzählt er, einmal habe er's mit dem Zug probiert, das aber sei die Hölle gewesen, jeweils drei Leute übereinander, keine Abteiltüren, furchtbar, das mache er nie wieder. Nehme an, er redet von der chinesischen Version des *Platskartny*-Billyregals, die entweder härter ist, oder er ist ein bisschen arg sensibel. Xi'an gefällt ihm gut, bloß das chinesische Essen vertrage er nicht, die Chinesen äßen zudem kein Fleisch, für ihn als Kasachen sei das hart. Das kann ich mir nach dem Schaschlikexzess der letzten Wochen zum einen gut vorstellen, zum anderen nehme ich an, seine Definition von „kein Fleisch essen" geht konform mit der usbekischen Definition von „vegetarisch", sobald die Suppe nur zur Hälfte aus Fleisch besteht.

Überhaupt ist der Zug voll von Studenten, die nach Xi'an fahren, das Semester beginnt jetzt, es erproben einige ihr Englisch an mir, vor allem in der Raucherecke entwickeln sich nette Girlpartys. Eine Achtzehnjährige kann's irgendwie nicht glauben, dass ich allein in der Welt rumreise, wiederholt fragt sie nach meinem Mann, menschliches bzw. weibliches Leben ohne, der Gedanke war ihr offenbar bislang fremd. Sie findet mich unheimlich *strong* und macht große Augen. Frauen rauchen hier übrigens diese Ultraslim-Zigaretten, die ich zuvor für ausgestorben gehalten hatte. Für ein Hauptfach hat sie sich noch nicht entschieden, studiert aber gern in Xi'an, abgesehen vom Essen, ob ich eigentlich wüßte, dass die Chinesen kein Fleisch essen?

Ani und Alma, das Mutter-Tochter-Team, sind entzückend. Sie knuddeln ununterbrochen, spielen Karten, packen unendliche Mengen Lebensmittel aus ihrer Nachbarnationendisstasche, die das vierfache

Volumen der meinigen hat, und füttern Amir und mich damit. Nachmittags wird gar eine spektakuläre Nusscremetorte aufgetischt – Ani hat heute Geburtstag. Ich singe zu beider Belustigung *Happy Birthday* und wir machen Fotos miteinander.

Als ich mal zur Abwechslung alleine in der Raucherecke stehe und zum Fenster hinaussehe, vor dem die Steppe vorbeieilt, denke ich, dass ich bald in China bin. Plötzlich nimmt dieser Gedanke eine ganz andere Klangfarbe an.

Es heißt ja immer, beim Flugreisen käme die Seele nicht mit, das Problem hatte ich nie, meine Seele, die ist auf Zack, es ist auf Langstreckenflügen eher mein Körper, der deutlich schwächelt. Aber vielleicht sind's die Geschichte und die Geschichten, die nicht mitkommen. Als ich das letzte Mal nach Peking flog, stieg ich im modernen China aus, und das ist ja auch schon spannend genug, insbesondere für jemanden, der eher die Gegenwart gegenüber der Vergangenheit präferiert.

Aber nun, als ich denke, ich fahre nach China, klingt in diesem Gedanken plötzlich ein ganz anderes China mit: Das quasimythische China als Sehnsuchtsort der Europäer. Als Inbegriff der Fremde, der Ferne, der Fremdartigkeit. Die Idee eines schillernden Großreiches, das sich uns entzieht. In einem meiner Lieblingskinderbücher, *Jim Knopf und Lukas der Lokomotivführer,* fuhren die beiden von Lummerland nach China. Ich habe gehört, später wurde aus Politcal-Correctness-Gründen China in „Mandalay" geändert, und finde das sehr bezeichnend, denn es geht ja gar nicht ums reale China – neben dem modernen und dem historischen China hat wohl immer auch ein imaginäres China die Träume und Ängste des Westens beflügelt. Ich erinnere mich an ein Gespräch zwischen Jim, Lukas und einem Chinesenjungen, es geht ums Essen, während sich Jim und Lukas vor den angebotenen chinesischen Speisen ekeln, dreht sich dem chinesischen Kind der Magen um beim Gedanken an Käse, das sei doch verschimmelte Milch. Das Fremde, manifestiert im Abendessen.

Unvergessen natürlich auch *Der blaue Lotos, Tim & Struppi* in China – ich erwähnte ja bereits, dass ich mein Weltbild größtenteils den beiden verdanke. Gibt's keine Opiumhöhlen und trägt man nicht ausreichend Zopf, werde ich enttäuscht sein.

Ich finde den Gedanken, gleichzeitig auch ein mythisches China zu erreichen, aufregend – ähnelt ein bisschen dem Seidenstraßengefühl in Buchara, dem Gefühl einer Verbindung zu realer Geschichte und Geschichte der Imagination. Es macht Spaß; und ich bin mir sicher, eine solche Empfindung wäre irgendwo an den Flughafen-Securitykontrollen verschüttgegangen. Reise ich per Bahn nach China, durch eine schier endlose Steppe, nur gelegentlich von Bergen abgegrenzt, nach China – wie cool ist das denn!

Um 16 Uhr erreichen wir die Grenze. Meine letzte Grenze. Damit ich was davon habe, gönnt man mir sie ausgiebig. Nämlich neun Stunden lang.

Zunächst sammeln die Kasachen die Pässe ein, in Gestalt einer robusten Dame, die mich neugierig beäugt und sagt, ah, Sie sind der Tourist! Ich erwähnte es möglicherweise noch nicht, aber ich bin *der* Tourist, sprich: der einzige. Seit Längerem. Ich muss überlegen, wann ich die letzten meiner Spezies sah. Die letzten Bahnreisenden fuhren die Strecke Buchara–Samarkand, die letzten Individualtouristen waren das Pärchen mit dem Zeltproblem in Taschkent, die letzte Reisegruppe die Wanderfranzosen ebendort. Verblüffend. Eigentlich ist unsereiner doch überall, und ausgerechnet in dieser hochspannenden und vergleichsweise einfach zu bereisenden Weltgegend ist keiner unterwegs, kaum zu glauben. Andererseits werde ich von den kasachischen Grenzlern derart ausgiebig bestaunt, ich bin wohl tatsächlich ein rares Gut.

Während der Tourist am einen Ende des Wagens raucht, verlassen alle Eingeborenen den Zug innerhalb von Sekunden am anderen, der Tourist merkt's erst, als alle weg sind und der Zug sich wieder in Bewegung gesetzt hat. Dann ist er irritiert. Der Schaffner, der wie ein guter Kapitän das Schiff ebenfalls nicht verlassen hat, erklärt mir auf Russisch, es dauere eine Stunde und die anderen vertreten sich so lange die Beine, aha, dann kommt also nur der Tourist in den Genuss, sich anzuschauen, wie das so geht, wenn die Fahrgestelle gewechselt werden. Es gilt nämlich fortan: andere Gleisspurweite. Dementsprechend müssen unsere Waggons umgetopft werden.

Ein bisschen kann man's beobachten. Die Waggons, voneinander getrennt, werden mit großen gelben Wagenhebern emporgewuchtet. Wow. Wie dann die neuen Fahrgestelle untergeschoben werden, sieht man leider nicht. Es erstrecken sich aber um uns herum mehrere Hektar Bahnräder bis zum Horizont, ein sonderbarer Anblick, insbesondere so allein im plötzlich verwaisten Zug, wo in den Abteilen alles stehen und liegen gelassen ward. Eigentlich ganz cool, denke ich; bis ich dann später, in Stunde circa acht, etwas klaustrophobisch werde und denke, ein Stündchen Beine vertreten wäre so schlecht auch nicht gewesen.

Nachdem wir auf neuen Rädern zurück zur Station gerollt sind, kommt der kasachische Zoll an Bord, guckt in unsere Taschen und den Touristen mal an. Dann, gegen acht Uhr, rollen wir ein Stück zu den Chinesen rüber. Jetzt gilt es, hurtig sich einen Platz in der Schlange vorm Klo zu erkämpfen, selbiges bleibt nämlich während der neun Stunden fast dauerhaft geschlossen. Weil ich das weiß, geht's, abgesehen von der schweren Dehydration, wer heute was getrunken hätte, hätte das tief bereut.

Chinesische Grenzler. Stücker zwei bestaunen mich und meinen Pass. Tourist, fragt der eine, das aber bin ich von Stund an nicht mehr, ich habe, da ja vom Shanghaier Schriftstellerverband beruflich eingeladen, kein Touristenvisum. Für Geschäftsvisa nun gibt es diverse Kategorien, laut dem meinigen bin ich „F", was das jedoch umgesetzt in Einreisekarten-Ankreuzkästchen bedeutet, weiß der Henker. Kein Tourist, versuche ich dem jungen Grenzler zu erklären, was er nicht begreift, und ich will gerade ins Schwitzen geraten, wie ich die Sachlage, sollte ich sie erklären müssen, erkläre – ich habe zwar die Einladung vom Schriftstellerverband dabei, die aber ist auf Englisch. Da schiebt sich ein massiger Moppel in den Türrahmen, strahlt mit dem Gesicht eines Mondes, der einen richtig guten Tag hat, und schmettert: Welcome to China!

Nachdem der Mond, der mit seinem Aufgang die Unterlinge schlicht durch Verdrängung beseitigt hat, die Deutsche bestaunt hat, schiebt er sich mit unseren Pässen davon, und dann dauert's. Ab und zu kommen noch ein paar andere Grenzler, mal einen echten Deutschen zu sehen, dann kommt der Zoll und guckt in unsere Taschen. Wenigstens ein bisschen Abwechslung. In erster Linie lungern wir rum und warten. Wäre Zeit, was zu essen, ist aber schwer, ein Wurstbrot die ausgedörrte Kehle runterzuzwingen.

Die eigentliche Katastrophe jedoch bahnt sich an ganz anderer Front an: Ich liege in den letzten Seiten meines letzten Buches. Das heißt, es muss mir gelingen, in Ürümqi ein englisches Buch aufzutreiben, oder ich springe während der nächsten 36-Stunden-Bahnfahrt im Karree. Versuche, langsam zu lesen, weiß aber nicht recht, wie das geht.

Unsere Pässe kehren gen Mitternacht zurück, Ani und Alma begeben sich sofort zu Bett – beide tragen herzige Pyjamas, Alma in Pink, Anis ist weiß mit roten Blümchen. Ich lese mit Stirnlampe weiter, es gibt zwar Leselampen, die aber sorgen eher für Atmosphäre als für Licht. Um eins schließlich setzt sich der Zug in Bewegung. Und damit bin ich jetzt tatsächlich: in China.

25. August 2010
Urumqi

Ethnische Kultur in Ürümqi

Das Kadongkadong-Kadongkadong der Zugräder auf den Schienen hat mich schließlich in den Schlaf gewiegt, wie Herzschlag – welch schönes, klassisches Geräusch. Weg, hörbar gemacht und vermessen von akustischem Indikator. Der Zug kommt morgens ja nicht allzu gnadenlos früh an, es sollte noch genug Schlaf aus dieser Nacht rauszuwringen sein.

Weit gefehlt. Als nach dreieinhalb Stunden Schlaf der Schaffner uns weckt, hätte ich, wäre ich nicht zu müde dazu gewesen, ihn getötet, noch bevor mir klar geworden war, dass ich schon wieder zwei Stunden verloren habe. Immer, wenn man sie mal wirklich braucht, die kleinen Biester. Mühselig ordne ich meinen Kopf und trinke einen Nescafé – soweit ist es inzwischen gekommen, ich paktiere aus lauter Not mit dem Feind. Mir wird bewusst, dass ich keinen müden Renminbi für ein Taxi habe – nehme an, während der Geldtauschgelegenheit an der Grenze hat der doofe Tourist stattdessen den Fahrgestelltausch bestaunt. Zwar gehe ich davon aus, in Ürümqi wird's Geldautomaten galore geben, danach allerdings länger zu suchen unter voller Gepäcklast ist wenig spaßig.

Via Amir frage ich Ani und Alma, ob man am Bahnhof wechseln könne, nein, sagen sie und schreiben mir auf Chinesisch die Adresse einer Bank auf. Da sie jetzt aber angefangen haben, sich Sorgen um mich zu machen, machen sie sich die auch gründlich. Ob ich zehn Dollar hätte, fragt Ani und wechselt mir diese höchstpersönlich. Alma will die Hoteladresse sehen, die ich natürlich auf Chinesisch dabeihabe, sie schreibt sie mir trotzdem noch mal auf, für alle Fälle. Dann instruiert man mich, niemals auf der Straße zu tauschen, dort kursiere hauptsächlich Falschgeld. Dann beratschlagt man und kommt zu dem Schluss, man könne mich keinesfalls allein einem mit Sicherheit betrügerischen Taxifahrer überantworten, unmöglich – ich solle gemeinsam mit Ani und Alma ein Taxi nehmen, sie brächten mich zum Hotel. Wer länger reist, muss wahrlich um seine Misanthropie bangen.

Wenigstens kann ich mich ein wenig revanchieren, indem ich den beiden beim Tragen ihrer enormen Mengen Gepäcks helfe – ihre Nachbarnationendisstasche ist so schwer, als trügen sie darin einen bis zwei Familienangehörige herum. Ich verabschiede mich von Amir, dann wanken wir zu dritt dem Ausgang entgegen.

Und dort – Überraschung! Ich werde abgeholt! Wie schön, zum allerersten Mal auf dieser Reise an einem Bahnhof erwartet zu werden.

Über allerlei Ecken des Goethe-Institutes bin ich an Kamili geraten und habe somit eine unglaublich nette Begleitung in Ürümqi, ich freue mich sehr.

Mal ganz abgesehen vom pragmatischen Aspekt – im Hotel, obgleich ein schniekes Businessetablissement, spricht keiner ein Wort Englisch. Und kein Wort heißt: kein Wort. Zwar findet sich mein Name auf der Buchungsliste, bloß Geld von der Agentur gab's noch nicht. Eine komplexe Situation. Die vier minderjährigen Rezeptionsmäuse sind aufs Übermenschlichste herausgefordert und rufen erst mal telefonisch um Hilfe. Mir wird der Hörer weitergereicht, und, nu guck, der *Ansprechpartner vor Ort* ist auf Deutsch ansprechbar: Oliver (touristisch tätige Chinesen tendieren zum englischen Alternativnamen) von der hiesigen Agentur verspricht, umgehend am Krisenherd einzutreffen und das Kind schon zu schaukeln.

Übergabe des Touristen an Oliver – Kamili muss vormittags zur Universität, wo er Vergleichende Sprachwissenschaften unterrichtet, ich muss, sobald ich ein Zimmer habe, erst mal ein Stündchen schlafen. Oliver ist ein freundlicher Jungspund, der sein Deutsch einem Studium in Bonn verdankt, er zahlt das Zimmer und fällt dann den Rezeptionsmäusen im Zehnminutentakt auf den Wecker, bis sie mein Zimmer freigeben – man müsse in China, erklärt er mir, immer drängen und drängeln, sonst wird das nie was. Na großartig – wenn ich neben handeln und bestechen noch was nicht kann, dann ist es drängeln.

Mein Zimmer bekomme ich, meine Fahrkarte allerdings existiert bislang nur als Intention. Es sei schwierig, derzeit Fahrkarten zu bekommen, sagt Oliver, Semesterbeginn, die Züge seien sehr ausgebucht. Ich weiß, sage ich, deswegen habe ich meinen Fahrkartenwunsch ja vor drei Monaten kundgetan. Ich solle mir mal keine Sorgen machen, sagt Oliver, er riefe gegen 14 Uhr an, also mach ich mir mal keine Sorgen, sondern stattdessen ein Nickerchen.

Gegen 14 Uhr gibt's zwar immer noch kein Ticket, aber nach wie vor Hoffnung; ich gehe erst mal Geld suchen, das problemlos aus dem Automaten kommt. (Für einen Euro gibt's circa acht Remmidemmis, eine Währung also, die sich problemlos in die Brieftasche schmiegt, es sind keinerlei Tragetüten vonnöten.) Dadurch ermuntert, suche ich die *Bank of China* auf, ich habe nämlich noch Tenge zu tauschen. Was, wie man mir sagt bzw.

klarmacht, dort tatsächlich geht. In der Schalterhalle allerdings werde ich von zwei Bagaluten mit großen Batzen Geld in den Händen abgegriffen, die mich zum Partisanentauschgeschäft nach draußen vor die Tür geleiten.

Sind das jetzt die Falschgeldfredis? Allerdings, wer mit kiloweise Falschgeldbündeln in der Schalterhalle der *Bank of China* herumwedelt, vor den Augen von etwa zwei Dutzend Wachmännern, bewiese irgendwie so viel Chuzpe, dass er meine etwa vierzig Euro in Tenge verdient hätte; außerdem bin ich natürlich neugierig, ob's Chuzpe ist oder ein legitimes Geschäft, ich riskier's also und tausche Tenge. No risk, no fun. Und da niemand in Folge meine Riminis beanstandet, bewiesen die Jungs wohl zwar keine Chuzpe, aber Gesetzestreue.

Kamili holt mich am Hotel ab und wir gehen in ein großes uigurisches Restaurant. Es ist das einzige, das tagsüber aufhat, es ist natürlich immer noch Ramadan, essen, trinken, rauchen darf der gläubige Muslim erst abends. Ich bin bekanntlich ja auch kein großer Mittagesser, ich müsse aber unbedingt uigurische Spezialitäten probieren, heißt es enthusiastisch. Das bedeutet, Überraschung, Plov. Der hier zwar phonetisch leicht verschoben klingt, sich aber ansonsten attraktiv wie immer präsentiert. Dazu Lamm. Ein so ganz frappierendes Novum ist das für mich nun nicht unbedingt. Die Unterhaltung aber ist umso anregender, und ich ernähre mich eh am liebsten von Gesprächen.

Nachmittags streife ich allein durch den uigurischen Teil der Stadt. Obwohl Uigurisch eine Turksprache ist und die Uiguren den anderen zentralasiatischen Völkern, wie am Plov unschwer zu erkennen, eng verwandt sind, wird's interessanterweise in arabischer Schrift geschrieben. Sieht man genauer hin, haben die meisten Schilder neben dem Chinesischen kleine uigurische Untertitel – hurra, gleich zwei Zeichensysteme, die kein Mensch lesen kann. Jetzt noch Hindi dazu, und ich weiß so richtig Bescheid. Nein, halb so wild, englische Zweitbeschriftung ist mindestens ebenso häufig, dankenswerterweise auch bei den Straßenschildern.

Uiguren sollen derzeit etwa 50 % der Bevölkerung in der Provinz Xinjiang stellen, in Ürümqi allerdings bloß noch um die 15 %. Zentrum des uigurischen Viertels ist ein Komplex von leicht zentralasiatisch angehauchter Architektur mit Basaren und Moschee. Davor parken die Reisebusreihen der Touristengruppen – chinesische, der Tourismus aus dem Ausland sei nach den Unruhen 2009 weggebrochen, hat Oliver erzählt, es sähe aber so aus, als würde der Markt 2011 wieder ein bisschen in Schwung geraten. Vorerst bin ich mal wieder allein auf weiter Flur, und wenn noch eine weitere Sprache präsent ist, dann eher das Russische – Russland und China sind sich hier nah, und die zwei Giganten kommen wohl auch prächtig ohne den Westen aus.

Die Basare liegen einander gegenüber und bestehen aus dreistöckigen Einkaufszentren, in denen Souvenirs feilgeboten werden, deren Anmutung und Farbskala mit der europäischen Geschmacksprägung eher wenig kompatibel sind. Neonpinke Bauchtanzkostüme kann einfach nicht jeder tragen, und für die mit schrillbunten Szenen glücklichen Uigurenfolkloretreibens bemalten Tambourine bin ich zu unmusikalisch. Die Gewürze sind schon interessanter, nur kochen kann ich halt auch nicht. Im Erdgeschoss allerdings findet sich ein großer *Carrefour*-Supermarkt, wo ich mir endlich mal einen eigenen Zugfahrtbecher kaufen kann.

Zwischen den beiden Basaren ist ein kleiner Platz mit einem Turm, zwei Kamelskulpturen posieren geduldig mit Gruppenreisenden fürs Andenkenfoto und erinnern daran, dass Ürümqi einst eines der wichtigsten Seidenstraßenzentren war. *The Ethnic Culture Street* erklärt ein Schild das Geschehen, und man fragt sich unwillkürlich, ob einer ethnischen Kultur, die es zu einer gleichnamigen Mall gebracht hat, nicht der Weg des Dodos vorgezeichnet ist. Einer der drei großen Uigurischdialekte soll schon nahezu verschwunden sein; ich empfinde ja für Sprachen ähnlich wie Greenpeace für Wale. Touristen mit Kameras queren den Platz, auf dem Weg von einem Basar in den zweiten. Die Kamele sind schon ganz blank gestreichelt. Überlebensgroß blickt über mir der Herr von *Kentucky Fried Chicken* mit seinem sphinxhaften Lächeln auf die Welt.

Ich verlasse das abgesperrte Gehege – ein Ordner warf vorm Betreten einen flüchtigen Blick in meinen Rucksack – und ziehe lieber eine große Runde um den Block. Irgendeiner Seidenstraßenromantikerwartung bin ich von vorneherein nicht aufgesessen, Ürümqi sieht ziemlich genau so aus, wie man sich eine chinesische Großstadt vorstellt – viele Hochhäuser in teils nüchternem, teils verspieltem Design, große Straßen, viele Menschen. Die uigurischen Frauen tragen häufig Kopftuch, ich sehe auch viel ernstlicher Verschleierte als in den Stans. Heirat zwischen Uiguren und Chinesen soll so gut wie gar nicht vorkommen, lese und höre ich. Die Straßen im Uigurenviertel sind gesäumt von winzigem Einzelhandel, die schickeren Geschäfte finden sich im chinesischen Zentrum, wo mein Hotel liegt, das werde ich dann morgen mal erkunden. Als der Abend dämmert – Fastenbrechen ist um 21 Uhr Pekingzeit –, sprießen in den Nebenstraßen plötzlich überall kleine Garküchen, es gibt zum Dinner Schaschlik an Plov. Riecht aber hervorragend.

Ich treffe Kamili und Frau am Eingang zum Ethniegelände wieder, und wir gehen Kaffee (!) trinken. Das ist das Gute an einem Blog – man ist berechenbar. Nahtlos folgt das Abendessen, ich aber bin immer noch so zugeplovt und vollgelammt, mehr als Obstsalat kann und will ich nicht. Das Obst ist übrigens immer und überall klasse – Pfirsiche, die nach Pfirsichen schmecken, ist mir in Deutschland seit Anfang der Neunziger nicht mehr passiert.

Danach ziehen wir über den Nachtmarkt. Jetzt, verdammt, müsste man hungrig sein. Hunderte kleiner Garküchen garen alles Mögliche – links die Uiguren, rechts die Chinesen. Die Chinesen sind gemüseaffiner, die Uiguren essen naturgemäß kein Schwein. Ansonsten essen beide Seiten eigentlich alles, was so ein Tier hergibt. Ich sehe das mit Skepsis – ich probierte Leber und ekelte mich, ich probierte Niere und ekelte mich, ich probierte Hirn und ekelte mich, dann beschloss ich, jetzt könne mir auch der Rest des Gekröses gestohlen bleiben. Weder locken mich die großen Gedärmeknäuel noch die diversen Organe, von denen Kamili nicht mal mit Sicherheit sagen kann, wie sie heißen oder wo im Körper sie verortet sein mögen.

Die Nonfood-Sektion des Basares bietet Kleider, Krimskrams und einen Mann, der mit Highspeed-Rap eine Wunderhaarspange anpreist und deren Einsatzmöglichkeiten in einem derartigen Tempo an einem Kunstkopf demonstriert, dass der Eindruck entsteht, man sähe ihn im Fast-Forward-Modus. Ziemlich guter Act.

Gegenüber kaufe ich einen kleinen Kompass – es scheint irgendwie Herbst geworden zu sein, der Himmel bedeckt, die Temperaturen gesunken, es ist kühl. Und ohne Sonne braucht's einen Kompass, um sich in fremden Städten zu orientieren. Ich bin über die Herbstwerdung wenig erfreut, mir ist nach wie vor sommerlich zumute, ich will nicht, dass dieser

Sommer bereits zu Ende geht. Ich hoffe, in Shanghai ist noch ein bisschen davon übrig.

Zurück im Hotel, um Mitternacht herum, frage ich an der Rezeption nach einer Nachricht für mich, Oliver wollte mir eine hinterlassen bezüglich meines Zugtickets. Ich versuche zu fragen. Keine Chance. Ich ziehe alle Register, ich zeige die Übersetzung von „Nachricht" ins Chinesische vor, mittels meiner Deutsch-Chinesisch-Wörterbuch-App. Als das zu nichts führt, versuche ich's mit der Englisch-Chinesisch-Wörterbuch-App, kann ja sein, dass ich mit dem Deutschen danach fragte, mal die Tagesschau sehen zu dürfen. Keine Reaktion. Ich führe ausführliche Pantomimen auf, indem ich einen Anruf inszeniere, eine Notiz mache, dann auf mich deute. Keine Reaktion. Die Rezeptionsmäuschen starren mich an wie Rehe den entgegenkommenden Scheinwerfer und tun mir eigentlich zu leid, um das Thema weiterzuverfolgen, bloß muss ich das mit dem Ticket wirklich wissen. Neben den Mäuschen in roten Uniförmchen steht eine erwachsene Frau im Businesskostüm, die unser kommunikatives Scheitern beobachtet. Wahrscheinlich genießt sie die Show. Nachdem ich mich eine Viertelstunde abgehampelt habe, gebe ich auf, lächele, sage, okay, you don't understand me – worauf die Kostümfrau sagt: You ask if message for you.

Ach. Na, da bin ich aber perplex. Die interessante Frage hier ist natürlich: Hat sie eine Gastphobie oder eine Mitarbeiterinnenphobie? Aber man muss oder kann ja auch nicht immer alles verstehen. Ob ich eine Nachricht habe oder nicht, bleibt ungeklärt, ich hoffe aber mal, dass eine mögliche Gastphobie nicht so ausgeprägt ist, mir eine Nachricht zu verweigern. Man wird sehen, morgen früh. Hoffentlich. Vielleicht.

Leaving Ürümqi

Wenig bringt der Morgen – das Frühstück ist schon gegessen, obwohl ich eine Stunde vor offiziellem Frühstücksende dazu antrete, und ein Bahnticket gibt es erst recht nicht, noch nicht, so Oliver zu Uebel, telefonisch. Er verspreche mir jedoch hoch und heilig, dass ich irgendwie heute irgendwohin fahren könne und würde, ganz sicher, na denn. Frühstück ist eh entbehrlich, ich braue mir Kaffee mithilfe des Wasserkochers, hier profitiert der Kaffeetrinker mal von der herrschenden Teeobsession, jedes chinesische Hotelzimmer verfügt über einen Wasserkocher und zwei Teetassen. Außerdem schätzt man statt einzelner Lichtschalter eine Kommandozentrale mit einem Mosaik aus diversen Druck-, Kipp- und Drehschaltelementen, in den Nachttisch integriert, mit denen sich prima *Apollo 13* spielen lässt, wenn man sich langweilt. Der Entertainmentwert dessen ist sowieso deutlich höher als die daraus resultierende Luxzahl, der Chinese scheint's schummrig zu mögen.

Ich spiele erst mal Kommunikations-Tai-Chi mit den Rezeptionsmäusen, denn als ich vom Frühstücksraumbesuch wieder hochfahre (hoch- bzw. runter- bzw. ganz schlecht, hoch-und runterfahren kann dauern; für zweiundzwanzig Stockwerke und große Gästemengen gibt es nur zwei Fahrstühle, die dementsprechend stets in fast jedem Stockwerk halten, einmal brauche ich für runter-und-wieder-hoch gut dreißig Minuten) funktioniert meine Magnetkarte nicht mehr.

Nun habe ich noch kein Hotelzimmer bewohnt, in dem *nicht* irgendwann die Magnetkarte schlappgemacht hätte, ein so häufiges Phänomen müsste selbst meinen Mäusen klarzumachen sein. Denke ich, wedele mit der Magnetkarte und führe eine kleine Tür-geht-nicht-auf-Pantomime vor. Doch mitnichten. Die Mäuse sind derart angststarr, dass sie nicht mal auf die Idee kommen, Verständigung könnte denkbar sein, sie greifen panisch zum Telefon und rufen Oliver an. Auha. Das kann ja lustig werden, wenn das hier immer so geschmeidig läuft mit der Verständigung.

Stelle dann aber gottlob draußen fest, die Mäuse sind nicht repräsentativ – überall sonst zeigen sich die Leute plietsch, gestikulieren, begreifen meine Gesten, sabbeln freundlich dabei, es lässt sich die Stadt auch sprachlos ziemlich gut navigieren. Zunächst laufe ich ein paar Blocks zu dem von *Lonely Planet* avisierten Buchladen mit englischen Büchern und bange unterwegs. Wenn's den nicht mehr gibt und ich keinen Lesestoff finde, mache ich ein aber sehr langes Gesicht.

Der Laden existiert, er richtet sich an englischlernende Chinesen und bietet hauptsächlich Lehrwerke, im ersten Stock aber gibt es auch ein bisschen Literatur. Begeistert steuere ich zunächst die zwei Regale mit *Chinese Classics* an, hervorragend, all die Klassiker, über die ich so viel gelesen habe, denke ich gierig, muss dann jedoch feststellen, dass die Edition aus halbquadratmetergroßen Folianten besteht, pro Stück drei Kilo, und zudem macht's keiner der Klassiker unter fünf Bänden. Ist mehr was für den stationären Leser. Tja. Dann musste ich wohl nach Nordwestchina fahren, um endlich mal *Pride and Prejudice* und *Jane Eyre* zu lesen.

Immerhin, der Worst Case ist somit abgewendet. Und am frühen Nachmittag ruft Oliver an: Er hätte ein Ticket. Es sei ein späterer Zug, um Mitternacht, und nur „harte", also 2. Klasse, wofür er sich mit unermüdlichen Verbalkotaus entschuldigt, obgleich ich ihm versichere, das sei mir herzlich schnurz. Wusste ich doch nicht mal, dass ich auf weiche Klasse gebucht war, und bin ich schließlich ein hartes Kekschen, wie der Anglophone so schön zu sagen pflegt. Hauptsache, ich komme nach Xi'an. Und auf diese Weise lässt sich mal überprüfen, ob sich das wirklich so grauenhaft gestaltet, wie unlängst von Amir beschworen.

Ich verblogge den Nachmittag und gehe abends ein bisschen bummeln, machen nämlich alle anderen auch. Vor dem Kino am Rondell der Minzhu Lu hat sich ein kulinarischer Vergnügungspark aus lauter kleinen Garküchen manifestiert, zuvor gab's den noch nicht. Ich zweifle kurz daran, ob's mir gelingen wird, das zu bedienen, aber Versuch macht kluch und rumschüchtern gildet nicht; ich bleibe also einfach mal an einem der Stände stehen und gucke, was passiert.

Läuft gut. Die Hotelmäuschen sind in ihrer Begriffsstutzigkeit wahrlich nicht repräsentativ. Man versteht, dass ich was zu essen will und zu doof bin zu sprechen, gestisch unterbreitet man mir das Angebot unter besonderer Hervorhebung der unauffälligen Tierteile, da davon auszugehen ist, ich sei auch zu doof, was Richtiges zu essen, mit Eingeweiden, Klauen und Glibber. Recht hat man. Ich stimme zu und zeige noch auf diverses Gemüse, weil ich gerade überhaupt keine Ahnung habe, was mit meiner Wahl eigentlich geschehen wird, irgendwie gehe ich instinktiv von

Schaschlik aus. Aber nein – man geleitet mich zu winzigen Tischchen mit noch winzigeren Höckerchen, die hinter dem Büdchen stehen ('tschuldigung, aber die Szenerie verlangt hier einen massiven Einsatz von Diminutiven). In jede Tischplatte ist eine Bratschüssel eingelassen, die mit einer Propanflasche betrieben wird. Na, das ist ja mal spannend.

Ich bekomme einen persönlichen Bräter abgestellt. Ein junger Kerl in weiß-roter Schürze mit Micky- und Minniemausapplikationen. Er hilft mir in mein Schürzchen, ebenfalls weiß-rot, aber mit Bärchen, dann muss ich einen Sicherheitsabstand einnehmen, wegen Bratfettspritzgefahr. Handlanger tragen erschreckende Mengen Tiere und Pflanzen herbei, oh je, das alles habe ich bestellt? Und woher kriege ich jetzt auf der Stelle zehn Freunde, die mir essen helfen?

Doch siehe, im Bratverlauf, der von meinem Bratling hochkonzentriert und kunstvoll durchgeführt wird, schmort das Ganze zur Übersichtlichkeit zusammen. Es riecht köstlich und die Performance ist 1a, leider mag der Bratling sich nicht fotografieren lassen, schade. Und dann darf ich essen.

Offenbarung. Die Wolken am Himmel reißen auf, ein Strahl gleißenden Lichts fällt auf die Erde nieder und Gott persönlich reicht mir eine Gabel. Ich verscheuche die herumflatternden Putten und esse. Es schmeckt UNGLAUBLICH GUT, es schmeckt nach allem Möglichen. Nicht, dass die Schaschlikstrecke unlecker war, aber man aß sein Tier halt eher pur. Hier jedoch brennt ein Feuerwerk von Geschmäckern und Gewürzen ab, es ist scharf, und zwar genau richtig scharf, sodass man nicht nur noch Schärfe schmeckt. Bin begeistert. Verzeih, Zentralasien, ich kann dich wahrlich verdammt gut leiden, aber mein Magen ist eher Chinese. Wenn wir denn die Gekrösefrage mal untern Tisch fallen lassen.

Wohlgesättigt gehe ich eine Runde um den Block, kaufe noch ein Törtchen im Törtchen- und Tortenladen – die übrigens gab's in den Stans schon, Oasen poppig bunter, exzessiv verzierter Zuckerbäckerei – sowie Wasser und Instantnudeln für die Zugfahrt. Mein Ticket traf vorhin per Agenturmäuschen im Hotel ein, parallel zu einem Anruf Olivers: Zur Kompensation der erwartbaren psychischen und physischen Schäden durch die „harte Klasse" hat die Agentur die Kosten für den halben Extratag im Hotel übernommen; was mir doch alles sehr zupass kommt.

Jetzt muss ich bloß noch zum Zug kommen. Kamili, der nachmittags kurz zum Abschiednehmen vorbeischaute (ich *hasse* diese Abschiede!), kann mich nicht fahren, er muss seinen Vater vom Flughafen abholen, ich ließ mir von ihm auf Chinesisch „Bahnhof" aufschreiben, und er instruierte langwierig den Parkwächter vorm Hotel, der jetzt natürlich längst Feierabend hat. Läuft trotzdem alles rund. Sein Kollege organisiert mir zwar kein Taxi, aber einen hippen Youngster mit Kleinwagen, der mir einen Preis am eher unteren Rand dessen macht, was ein Taxi kosten soll.

Bin überpünktlich am Bahnhof, was nicht ganz verkehrt ist, gilt es doch zu lernen, sich im chinesischen Schienenfernverkehr zurechtzufinden. Die Dinge haben sich drastisch verändert. Gab's bislang eigentlich immer nur so ein, zwei Bahnsteige, wo mein Zug stets schon rumstand, erhebt sich hier ein Gebäude im Ausmaß des Ceauşescupalastes vor mir. Alles Gepäck muss zunächst durchs Röntgengerät, selbst mein kleiner Bauchbeutel, eine gestrenge Uniformierte besteht darauf; einen Bildschirm, an dem jemand zusähe, gibt's allerdings nicht, nehme an, es handelt sich eher um eine taoistische Exerzitie als um einen Securitycheck. Gefällt mir, ich bin ein Freund des Rituellen.

Im Inneren gibt's drei Stockwerke und unglaublich viele Schilder, alle auf Chinesisch. Sieht gut aus. Tja. Zwar nutzt man dankenswerterweise arabische Zahlen und ich kenne meine Zugnummer, bloß ist ebendiese in fünf verschiedenen Richtungen angezeigt. Ich flippere ein bisschen durchs Environment, pralle hier gegen eine Schaffeuse, die mich die Treppe hochweist, errege dort das Mitleid eines Bodenpflegers, der mir den richtigen Drall zu meinem Wartesaal gibt.

Der Wartesaal. Also, wenn die alle in diesen Zug wollen, wird die Lok schon in Xi'an einfahren bevor der letzte Wagen Ürümqi verlassen hat. Mir war schon klar, dass es VIELE Chinesen gibt, bloß dass die allesamt heute von Ürümqi nach Xi'an fahren, erstaunt mich dann doch.

Ich suche mir einen Platz und beobachte das Geschehen. Mir gegenüber sitzen zwei Uigurinnen, die mich hemmungslos bestaunen. Sie sehen ziemlich wild aus, als kämen sie direkt aus der Steppe, die Kregelere von beiden ist hinreißend, sie hat ein verwegenes Gesicht, trägt Zigeunerkleidungsmix am Leibe und flegelt sich sehr ungezogen in der Sitzreihe herum. Ihre Begleiterin ist behäbiger, und ein Jüngling gehört ebenso zur

Partie wie viele, viele Plastiktüten sowie, abstrus, ein Schaufensterpuppentorso. Die drei starren mich gebannt an und knuspern, in Ermangelung von Popcorn, Sonnenblumenkerne.

Ansonsten ist ein breiter Bevölkerungsquerschnitt vertreten. Viele Studenten, Rollkoffer-Familien in Mittelklasseoutfits, Anzugträger, ärmliche Wanderarbeiter, Säcke oder gewaltige Jeansstofftaschen geschultert. Der Tourist findet wiederum im Singular statt.

Weil der Chinese selbst weiß, dass er drängelt, hat er pfiffige Antidrängelsysteme ausgetüftelt, ich werde noch vielen solchen begegnen. Weil der Chinese aber trotzdem drängelt, obwohl er das weiß, gibt's zu jedem Antidrängelsystem ein halbes Dutzend Overridestrategien. Hier wartet man in Sitzreihen, die wie Pferche zur einen Seite betreten werden, während das andere Ende noch durch ein Gatter versperrt ist; dies öffnet sich nun zu gegebener Zeit auf den eigentlichen Gang zum Bahnsteig. Das Konzept ist, diese Gatter nacheinander zu öffnen, womit jeweils ein Sitzreihenpferch zur Zeit Zugang zum Eingang erhält.

Funktioniert natürlich gar nicht – kaum wird der erste Pferch geöffnet, springen ausnahmslos alle auf und preschen von ihrem zum offenen Pferch. Außer dem Touristen, der die Rennstrecke derart gespannt betrachtet, dass ihm erst spät auffällt, wie sich hinterrücks sämtliche Sitzreihen seiner Einheit bereits geleert haben.

Hat man erst mal die Zielgerade zum Bahnsteig erreicht, legt man den Weg – langer Gang, Rolltreppe runter, weiterer Gang, Bahnsteig – im gestreckten Galopp zurück. Für die Reisenden in der 3. Klasse, wo's nur bedingt Sitzplatzreservierungen gibt, mag das Sinn ergeben, warum alle anderen ebenfalls rennen, ist weniger einleuchtend, Leibesübungen? Na, ich kann mit meinem Gepäck – die Nachbarnationendisstasche prall gefüllt und steinschwer von Wasserflaschen und Proviant – eh nicht preschen, ich wanke also hinterdrein.

Hiermit tue ich kund: Amir ist eine Mimose. Das soll der Zug des Grauens sein, dass ich nicht lache, gut, dass der zartbesaitete kleine Kerl nie versuchte, in seinem eigenen Land *Platskartny* zu fahren. Die „harte Klasse" ist absolut prima. Nicht übermäßig behaglich, die robuste Pflegeleichtigkeit erinnert an ein Lazarett, die Liegen aber haben Menschenlänge und -breite, sind in Sixpacks angeordnet und besitzen halt bloß keine Abteiltüren, na und. Dafür gibt's auf dem Gang, dort, wo Russen und Kasachen ihr Billyregal für weitere 27 Fahrgäste anschrauben, Klappsitze mit Tischchen, sodass auch für den oberpritschigen Reisenden ein ebenerdiges Leben optional ist. Und man muss mal festhalten: Die Chinesen haben die besten Zugbettdecken der Welt. Nix mit Wolldecke, richtig kuschlig-fluffiges Duvet in anständigem Bezug, da könnte das amerikanische Hotelzimmer noch viel von lernen.

Ich kuschele mich in ebendieses, es ist kühl, mir gegenüber hält es eine ältere Dame ebenso, ihre Enkelin schläft ganz oben, die Tochter irgendwo in der Nachbarschaft. Mittig ziehen zwei Studenten ein und hoch über mir ein unscheinbares junges Ding. Der Zug fährt mit fünfzehn Minuten Verspätung ab, endlich mal so was wie Normalität, diese irrsinnige zentralasiatische Pünktlichkeit war ja geradezu unheimlich. Eine Stunde später, gegen eins, geht das Licht aus, und als ich mich anschicke zu schlafen, fällt mir auf: kein Kadongkadong-Kadongkadong. Der Zug sirrt und kadongt nicht. Ich bin enttäuscht, ich vermisse das Schlaflied meiner Reisemelodie. So sirren wir nach Osten, durch China. Was dauern kann.

Durch China

Wer denkt, in einem Zug, der heute nichts weiter vorhat, als durch die Gegend zu fahren, könne man ausschlafen, der irrt. Ich zum Beispiel. Um Punkt sieben, ungeachtet der Tatsache, dass hier keiner vor frühestens eins, halb zwei ein Auge zutat, fanfaren die Lautsprecher los. Mit einem bunten Potpourri der schrecklichsten Melodien Chinas. Vielleicht ist's auch ein Radiosender: *Die erbärmlichsten Hits der Achtziger und Neunziger und das Schlimmste von heute.* Es dezibelt sich noch durch die solidesten Qualitätsohrstöpsel. Abgelöst wird das musikalische Inferno von Leuten, die schreien; mal schreien sie einzeln, mal im Dialog, dann pausieren sie kurz, damit das Publikum schreien kann. Ich halte das entweder für eine Art Comedy-Hörspiel oder irgendeine Show – China sucht den Superschreihals. Ich halte es für einen Grund, irgendwen zu töten. Bin ich auch sonst ein hartes Kekschen, Zwangsbeschallung macht mich mürb. Man hat aus gutem Grund mit so was in Guantánamo gefoltert. Wahrscheinlich mit derselben CD.

Gottlob wird alle circa zwei Stunden eine Krakeelpause eingelegt, ich hätte wohl sonst aus dem Zug springen müssen. Wäre möglicherweise einsam geworden, wir fahren den ganzen Tag durch Wüste, Steppe und jegliche Zwischenstadien. Nicht viel los dort draußen.

Hier drinnen auch nicht. Die Fahrt gestaltet sich zwar entspannt, da meine Abteilgenossen die Kunst des 36-Stunden-Durchschlafens beherrschen und somit nicht auf meiner Liege rumlungern, dafür aber fehlt das gesellige Miteinander. Nicht nur, was mich und meine Sondersprache angeht, auch untereinander sozialisiert man nicht. Keine rundum geteilten Essereien, ich schleppe all meine auf Teilbarkeit angelegten Nahrungsmittel umsonst mit. Schade eigentlich. Wenn ich darüber nachdenke, hat mir alles in allem die *Platskarty*-Trubelzugfahrt im Billyregal nach Astana am besten gefallen auf dieser Reise. Wer braucht schon Bandscheiben, wenn er stattdessen Spaß haben kann.

Mangels Sozialleben lese ich ein bisschen im *Lonely Planet*, bevor ich mich Jane Austen widmen werde. Dort steht, die chinesische sei eine lärmunempfindliche, wenn nicht gar lärmaffine Kultur. Sag bloß, denke ich, während ich unter dem Schreishowsequel ertaube.

Fasziniert von der mich umgebenden Sprache und ihrem elaborierten Zeichensystem lese ich darüber. Zwei- bis dreitausend Zeichen, heißt es, müsse man beherrschen, um einen Zeitungsartikel lesen zu können. Und da stellt sich doch brennend die Frage: Braucht man, um einen Zeitungsartikel zu schreiben, eine Tastatur mit zwei- bis dreitausend Tasten? Ich verstehe das alles nicht. Geheimnisvolles Asien.

Was ich stündlich besser verstehe, wenn ich der Landschaft draußen beim Vorbeifließen zusehe, ist, wie groß China ist. Nun ist dies natürlich eine Binsenweisheit und mutmaßlich das Erste, was jedem zu China einfällt: Es ist groß. Und dennoch, ich gehe mit Juri aus Samarkand konform – zwischen theoretischem Wissen aus Medien und dem eigenen Erleben liegen Welten der Begreifensdimension. Es macht einen himmelweiten Unterschied, sich eine Landkarte anzusehen oder tagelang durch echtes Land zu fahren, das kein Ende nehmen will.

Mein ureigenstens Fazit lautet: China ist *groß*. In kursiv. Ein kleiner Unterschied für den Leser, ein gewaltiger Sprung für den Erkenntnishorizont der Reisenden.

Zweite Erkenntnis: China ist eine *große Baustelle*. Überall wird gebaut, in den Städten, den Dörfern, auf dem Land, selbst mitten in der Wüste. Straßen, Gebäude, Brücken, Kraftwerke und alles andere auch. Wahrscheinlich ist China zudem ein *großer Kraftakt*.

Den Nachmittag verbringe ich mit Elizabeth und Mr. Darcy in englischen Gärten, sonderbare Lektüre, fährt man gerade durch chinesische Wüsten. Zum Abendbrot gieße ich mir mit Wasser, das die Schaffnerin regelmäßig aus einem großen Kessel in die abteileigenen Thermoskannen füllt, einen Instantnudeltopf auf. Das macht man hier so. Das machen alle so. Nachdem ich dies erst während der letzten Fahrt herausfand und prompt unter Nudelneid litt, habe ich diesmal einen eigenen Nudelkübel dabei. Kleinere Packungsgrößen sind nicht erhältlich, man stelle sich keineswegs eine der unsrigen Fünf-Minuten-Terrinen vor, sondern eben – einen Kübel. Ich schaffe mit Ach und Krach abends einen, meine Mitreisenden gabeln sich die Dinger im Zweistundentakt rein. Erstaunlich. Undenkbar. Geheimnisvolles Asien.

Die Schaffnerinnen übrigens sind streng, aber ungütig. Vorbei ist's mit der Schnaffnerflüsterei, die Damen – es sind ausschließlich solche – tragen militärische Uniformen und drillen uns dementsprechend. Als ich gestern meinen Daypack, in dem sich akuter Reisebedarf (Pullover, Buch,

Zahnbürste etc.) sowie die Kamera befindet, unter das Abteiltischchen stellen wollte, da der Stauraum unter den Bänken bereits belegt war, wurde mir das allergrimmigst verboten, auch auf meiner eigenen Liege durfte ich ihn nicht platzieren; *ganz* geheimnisvolles Asien.

Ich lese am Abend mit Stirnlampe, das Licht im Wagen reicht nicht, dabei sehe ich hier zum ersten Mal seit Langem wieder ein paar Leute, die im Zug Bücher lesen, die studentische Jugend nämlich. Man hatte zwischenzeitlich den Eindruck bekommen, es handele sich um eine ausgestorbene Kulturtechnik, der einzige Leser in den Stans war ein Mann mit einem Okkultschmöker im Business-Shuttle nach Almaty. Komisch, dass die Chinesen zwar lesen, aber keine Beleuchtung kennen, bei der das möglich ist. Andererseits soll dieses Volk auch das Klopapier als Erstes erfunden – und dann ganz schnell als Erstes wieder vergessen haben. Warum auch immer. Und: Nur der Anfänger reist ohne.

Ich bette mich früh, eingedenk des Schreibeginns morgen um sieben. ETA Xi'an ist zwar erst um 9:45 Uhr, aber ich nehme nicht an, das könnte den Lärmbeauftragten von der Erfüllung seiner Pflicht abhalten. Groß ist des Chinesen Leidensfähigkeit, so groß wie sein Land. Wahrscheinlich allerdings leidet nur der Tourist, und dem Chinesen macht so ein gutes Geschrei am frühen Morgen einfach bloß prächtige Laune. Geheimnisvolles usw.

28. August 2010
Xi'an

Xi'an und diverse Xi'aner

Der Zug kommt mit einstündiger Verspätung in Xi'an an, womit dann wieder so was wie deutschenkompatible Normalität hergestellt wäre. Lästig nur, dass ich erwartet werde, diesmal weiß ich's, und mein Empfangskomitee sich die Beine in den Bauch stehen muss. Aber ich kann's nicht ändern. Immerhin bin ich einigermaßen ausgeschlafen – mein Unterbewusstsein weckte mich um 6:45 Uhr und riet mir zu Ohrstöpseln.

Wiederum via Goethe-Institut bin ich zu fabelhaftem Geleit gekommen – Mensch, der gute Goethe, nicht nur ein prima Schriftsteller, sondern auch Chef des nettesten Reisebüros der Welt. Heute gibt's Goethisten im Doppelpack: Udo, ein Exildeutscher, und Hu Fan, der über zehn Jahre in Deutschland gelebt hat und erst vor Kurzem zurückkehrte – er sagt, er fühle sich bislang ebenfalls eher als Tourist. Zwei umwerfende Sympathen, und in ihrer Gegensätzlichkeit auch als Team irgendwie gut gecastet, macht man in Hollywood ja genauso, die Doppelpackheldendramaturgie lebt vom Kontrast der Protagonisten.

Man hat recherchiert und verspricht mir baldmöglichst Kaffee. Zunächst müssen wir eine Viertelstunde laufen, um ein Taxi zu bekommen, die Warteschlange am Taxistand vor dem Bahnhof reicht weit zurück in Zeit und Raum. Schon interessant, bedenkt man, wie sehr ein Großteil der Welt an einem Überangebot unterbeschäftigter Taxifahrer krankt. Ist aber kein Problem, das Laufen, wenn ich Frontbeutel und Nachbarnationendisstasche delegieren kann.

Ich restauriere ich mich kurz im Hotel – von den letzten neun Nächten der Reise verbringe ich sechs im Zug, da nimmt man schnell eine gewisse Gammeligkeit an. Peinlicherweise, selbst wenn ich geschrubbt und olfaktorisch neutral gekleidet bin, nützt das nur bedingt, inzwischen hat mein Tagesrucksack unheilig zu stinken begonnen, uuuärgh, und dagegen kann man wenig machen.

Hu Fan und Udo sind ein Dreamteam für den betreuungsbedürftigen Reisenden. Ersterer brieft mich eher in Sachen Historie (und davon hat Xi'an eine Menge), Letzterer hat mich dank Blog profund verstanden, zeigt sich als kundiger Connaisseur des Absurden und fragt, ob ich Leute kennenlernen wolle: Einen bekannten Kalligraphen, einen wortspielenden Wahrsager, zudem bestellt Hu Fan zum Abendessen noch einen Schwung Dichter ein. Bin begeistert! Ich steh ja auf Menschen, und sie müssen nicht notwendigerweise aus Terrakotta sein. Ach ja, und ob ich erst mal einen Esel essen wolle.

Will ich. Aber nur einen kleinen, ich bin ja nicht so'n Mittagesser. Wir gehen in ein charmantes Nachbarschaftseselrestaurant. Ich möchte gerne Eselsteile, die nicht aus dem Allerinnersten stammen, und bekomme die auch, es gibt Eselsuppe und eine Art Eselwrap. An der Stirnwand hängt ein ausgestopfter Eselkopf und sieht eher skeptisch auf die Szenerie nieder. Eine bebilderte Speisekarte ihm zur Rechten weist als High-End-Spezialität Eselspenis aus, aber das macht selbst mir Kastrationsängste. Ist außerdem teuer.

Wir schmausen und schwatzen. Udo kommt aus Ostdeutschland, hat Sinologie studiert und sein ganzes Leben lang nach China gewollt, als er dann schließlich hier war, wollte er nie wieder weg, es hat sich tatsächlich als sein Traumland herausgestellt. Seine Frau stammt aus einem Dorf im Umland, die Schwiegereltern sind Bauern. Ich finde es toll, wie man sich instinktiv für etwas entscheiden kann, das man noch gar nicht kennt, um dann von der Realität darin bestätigt zu werden. Hu Fan hat in Deutschland Philosophie und Theologie studiert, er ist katholisch in sechster Generation, sagt er, ich bin verblüfft, ich habe gar nicht gewusst, dass so was hier vorkommt. Immer wieder merkt er an, wie schnell sich alles verändere, jedes Mal, wenn er in den vergangenen dreizehn Jahren zu Besuch gewesen sei, habe er sich kaum noch ausgekannt. China ist nicht nur eine *große* Baustelle, sondern auch eine *rasante.*

Was dem Stadtbetrachter sofort auffällt, ist: Es sieht hier so verdammt chinesisch aus, und damit meine ich nicht nagelneue Wolkenkratzer-Agglomerate, sondern zipflig geschwungene Pagodendächer, die, wie ich erfahre, typisch für die Tang-Dynastie sind. Und zwar nicht nur an historischen Gebäuden wie dem alten Trommel- bzw. Glockenturm oder den kleinen ein- bis zweistöckigen Steinhäusern, die ganze Straßenzüge prägen, sondern auch an mehrstöckigen Neubauten. Ist mir schon vom Zug aus aufgefallen. Das sei Prinzip, erklärt mir Udo, es gäbe eine Vorschrift, Tang-Dächer zu bauen, er weist auf einen Gebäudekomplex an einer Kreuzung, dies sei der hässlichste Bau der Stadt gewesen, bis man die Eigentümer vor die Wahl gestellt habe, entweder abzureißen oder tief in die Tang-Kiste zu greifen. Nun sieht's etwas überkandidelt danach aus, als hätte ein Tang-Tempel beschlossen, eine Umschulung zum Bürohaus zu absolvieren.

Wer hätte so was erwartet. Liest man doch immer wieder, wie der geschichtsbewusste Beobachter bedauert, dass im ganzen Land die historischen Viertel und Hutongs abgerissen werden – und hier baut man historisierend.

Ich finde das ja ganz lustig. Natürlich ist die Standardmeinung, historisierende Architektur sei pfuibäh und des Teufels. Warum allerdings das eintönige Vollstellen der Welt mit inspirationsfreien, immergleichen Glas-Stahl-Klumpen, der Nichtphantasie der zehnten Generation von Epigonenepigonen entsprungen, irgendwie gesegneter sein soll, leuchtet mir nicht notwendigerweise ein. Ich glaube, wäre ich Architekt, ich könnte der Versuchung kaum wiederstehen, lupenreinen Jugendstil oder Gründerzeit zu bauen, einfach bloß weil's so irrsinnig punkig-provokativ ist. Klar, man muss die Gegenwart nicht flächendeckend disneyesk weghistorisieren, aber so ab und zu, so'n bisschen – mir macht's Spaß. Und unbestreitbar haben die von den Steinhäusern gesäumten Straßen, hübsch verschattet von üppigen Baumreihen, Charme. Sie strahlen eine Ruhe aus, die ich im Zentrum einer großen Stadt nicht erwartet habe.

Die Historisiererei liegt natürlich daran, dass Xi'an unglaublich stolz auf seine mehrtausendjährige Geschichte ist. Hier liegt der Nukleus des chinesischen Reiches, unweit von Xi'an herrschte die Qin-Dynastie, während der die Grundsteine des vereinten Chinas gelegt wurden. Auch die Han, Sui und Tang residierten in dieser Stadt. Und zudem bin ich am End- bzw. Ausgangspunkt der Seidenstraße angelangt.

Wir bewundern die alte Stadtmauer beim Vorbeispazieren, schlendern durch liebliche Straßen, trinken den versprochenen Kaffee im Innenhof einer tanghaft anheimelnden Jugendherberge. Gegenüber ein Tempel, in dem sich, wie meist, Taoismus, Buddhismus und Konfuzianismus zu einer unentwirrbaren Melange mischen, das handhabt man hier traditionell immer schon so. Die Götter allerdings sind heute mit Tüchern verhängt. Da ich Götter sammele (so sind sie, die Atheisten), frage ich, ob ich noch einen bräuchte, ich habe schon Wanchang Dati daheim, von dem man mir in Taipeh sagte, der sei für Schriftsteller zuständig; Hu Fan und Udo raten mir zu einem weiteren, der sich durch Hellebarde und Schriftrolle auszeichne, coole Kombi. Leider vergesse ich seinen Namen andauernd.

Das Namen- und Wörtermerken ist die Pest. Nun bin ich zwar kein Fremdsprachengenie, aber so ganz untalentiert auch wieder nicht. In Kambodscha konnte ich mir durchaus genug Khmer beibringen, um zurechtzukommen, in der Mongolei lernte ich gar mongolische Reitlieder. Aber das Chinesische gestaltet sich geradezu absurd schwer für mich. Normalerweise baue ich mir zum Vokabellernen Eselsbrücken, teils hochkomplexe Gebilde, aus Begriffen, die irgendwie ähnlich klingen (für das russische Dostoprimetschatjelnost oder so ähnlich brauche ich z. B. fünf: Dosto wie -jewski, Prime wie Primel, Tschad wie das Land, Jel wie Jelzin, Nost wie Glasnost), das ist mühsam, aber funktioniert. Hier jedoch klingt nichts nach irgendwas mir Bekanntem. Nicht mal den Ausdruck für „Auf Wiedersehen" kann ich behalten, und die Namen machen mich kirre, die sind einander alle viel zu ähnlich (die Straßennamen Shanghais werden sich als allein nach dem Kriterium gewählt erweisen, mich in den Wahnsinn zu treiben. Die heißen nämlich allesamt Kangping, Kangding, Dingdong, Dangde, Dongdang – das ist doch keine Straßenbenamung, das ist ein gottverdammtes Glockenspiel! Und zwischen Changshu und Changshou liegt nicht nur ein „o", sondern Dutzende von Kilometern). Namen kann ich mir nicht mal auf Deutsch merken.

Selbst Pinyin, das Transskriptionssystem in lateinische Schrift, ist eine Herausforderung – ich empfinde es als zutiefst widernatürlich, ein „Q" als „Tsch" auszusprechen. Immerhin finde ich heraus, dass man als Journalist keine dreitausendtastige Computertastatur braucht, das wird nämlich via Pinyin abgewickelt.

Woran ich durchaus Freude haben kann, ist das ubiquitäre Chinglisch, so berühmt und berüchtigt, es werden mittlerweile ganze Romane darin verfasst. Dabei handelt es sich um den zwar nur bedingt kompetenten, dafür aber umso kreativeren Einsatz von Englisch, der bisweilen Blüten von dadaistischer Poesie treibt. Wenn der Bankomat beispielsweise fragt, ob man einen Ratschlag ausgedruckt haben möchte. Oder in einer Therme neben Massagen und Fußbädern auch das Salzschubsen offeriert wird. Im Zug besaß einer der Studenten eine mit dekorativem, epischem Text bedruckte Sporttasche, der die hippe junge chinesische Generation pries, das hätte sich in jeder Anthologie avantgardistischer Lyrik abdrucken lassen.

Wir gehen Richtung Künstlerviertel, wo alle Erdgeschossläden von Künstlern und Kunsthandwerkern bewohnt werden; die, die keinen Platz mehr hatten, betreiben Straßenstände. Es gibt Schnickschnack aller Couleur und jeden Ausmaßes sowie sehr gute bis sehr schlechte Malerei und Unmengen Kalligraphie, wieder so was Tolles, von dem ich rein gar nichts verstehe. Wenigstens Grasschrift lerne ich schnell zu erkennen, ist nicht so schwer, sieht aus wie Gras. Besonders gut gefällt mir übrigens die Erfindung von Melone am Stiel, das ist ja mal praktisch, so lässt sich *to go* eine Frucht verzehren, bei der man sich sonst unweigerlich einsaut.

Ich bin bei all dem auf wahrlich beschämende Weise eingeladen, nichts, aber auch rein gar nichts darf ich selbst bezahlen, das ist ebenso nett wie mir ein bisschen peinlich, ich bekomme obendrein auch noch einen Glücksbuddha geschenkt, der die Liga meiner Amulette verstärkt.

Wir kehren in einer kleinen Ateliergalerie ein, der Künstler, Chen Shusheng, malt in einem zeichnerisch-kalligraphischen Gestus Portraits, sowohl von Berühmtheiten wie von einfachen Leuten auf dem Land. Wenn ich jetzt wüsste, wie ein vierteiliges Bild heißt, würde ich erwähnen, wie gut mir das ebensolche mit dem zahnlosen Greis gefällt, der sich eine Zigarette dreht, anzündet und raucht; da mir das aber peinlicherweise nicht einfällt, auch wenn's sicher was mit Tetra- ist, will ich mein Unwissen hier nicht öffentlich zur Schau stellen. Hätte er doch bloß eine Sequenz weggelassen, dann wär's ein Triptychon und ich hätte keine Probleme damit.

Wir setzen uns zur „Kungfu-Tee"-Zeremonie nieder, über einem Brett mit integriertem Ausguss werden winzige Teetässchen in hochfrequenter Folge aufgegossen, dabei zieht der Tee nur kurz und ist stark, deshalb: Kungfu-Tee. Ob ich diesen irre starken Tee vertrage, fragt man mich irgendwann; grad mal so, sage ich, betrachte das farbige Wasser im Tässchen und denke, Jungs, ihr solltet mal bei mir auf einen Kaffee vorbeikommen. Ich sah Teeläden, in denen es origamihaft gefaltete Blüten aus Tee gibt, die im Wasser aufsprießen, sowie zu großen Reliefmedaillons gepressten Tee, in der Art, wie man ihn früher gar als Zahlungsmittel verwendete. Sie kann einem ein wenig unheimlich werden, diese Teebesessenheit des Chinesen.

In die Runde gesellt sich Xiao Mo, der Kalligraphenfreund von Udo, und dann schneit noch unvermutet ein sehr berühmter Schriftsteller und Opernregisseur vorbei, der mir zwei seiner Bücher signiert und schenkt. Die Übergabe wird im Staatsaktstyle fotografisch festgehalten. Es sei eine große Ehre, erklärt man, normalerweise sei Herr Tan Shaowen nicht so freigebig mit Büchern und Autogrammen. Verdammt. Sie sehen schön aus, die Bücher, und mehr kann ich dazu natürlich nicht sagen. Und das, wo ich auf dieser Reise jedes Gramm spare. Dass ich überhaupt reise, liegt übrigens nicht daran, dass ich das gern täte, ich hasse Reisen, bloß ist bei mir daheim alles derart voller Bücher, für mich ist in der Wohnung einfach kein Platz mehr.

Nun sind mir Bücher ohnehin heilig, ganz besonders heilig aber sind mir vom Autor signierte Bücher. Welch Dilemma. Wenigstens kann mir Hu Fan sagen, wovon die Bücher ungefähr handeln, das eine ist ein Roman, das andere befasst sich mit Oper. Wie ich all diese Weißen Teufel beneide, die fließend Chinesisch sprechen und von denen ich vielen begegnen werde. Ich hingegen kann mir ja nicht mal den Ausdruck für „Weißer Teufel" merken, obwohl ich's versuche.

Wir plaudern uns beim Tee fest, dann ziehen wir ein Stück weiter zu Xiao Mos Atelier und plaudern uns dort beim Tee fest. Der Chinese sei ein großer Rumlungerer und Plauderer, erklärt mir Udo, ich finde das hochsympathisch. Auch vor den Läden sieht man allerortens Rumlungerer und Plauderer, lungert und plaudert er nicht, der Chinese, ist er mit Feuereifer in irgendein Spiel verstrickt: Karten, chinesisches Schach, Mah-Jongg.

Es entbrennt eine hitzige Debatte darüber, wie mein künftiger chinesischer Name zu lauten hätte, es werde in diesen Kreisen mit Leidenschaft stundenlang über Kunst und Poesie und dergleichen debattiert, sagt Udo. Wie sich die Chinesen anglizierte Vornamen zulegen, so müssen ausländische Namen eingechinesischt werden. Dabei gilt es, sich an den Klang möglichst stark anzulehnen, dabei aber einen Namen mit einer schönen Bedeutung zu kreieren. Bedeutungslose Namen gibt es anscheinend nicht. Ein Nachname ist schnell gefunden, Yü, angelehnt an den Klang von „Ü" in Uebel, ein geläufiger Familienname. Im Falle meines Vornamens schwankt man zwischen *Dina* und *Tschina,* Hu Fan schließlich findet die Lösung, womit ich nun so ähnlich heiße wie „Herz einer Blume, das wie Weidenzweige im Wind schlackert" – hey, that's me, präziser hätte ich's selbst nicht ausdrücken können! Udo heißt *Fünf-Scheffel-Getreide,* was wesentlich weniger prosaisch ist, als es klingt, es entstammt der Geschichte eines Weisen, der selbst für großen Reichtum nicht käuflich war. Muss man wissen, weiß man auch. Ich glaube, China ist auch von *großer Komplexität.*

Herr Xiao Mo kalligraphiert mir meinen neuen Namen. Es ist faszinierend, ihm dabei zuzusehen, die Schriftzeichen entstehen aus einem Ausdruck, an dem der ganze Körper beteiligt ist. Und weil ich zum ersten Mal hier bin, müsse er mir eine weitere Kalligraphie schenken, ich solle mir einen Begriff wünschen. „Sehnsucht", sage ich spontan, eines meiner Lieblingsworte. Die Debatte darüber ist noch komplexer. Ich würde sie wirklich herausfordern, sagt man mir, und entbietet mir schließlich einen Spruch, nachdem man in der Wüste an sauren Pflaumensaft denken müsse, um den Speichelfluss anzuregen und den Speichel schlucken zu können, schon hätte man keinen Durst mehr. Hm. Saurer Pflaumensaft ist durchaus lecker, ich probierte vorhin welchen vom Straßenstand, und doch, naja. Es wird eine Alternative ausgetüftelt: Auf den Berg steigen, um den Mond zu umarmen. Oder so ähnlich. Na, das ist doch mal wunderbar! Herr Xiao kalligraphiert mir dies, und dann muss mit genügend Vorlauf der Abschied eingeleitet werden, die Zeit schwindet mit dem Tee, und um sieben sind wir mit den Lyrikern zum Essen verabredet.

Wir schlendern zum Treffpunkt durch die Basargassen des alten Muslimviertels, die Moschee, die architektonisch aufs Haar einem Tempel gleicht, ist leider schon geschlossen, und für die eigentlichen alten Tempel haben wir keine Zeit mehr. Aber man kann halt nicht alles haben. Wir begucken ein bisschen das Warenangebot am Wegesrand, von nachgemachten Markenklamotten bis nachgemachten Antiquitäten sowie natürlich allerlei Kunsthandwerk und Seide, biegen dann in eine Essstraße ein.

Wow. Hier müsste man sich mal von Anfang bis Ende durchessen können. Leider wird man schon von den Gerüchen satt, und wir sind ja erst auf dem Weg zum eigentlichen Abendbrot. Verdammt. Was es nicht alles gibt. Walnüsse rösten in heißem Sand, aus gedünstetem Reis entsteht eine süße Leckerei am Stiel, Tofuvariationen, stinkend oder geruchsneutral, Spießchen, Schüsselchen, zumindest ein Persimonenküchlein muss ich probieren, es ist köstlich, ich wusste bislang nicht mal, was eine Persimone ist.

Und wer dann gar nichts mehr reinkriegt, kann sich noch eine Plastikminiaturenauswahl chinesischer Tellergerichte als Schlüsselanhänger zulegen.

Das eigentliche Essen findet in einem gemäßigt muslimischen Restaurant statt – gemäßigt heißt, es gibt Bier. Was wir ausgiebig in Anspruch nehmen. „Wir“ heißt drei junge Lyriker, die leider kein Englisch sprechen, eine Expat-Österreicherin namens Tatjana, plus unser Triumvirat. Dann beginnt das Mahl mit – Schaschlik. Und, was soll ich sagen: Die können hier Schaschlik, aber hallo. Das Tier ist mit raffinierten Gewürzen getunt, und darauf folgen Schlag auf Schlag Dutzende von Gerichten, die auf der runden Drehplatte in der Mitte des Tisches zirkulieren. Ich mache große Augen bzw. Geschmacksknospen. Kann mich nicht erinnern, je so aufregend gegessen zu haben. Ist wie mit den Worten, nichts ähnelt irgendwas, das ich kenne. Es gibt in Honig eingelegten Knoblauch auf einem Peripherwürzschälchen, der überhaupt nicht knoblauchhaft schmeckt. Das meiste ist scharf, in ungeahnten Varianten von „scharf“, die anderen Nuancen herauszulocken, nicht zu überdecken. Stelle fest, dass ich total auf frischen Koriander stehe, war mir nicht bewusst. Kein Wunder, dass die Chinesen dauernd essen gehen – trifft man verschiedene Freunde an einem Tag, täte man das auch mehrfach, sagt Udo. Schätze, das Problem mit meinem zu weit gewordenen Gürtel, das mich seit einiger Zeit beschäftigt, ohne dass es mir gelungen wäre, in Usbeki- oder Kasachstan einen Lochmacher aufzutreiben, kann ich hier auf natürliche Weise lösen, indem ich mich einfach fettfresse.

Ein chinesisches Mahl gilt übrigens nur dann als gelungen, wenn es viel zu viel gibt. Es gibt viel zu viel. Als das Ende schon nah scheint, werden noch mal Schaschlikstapel geliefert, O Gott, geht's jetzt etwa von vorne los?

Nein, tut es nicht. Bei einem gelungenen chinesischen Mahl muss viel übrig bleiben. Wir brechen auf, ein paar Blocks weiter in die Kneipenstraße, schieben draußen zwei Tische zusammen – es ist warm, in Xi'an habe ich den Sommer wieder eingeholt – und bestellen Bier. Viel Bier. Hu Fan erbarmt sich und übersetzt stundenlang ein Gespräch zwischen mir und den Dichtern, es geht um Literatur, in allen Aspekten. Wir vergleichen das Verlagswesen und die Marktmechanismen – auch hier ist Lyrik viel schwerverkäuflicher als Prosa, alle drei schreiben danebst Kurzgeschichten und Romane. Wir befragen einander darüber, warum wir schreiben und was wir mit unserer Literatur wollen, wir reden über die Zensur, über

Kunstbegriffe und -bedeutung, über Lesungen und Präsentation von Literatur und wie man damit Leute erreichen kann, die ins reine Entertainment abzudriften drohen. Ein Gespräch mit langen Delays, in denen Hu Fan übersetzt. In diesen Pausen unterhalte ich mich mit Udo und Tatjana zur Linken, auch Herr Xiao Mo hat sich zu uns gesellt, später schaut noch ein junger deutscher Physiker vorbei, nur der Wahrsager ist leider verhindert.

Tatjana hat ebenfalls Interessantes zu erzählen. Sie braucht ab und zu mal eine Chinapause, sagt sie. Nerven täte zum Beispiel die Art und Weise, wie eine Frau als unvollständig gesehen werde ohne Mann. Man habe sie schon mit achtzigjährigen Greisen verkuppeln wollen, bloß damit sie nicht unbemannt sei. Einige Dinge aber änderten sich. Anfangs seien sie und ihre westlichen Arbeitskollegen auf Skepsis oder gar Ablehnung gestoßen, wenn sie über Ferienreisen redeten, man reiste nicht oder wenn, dann keineswegs ohne Gruppe. Mehr und mehr nun probierten jetzt auch die chinesischen Kollegen individuelles Reisen aus und kehrten begeistert von Campingwochenenden heim, die sie mit Zelt und Freunden in den Bergen verbracht hätten. Dann geht das Dichtergespräch zu meiner Rechten in die nächste Runde. Eine Konversation wie Simultanschach.

Wir haben mächtig viel Spaß und nicht weniger Bier. Irgendwann gegen zwei allerdings meldet sich die Stimme der Vernunft mit letzter Kraft lallend zu Wort: Udo, Hu Fan und ich wollen morgen zur Terrakottaarmee, dafür müssen wir uns um neun im Hotel treffen, und wenn wir nicht aufpassen, ist das schon gleich.

Der große Abschied ist unumgänglich. Von Yi Sha, einem der Lyriker, bekomme ich seinen Gedichtband signiert und geschenkt. Er hat uns zudem Fotokopien mit Übersetzungen seiner Gedichte ins Deutsche mitgebracht, sie sind toll. Verdammt, schon wieder ein so schönes Buch, dass ich nicht lesen kann, man mag schier verzweifeln.

Im Hotel torkel ich ohne viel Federlesen ins Bett. Verliere noch eine Viertelstunde, bis ich die Schaltelemente im Nachttisch begriffen habe und das Licht löschen kann (nicht, dass da viel zu löschen wäre), schlafe dann schleunigst noch fünf Stunden, muss ja morgen Weltkulturerbeweltwunder ins Auge sehen. Merke beim Einschlafen noch, dass ich drauf und dran bin, mich in Xi’an zu verknallen.

29. August 2010
Xi'an

Das Weiße im Auge der Geschichte

Ausgeschlafen geht anders. Ich investiere die knappen Ressourcen Zeit und Hirn in zwei schnelle Tassen Kaffee und lasse all meinen Krempel in der Gegend rumliegen, was sich noch rächen wird. Mit deutscher Pünktlichkeit bin ich um exakt neun Uhr in der Lobby (eigentlich bin ich die Deutsche, die überall 15 Minuten zu spät kommt), Hu Fan und Udo aber haben mich mit Überpünktlichkeit geschlagen, keine Ahnung, wie man das in China so handhabt mit dem Timing von Verabredungen, gilt es, dringend herauszufinden. Wir sagen uns guten Morgen und tun so, als wären wir wach.

Der Terrakottaarmeestützpunkt liegt östlich der Stadt und verlangt nach einem Tagesausflug, wir nehmen zunächst ein Taxi zum Bahnhof und von dort einen Bus, der etwas mehr als eine Stunde braucht und unterwegs noch die ein oder andere weitere Sehenswürdigkeit abfährt.

Hu Fan brieft mich während der Fahrt in Sachen Historie, Udo betreffend diverser sprachlicher Schönheiten. So bezeichnen sich enge Freunde als „Hundehautsocken", alldieweil die so fein sind, man kann sie auf links wie auf rechts gekrempelt tragen, Hundehautsockenfreunde sind also quasi zwei Seiten ein und derselben Medaille. Super, muss ich sofort adaptieren: „Na, du alte Hundehautsocke" ist doch eine schöne Anrede.

Jemand, der dumm wie Brot ist, wird hier als „Melonenhaut" tituliert, nämlich blöd wie ebendiese. Leuchtet ein. Der Toilettengang kann „kleine" bzw. „große Bequemlichkeit" genannt werden, ein Begriff, der deutlich vor Erfindung der chinesischen Zugtoilette geprägt worden sein muss. Am wunderbarsten aber ist die Tatsache, dass die Einchinesischung fremdländischer Namen auch für Marken angewandt wird, nach demselben Prinzip, ein ähnlicher Klang wird gesucht, der eine passende chinesische Bedeutung trägt. So also heißt der Citroën *Schnee-Eisen-Drache,* respektive *Eisendrache im Schnee* oder auch *Es schneit Eisendrachen,* und aus dem BMW wird das *Schatzpferd* – eines mit dickem Hintern, sagt Udo, wie aus der Tang-Zeit, wo man an Frauen wie Pferden dicke Hintern schätzte.

Gegen elf sind wir vor Ort. Eine Riesenanlage, der Fußfaule kann sich per Elektroshuttle herumtransportieren lassen, aber zu denen gehöre ich ja bekanntlich nicht. Erst mal gilt's Arts-and-Crafts-Shoppingstraßen zu verkraften, das Angebot dominiert, welch Wunder, der Terrakottakrieger in allen Varianten. Man kann auch ein Foto von sich machen lassen, bei dem der eigene Kopf aus einem Terrakottakriegerkörper lugt. Vor dem eigentlichen Eingang verlassen mich Udo und Hu Fan temporär, die zwei kennen wahrscheinlich längst jeden einzelnen der etwa 7000 Krieger mit Vornamen. Hu Fan erbot sich zwar, mir den Guide zu machen, ich aber will eigentlich keinen Guide. Beziehungsweise will ich ganz sicher keinen Guide, was den etwa 7000 Guides, die sich uns anpreisen, nur unter Schwierigkeiten klarzumachen ist.

Ich bin kein großer Freund des Touristenführers an Weltkulturerbe. Meine Multitaskingfähigkeit ist lausig, ich kann nicht gleichzeitig zuhören und da sein. Und intellektuelles Wissen führe ich mir sowieso am liebsten und gewinnbringendsten allein mit einem Buch zu. Der Moment aber, weswegen es sich lohnt, die Dinge mit eigenen Augen zu sehen, nicht nur im Fernsehen oder in Bildbänden, der Moment der persönlichen, unmittelbaren Begegnung mit Geschichte und die tiefe Freude, die sich dabei fühlen lässt (nicht immer, aber oft), der wird mir nur verhunzt dadurch, wenn mich jemand ununterbrochen volltextet. Exemplarisch der Vergleich zwischen meinem magischen Tag in Buchara und der zähen Merv-Experience, die mich ziemlich kalt ließ. Davon abgesehen, hat so ein Guide stets ein Timing, das niemals mit dem eigenen konform geht, er stratzt vorbei, wo man verweilen möchte, und verharrt vor Nichtssagendem, während er Meter-, Kilo- und Jahreszahlen abspult (wer z. B. in Tempeln vor dem möglicherweise schönsten Buddha der Welt steht, erfährt via Infotafel höchstwahrscheinlich, dieser sei 9,8 Meter hoch und wiege x Tonnen, Informationen, ohne die man nicht in die Grube fahren mag). Außerdem vergesse ich Zahlen sowieso sofort wieder. Also nö, ich mach das hier zum privaten Date, nur die 7000 Jungs und ich.

Die Armee ist übrigens nur Teil einer möglichst kompletten Nachbildung der Welt, die Kaiser Qin Shi Huang nach seinem Tod ins Jenseits mitzunehmen gedachte. Er war derjenige, der China um 200 v. Chr. erstmals zu einem Reich einte, durch militärische Eroberung ebenso wie durch Vereinheitlichung von Schrift, Währung und Maßeinheiten und den Bau eines weitreichenden Straßensystems. So richtig beliebt machte er sich trotzdem nicht, er soll zum Beispiel vierhundertsechzig konfuzianische Gelehrte lebendig begraben haben und ihre Schriften verbrannt. Hm. Grausamer Tyrann, aber die Autobahnen waren gut, das erinnert mich doch an irgendwas.

Apropos lebendig begraben: Eigentlich war es durchaus üblich, lebendige Leute als Grabbeigaben zu nutzen. In diesem Falle hier mutmaßt man, der Kaiser sei überzeugt worden, dass 7000 Soldaten im Diesseits mächtig nützlich seien und es die Armee zu stark dezimierte, begrübe man das ganze Heer. Eine neumodische Ansicht, die, wie ich vermute, unter den 7000 Soldaten schnell eine Menge überzeugter Anhänger fand.

Also wurde getöpfert. Und da magische Wirkung von realistischer Darstellung abhängt, gleicht keiner der Krieger dem anderen.

Unbeschwert von der Agenda eines Guides, habe ich die Freiheit, meinen Grillen nachzugehen, und so besuche ich die drei Ausgrabungsstätten in umgekehrter Richtung, als es angezeigt ist, derart nämlich bekomme ich die spektakulärste zum Schluss zu sehen, was dramaturgisch doch viel sinnvoller ist.

Apropos Grillen: Die Xi'an'schen Grillen sind gut. Sind wahrscheinlich die lautesten Grillen der Welt und haben mir schon den gestrigen Tag verschönt, ich liebe das Geräusch von Grillen, psychologisch untrennbar verbunden mit heißen Nächten in der Ferne. Überlege seit Langem, mir für den Hamburger Winter eine Grillengeräusch-CD zuzulegen; wobei man es in Xi'an so hält, *oldschool* echte Grillen in kleinen Käfigen zu verwenden und diese ans Fenster zu hängen, damit sie das Glück herbeizirpen. Auch zwischen den Ausstellungsgebäuden zirpt es gewaltig, der Himmel ist bedeckt und gleißend weiß, die Hitze trotzdem intensiv. Für mich macht so was einen entscheidenden Unterschied dabei, Weltwunder persönlich anstatt medial oder in einer Replika-Wanderausstellung zu erleben, zu den Terrakottakriegern wird untrennbar die Erinnerung daran gehören, wie es war, dort zu sein, an einem heißen Tag unter einem weißen Himmel, während Grillen ohrenbetäubend lärmten.

Die ersten beiden Gruben, die ich mir ansehe, sind vergleichsweise klein. Überall sind die Ausgrabungsarbeiten noch im Gange, und es soll weitere, vollkommen unangetastete unterirdische Schatzkammern geben. Die Figuren waren wohl so ziemlich alle zerschmettert, später kann man sehen, wie sie von Archäologen mühsam zusammengepuzzelt werden.

Eine Grube zerschmetterter Krieger macht den unerwarteten Eindruck eines Schlachtfeldes nach einem entsetzlichen Gemetzel. Verstreut liegen abgetrennte Gliedmaßen herum, ragen aus Unkenntlichem neben leblosen Torsi. Es scheint, als könnte auch eine unsterbliche magische Armee vernichtend geschlagen werden. Ungewollt hat sich hier ein episches Antikriegsdenkmal manifestiert, das mich als solches tief beeindruckt.

In der riesigen Haupthalle stehen die Krieger restauriert in ihren freigelegten unterirdischen Kasernen. In der Tat, jeder hat ein anderes Gesicht, auch einer dieser Fakten, die man nachlesen kann, ohne wirklich zu begreifen, welch unglaublichen Effekt das auf den Betrachter hat. Zweiter dieser Fakten: Es sind *viele.* Liest man von 7000 Terrakottakriegern, denkt man, wow, das sind ja ganz schön viele. Sieht man 7000 Terrakottakrieger, ist man überwältigt, lässt den Unterkiefer fallen, starrt, schüttelt sich, denkt dann: WOW. Das sind ja ganz schön *viele.* Man denkt dies in Versalien und Kursiven (vergleiche die Größe Chinas, Tagebucheintrag vom 27. August). Wirklich in Worte fassen lässt sich's natürlich nicht, sonst müsste man ja nicht immer überall hinfahren, sondern könnte es nachlesen, q. e. d.

Die Lebendigkeit der Figuren durch ihre individuellen Physiognomien ist frappierend. Wahrlich, die alten Chinesen hatten recht, Magie *wird* von Realismus bedingt. Ursprünglich übrigens waren sie alle realistisch bemalt, aber ihre derzeitige monochrome Erscheinungsform trifft unsere 21.-Jahrhundert-Designpräferenzen ganz gut. Ich wandere um die Grube und sehe in die Gesichter. Näher ran müsste man können.

Kann man. An der rechten Seite der Halle stehen fünf oder sechs Krieger in gläsernen Vitrinen, repräsentativ ein General, ein Kavallerist mit Pferd, ein Bogenschütze etc. Und hier habe ich einen nun wirklich magischen Moment, denn aus der Up-close-and-personal-Distanz sehen sie einen an. Sehen einen an über zwei Jahrtausende hinweg. Es ist genau wie mit richtigen Menschen, in der Masse verschwimmen sie, in der persönlichen Begegnung mit dem Individuum gehen sie einem nah. Mir hat es ein junger Bogenschütze angetan, dessen Körperhaltung, in der er einst einen Bogen gespannt hielt, so geschmeidig-lebendig ist, als würde er mit dem nächsten Wimpernschlag seine Bewegung fortsetzen. Er hat ein schönes, entschlossenes Gesicht. Wir sehen einander lange an, und die Mauer der Zeit scheint für kurze Momente zu einer permeablen Membran zu werden. Dies ist, was ich meine, die tiefe Freude daran, für einen Augenblick Teil der Geschichte zu sein.

Weil's hier ja sonst nichts zu sehen gibt, muss ich nebenbei immer wieder mit chinesischen Besuchern für Fotos posieren, meist werden sämtliche Familienmitglieder nacheinander mit mir durchfotografiert. Ich kann offensichtlich mit einem anerkannten Weltwunder locker konkurrieren, ich fühle mich geschmeichelt.

Im Museum am Eingang sind Zivilisten aus dem Hofstaat ausgestellt, Stallknechte und Pferdeburschen zum Beispiel, sowie Hausrat und Geflügel. Mann, der Herr Qin hat dem Jenseits wahrlich nicht über den Weg getraut.

Nach knapp zwei Stunden treffe ich draußen Hu Fan und Udo wieder, wir nehmen einen Bus nach Lintong, der nächsten Kleinstadt und Heimatort von Hu Fan. Auf der Suche nach einem Mittagessen laufen wir durch die Straßen, gefällt mir sehr gut hier, die kleinstädtische Relaxtheit und das im Vergleich mit dem geschniegelten Xi'an etwas abgenutztere Flair. Wir ziehen Erkundigungen bei den Eingeborenen ein, finden die Straße der Restaurants, wählen ein ebenso winziges wie gemütliches – die großen Esshallen sind oft neongrell und gekachelt im Stile eines Leichenschauhauses, überall sonst sieht man die Hand vor Augen nicht, nur beim Essen mag's der Chinese gleißend –, essen eine Art chinesische Ravioli. Die Provinz Shaanxi steht nämlich auf Pasta. Dazu gibt's wieder mal ebenso Köstliches wie Überraschendes, einen Salat mit Tofu, ein Tellergericht mit etwas, das eine Konsistenz hat, die mir noch nie untergekommen ist; ich vermeine mich zu erinnern, beim chinesischen Essen spiele auch Textur durchaus eine Rolle. Udo und Hu Fan bestellen uns dazu Ginsengschnaps, sehr lecker, ich nippe trotzdem nur pro forma, jetzt Schnaps und Bier und der Tag nimmt ein abruptes Ende.

Von Hu Fan erfahre ich Terrakottahistorie, außerdem bemühe ich mich, die Dynastien sortiert zu bekommen und mir einzuprägen. Beide ergänzen mir den Dynastienüberblick durch Details und Anekdoten. Mit Udo übe ich die chinesischen Zahlenhandzeichen – als mir das erste Mal ein Händler zur Zahlungsaufforderung den Heavy-Metal-Satansgruß entbot, erinnerte ich mich schlagartig daran, dass man in China anders mit den Fingern zählt, bloß wie hatte ich natürlich vergessen. Einfach die gemeinte Zahl mit entsprechender Anzahl an Fingern zu zeigen, ist dem Chinesen selbstverständlich viel zu profan. (Der Satansgruß ist Sechs, die Pistole ist Acht usw.)

Zu Fuß gehen wir nach dem Essen zum Huaqing-Park, eine weitläufige Anlage von historischen Thermalbädern, „die Dusche der Konkubine", wie mir Udo erklärt, nämlich von Femme fatale Yang Guifei, die wohl Kaiser Xuanzong ganz kirre machte. Da sie sehr lange Haare hatte, wurde ihr ein Türmchen gebaut, von dem sie ihr frisch gewaschenes Haar im Bergwind fönen konnte. Apropos frisch gewaschenes Haar, da hab ich auch noch ein dringendes Projekt. Wird Zeit, dass ich mal irgendwo Zeit habe.

In einem der Pavillons illustrieren sehr schöne Zeichnungen ihre Geschichte, stilistisch zwischen traditionell und cutting-edge Graphic Novel. Hu Fan übersetzt uns Teile der Story, für die ganze haben wir leider keine Zeit, der Tag neigt sich dem späten Nachmittag entgegen, und ausgerechnet heute geht mein Nachtzug erstmals viel zu früh, um 20:10 Uhr nämlich. Womit auch keine Zeit bleibt, mit der Seilbahn den Berg hochzufahren, ein Jammer, inzwischen ist die weiße Wolkendecke aufgerissen und das Licht beginnt, golden zu werden.

Nichtsdestotrotz genießen wir das Rumflanieren im Park und lassen uns nicht hetzen, bis wir dann doch merken, dass wir uns langsam mal hetzen lassen sollten.

Im Bus wird Hu Fan ernstlich nervös. Mein Hotelzimmer habe ich nur bis 18 Uhr, was knapp wird, ich gebe ihm die Telefonnummer und er handelt eine weitere halbe Stunde mit der Hotelrezeption raus. Ich mache mich erst mal nicht wild, weil, das beschleunigt die Dinge ja um keine Minute.

Die Bahnhof-Taxistandschlange ist heute, am Sonntag, bewältigbar, wir fahren zum Hotel, und jetzt fange ich selbst an, mich etwas wild zu machen – die Zeit rast, und es muss noch mein ganzes verstreutes Gelumpe zusammengerafft werden. Ich raffe so geschwind wie möglich. Und dann nämlich passiert, weswegen ich mich wild mache: Es gibt keine Taxis. Wir stehen derart lange am Straßenrand, dass ich mir meinen Zug schon abschminke – naja, mir gefällt Xi'an ja sowieso sehr gut, Udo sagte vorhin, einen so schönen Abend müsse man im Park verbringen, bei kaltem Thai-Bier, dort, wo die Alten sich versammeln, um Oper zu singen, und die Grillen zirpen. Klingt fabelhaft. Wenn man seinen Zug ohnehin verpassen wird.

Ein Taxi hält. O Wunder. Wir steigen kurz vorm Bahnhof aus, damit ich eiligst noch Wasser und Proviant kaufen kann, hurten zum Bahnhof, Hu Fan stellt sich in die Schlange am Bahnsteigkartenschalter, um mich ins Gebäude begleiten zu können, obwohl ich sage, das täte nicht Not, ich schaffe das schon. Er aber insistiert, was meine Rettung ist.

Das Gebäude ist noch gigantischer als der Bahnhof in Ürümqi und funktioniert nach einem ähnlichen Prinzip, nämlich separaten Wartesälen für die verschiedenen Züge, jeweils durch die Zugnummer kenntlich gemacht. Bloß, dass meine Zugnummer nicht existiert.

Selbst Hu Fan kann sie nicht finden. Wir fragen, fahren die Rolltreppe hoch in den ersten Stock, vergeblich, fragen, gehen zurück ins Erdgeschoss, fragen. Das Boarding hat bereits begonnen, als er den kleinen Separatraum für meinen Zug endlich entdeckt, es ist ein reines Businessclass-Shuttle und wird deswegen über einen versteckten Spezialwartesaal abgewickelt, wahrscheinlich, um Sozialneid zu verhindern.

Hu Fan bringt mich zum Zug und hinein. Heute mal weiche Klasse, überaus luxuriös, mit Tischdeckchen und Kunstblumenvase dekoriert, zudem ist das Viererabteil nur mit zwei Mann belegt. Abschied von Hu Fan, aber diesmal ist's nicht so schlimm, was auch für den Abschied von Udo vorhin galt, denn wir schmieden den Plan, gemeinsam im Oktober eine kleine Landpartie zu machen. Ich bin elektrisiert – die ganze Zeit schon überlegte ich, dass für einen Chinaeindruck ein Blick aufs ländliche Leben zwar unerlässlich ist, jedoch einem nichtchinesischsprechenden Ausländer wohl verwehrt bleiben muss. Udo nun schlug vor, gemeinsam in die Berge oder zum Dorf seiner Schwiegereltern zu fahren, und ich will das so irrsinnig gerne tun, ich würde dafür Himmel und Hölle in Bewegung setzen.

Der Zug fährt pünktlich. Es ist die weiche Klasse zwar ungeheuer komfortabel, hat aber das Manko einer funktionierenden Klimaanlage, deren Output auf ihre Weise ebenso höllisch ist wie der des Lautsprechers in der harten Klasse. Es ist saukalt. Wie wirklich saukalt es ist, erkennt man daran, dass selbst der Chinese friert, mein Abteilgenosse nämlich. Nun habe ich für diesen Fall stets einen Survivalkit im Handgepäck, mit Polarfleeceunterwäsche, Schal, Wollsocken etc. Immer. Während der ganzen Reise. Bislang unbenötigt. Außer heute. Wo ich in der Hektik den ganzen Krempel gedankenlos zusammenschmiss und in den Großrucksack stopfte, diesen verschloss (habe ein ausgefeiltes System dafür konzipiert) und gerade in einem halbstündigen Akt mit dreiköpfigem Team oben ins viel zu kleine Gepäckfach erst wuchtete, dann quetschte.

Das Ding da jetzt rauszuprökeln ist mir zu anstrengend. Ich hülle mich in die Bettdecke, deren Dicke sich umgekehrt proportional zur Klimaanlagenleistung verhält, versuche zu schreiben, um nicht völlig den Anschluss ans Geschehen zu verlieren, bin aber zu müde dafür und lese mich stattdessen mit *Pride and Prejudice* möglichst schnell und leicht fröstelnd in wohlverdienten Schlaf.

Spielkinder allüberall

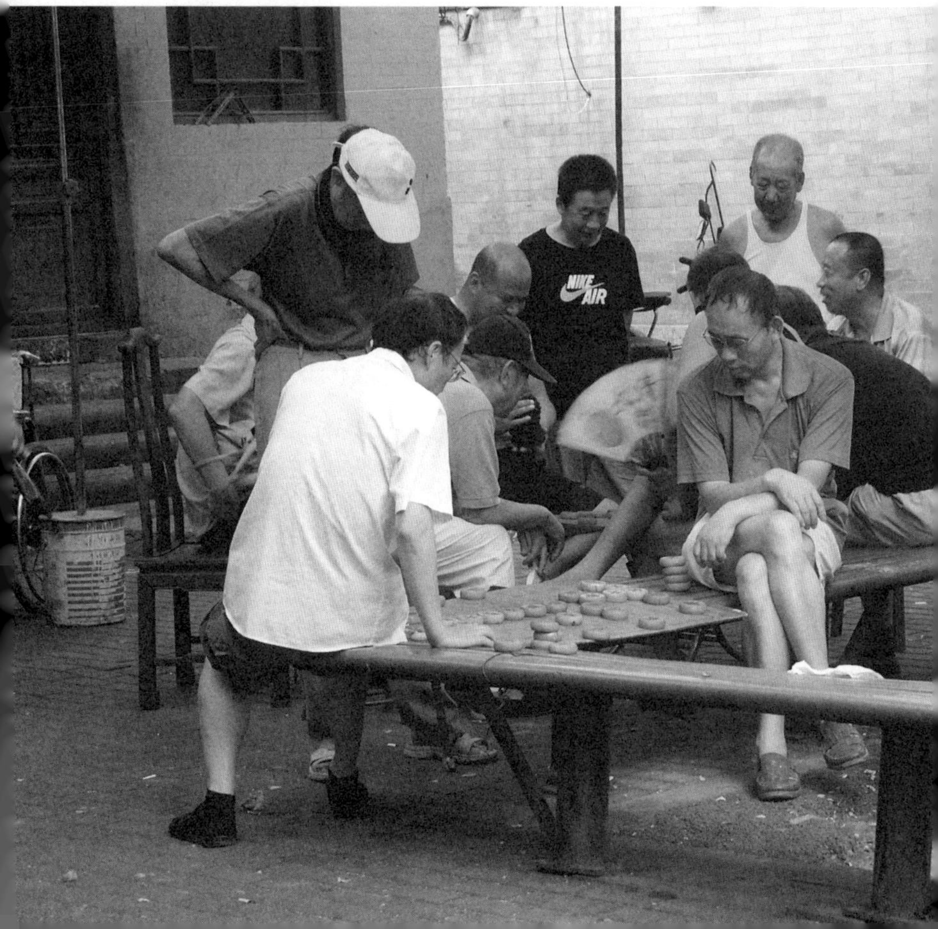

30. August 2010
Peking

Peking und Ente

Fröstelnd erreichen wir morgens Peking bzw. Beijing, ich bleibe mal bei Peking, es heißt ja auch nicht Beijingente. Allein mit meinem Gepäckberg und ohne jede Ortskenntnis kann ich die Taxiwarteschlange diesmal nicht vermeiden. An der ersten, oberirdischen, an der ich vorbeikomme, stehen drei Viertel der chinesischen Gesamtbevölkerung an, reihe ich mich hier ein, bin ich im Oktober noch nicht im Hotel. Ich finde eine unterirdische Alternative in einem Tunnel, wo lediglich das verbliebene Viertel steht, durch Seile in Reih und Glied kanalisiert, was kaum wen vom Vordrängeln abhält. Eigentlich nur mich. Ich bemühe mich ziemlich vergeblich, meinen Platz zu behaupten. Diese Schlange ist zwar nicht ganz so irrwitzig lang wie die oben, hat aber den Nachteil, dass kaum mal ein Taxi hier versehentlich vorbeikommt. Ich bemühe mich um zenbuddhistische Geduld und Fatalismus und werde nach eineinhalb Stunden tatsächlich mit einem Taxi belohnt.

Waren meine Unterkünfte bislang rein pragmatisch gewählt – von Hamburg buchbar, günstige Mittelklasse –, habe ich beschlossen, mich mit meiner letzten Übernachtung selbst zu begöschern, ich wohne im Hotel meines ersten Pekingbesuchs, ein überaus charmantes Hutong-Haus, um dessen zwei Innenhöfe sich die Zimmer gruppieren, herrlich kitschig chinesisch eingerichtet, man fühlt sich wie Yang Guifei höchstpersönlich. Pseudohistorienhotels können natürlich leicht in die Hose gehen, dieses hier aber hat irgendwie erstklassiges Fengshui, es gehört zu den ganz wenigen weltweit, die ich kenne, in denen man sich nicht wie im Hotel fühlt, sondern umgehend zu Hause.

Durch diesen Effekt merke ich, wie ich mich zu freuen beginne, übermorgen in Shanghai zu sein und *bleiben* zu können. Es ist dringend an der Zeit zu bleiben. So gern ich vagabundiere, so schön ist es auch, irgendwo eine temporäre Heimat aufzuschlagen, den Rucksack auszupacken und geradezu öbszon viel Zeit zu haben, sich auf einen Ort einzulassen. Diese Chance zu bekommen, zwei Monate tatsächlich in China wohnen, leben, arbeiten zu dürfen, empfinde ich als unglaubliches Privileg. Die Freude darauf wird intensiviert durch die sieben rastlosen Wochen zuvor. Schon jetzt merke ich, wie sich meine Drehzahl ein bisschen verlangsamt.

Im Yang-Guifei-Modus wasche ich erst mal meine Haare und widme mich generellen Restaurierungsarbeiten. Ich glaube, ich sollte mir dringend zwei, drei urbankompatible Klamotten zulegen, in vier Tagen findet in Shanghai die offizielle Begrüßungsparty für uns sieben ausländische Schriftstellerstipendiaten statt, da würde ich ungern in meinem *Indiana-Jones*-meets-*Apokalypse-Now*-Outfit auflaufen.

Zunächst rufe ich Herrn Treter vom hiesigen Goethe-Institut an, wir verabreden, dass ich gegen 14 Uhr dort vorbeikomme. Bis dahin arbeite ich, lasse mir dann Goethes Adresse von den Hotelrezeptionistinnen auf Chinesisch notieren und nehme ein Taxi, denn für die U-Bahn bin ich wohl inzwischen mal wieder zu spät dran.

Fürs Taxi auch. Peking ist *groß*. Ich weiß das eigentlich, trotzdem ist Peking immer noch ein Stück größer als gedacht. Freue mich sehr, Herrn Treter und Zheng Hong endlich persönlich kennenzulernen, bislang tauschten wir nur nette Mails. Wir besorgen uns erst mal KAFFEE, und zwar einen großen Bottich Café Latte von *Starbuck's,* der einzigen Gastrokette, die, was mich betrifft, gerne international die Welt verpesten darf. Und da mein letzter Rest Reisekaffee vorhin getrunken ward, kaufe ich zudem eine Packung *frisch gemahlenen Kaffee* und bin darob begeistert.

Fünf Minuten später weiß auch noch die letzte Pekinger Mücke von meiner Ankunft und schlürft mich mit derselben Begeisterung wie ich meinen Venti Latte. Der smarte Tourist hat natürlich sowohl Autan wie Fenistil dabei, und beides im Hotel gelassen. Es juckt. Mann, wie es juckt.

Wir nehmen die U-Bahn zum Sommerpalast, den ich noch nicht kenne, bei meinem letzten und bislang einzigen Pekingbesuch warf mich eine miese, fiese Erkältung nieder, der Klimaanlage im Zug von Pjöngjang verdankt. Peking, Klimaanlagen und ich bilden ein unheiliges Gespann, die der letzten Nacht hat mich meiner Stimme beraubt, mir entfahren heute nur gespenstisch röchelnde Laute, wogegen keine Halstablette gewachsen ist; kann man nichts machen, außer morgen mal konsequent die Klappe halten.

Die Pekinger U-Bahn ist gut, höchst überschaubar und englisch beschildert. An jedem Eingang gibt's einen Securitycheck, kann mich nicht daran erinnern, dass es den damals schon gegeben hätte. Während der Fahrt gelingt es mir endlich, vier weitere chinesische Wörter zu lernen, nämlich die für Osten, Westen, Norden, Süden, womit ich auf insgesamt sieben komme (die ersten drei sind hallo, danke, prost). Die Chinesen und ich, wir schwingen nämlich im Einklang, was die Orientierung in der Welt angeht. Fragt man nach dem Weg, bekäme man nicht etwa Beschreibungen zu hören wie *Nächste-links-dann-geradeaus-und-Übernächste-rechts-und-dann-beim-gelben-Haus-wieder-links,* die Sorte Anweisungen, nach denen ich nicht mal meinen eigenen Ellenbogen finden könnte. Nein, hier hieße es: nach Westen, dann zwei Blocks nach Süden, dann wieder nach Westen. Damit lässt sich was anfangen! Das ist ein Volk nach meinem Geschmack! In Shanghai ist gar West und Ost bzw. Nord und Süd auf den Straßenschildern vermerkt, man braucht nicht mal seinen Kompass! Bin *sehr* begeistert.

Bin auch vom Sommerpalast begeistert. Wir bemühen uns nicht um eine systematisch touristische Abarbeitung der Anlage, sondern schlendern einfach herum, bergauf durch einen Park, dann hinunter zum großen See, auf dem reges Bootspartietreiben herrscht; was wir an Tempeln und Gebäuden unterwegs sehen, sehen wir uns an, dabei plaudern wir. Bzw. Herr Treter und Zheng Hong plaudern, ich krächze. An der Seepromenade promenieren wir, Zheng Hong kommentiert die diversen Reisegruppen, deren Führer oder Führerin stets elektronisch verstärkt durch einen Lautsprecher bellt, dahingehend, wie furchtbar sie Gruppenreisen finde, ich kann ihr nur beipflichten, aber das hört man grad nicht, weil's aus drei verschiedenen Richtungen bellt. Wir promenieren bis zum berühmten Steinschiff, das aussieht wie ein Mississippi-Raddampfer, kehren dann um, wir sind zum Essen mit Zhou Wenhan verabredet, einem Journalisten und Reiseschriftsteller.

Eine Beobachtung am Rande: Der Chinese ist ein großer Bauchlüfter. Dies betreibt er hingebungsvoll und überall, nicht nur im Park, sondern auch auf den Straßen. Zur Bauchlüftung wird das T-Shirt oder Hemd bis unter die Achseln hochgekrempelt und dort fixiert. Ist aber ein rein männliches Privileg, den bei uns endemischen Bauchfreigirls diametral entgegengesetzt. Je umfangreicher die zu lüftende Ressource, umso malerischer der Gesamteindruck; Waschbrettbäuche, sonst ja ganz hübsch, machen gelüftet wenig her.

Die Bauchlüfterei war mir durchaus schon bekannt, neu und überraschend ist für mich der Mann, der seinen Rücken an einem Baum schabt. Er schubbert das Chi ab, sagt Herr Treter, ich dachte eher, er kratzt sich den Rücken, man kennt das ja von Bären. Vielleicht kombiniert er auch trickreich das Angenehme mit dem Nützlichen, könnte doch sein.

Per U-Bahn, jetzt zur Rushhour reichlich voll, fahren wir Richtung Ente, große Pekingenten werfen ihre langen Schatten voraus, ein Novum für mich, da ich mich beim damaligen Pekingbesuch vorwiegend von Wick-Day-Med ernährte. Das Restaurant erweist sich als todschick und von erlesenem Design, nur die rechteckigen Tische ergeben wenig Sinn beim chinesischen Essen, wo die diversen Gerichte stets von allen geteilt werden und somit am runden Tisch mit drehbarer Mittelplatte praktischer zum Einsatz kommen.

Frau Treter sowie Zhou Wenhan plus Frau oder Freundin gesellen sich zu uns, ich könnte mich schwarz ärgern, wegen Stimmverlusts ausgerechnet heute kommunikativ behindert zu sein, denn eigentlich will ich natürlich gerne mit Zhou Wenhan Reisegeschichten austauschen. Der Tisch ist zudem zu breit, als dass Raunen eine Option wäre.

Zunächst wird bestellt, was bei der mehrbändigen Speisekarte eine logistische Herausforderung ist und nur zu bewältigen, indem Herr Treter das Werk durcharbeitet und Zheng Hong die ausgewählten Speisen in den Notizblock diktiert. Die eigentliche Ente nämlich, so wird mir erklärt, sei nur ein Nebenschauplatz.

Dementsprechend gibt es unglaubliche Mengen von allem Möglichen, das wie stets eine – bzw. viele – kulinarische Offenbarung darstellt. Man weiß gar nicht, wo man hinessen soll. Die berühmte Ente wird, nachdem sie in feurigem Ofen gegart wurde, von einem Entenbeauftragten am Tisch zerlegt, die Haut, unnachahmlich kross, stippt man in Zucker. Klingt eklig, schmeckt aber toll. Das Fleisch wird in hauchdünne Teigfladen gewrapt, mit allerlei Ergänzendem dazu, auf einer Ergänzungspalette gereicht. Eine Entenerklärerin kommt zu mir und weist mich in die fachgerechte Entenbedienung ein. Es ist, was sonst, köstlich.

Ich übrigens ordere dazu, auch wenn's total unchinesisch ist, Reis als Beilage, eine europäische Präferenz. Aber so interessiert ich vieles adaptiere, man muss es nicht zwingen, finde ich, würde ich doch auch keinen Chinesen scheel ansehen, der in Deutschland auf Kartoffeln verzichten möchte und lieber Tee statt Kaffee trinkt. Und, in der Tat: Ja, man trinkt hier gern und viel warmes Wasser. Das zum Beispiel muss ich so ganz und gar nicht adaptieren.

Das Gespräch findet größtenteils auf Chinesisch statt, Herr Treter übersetzt mir das Wesentliche. Zhou Wenhan und ich werden uns im

Oktober in Peking zu einer Lesung mit Podiumsgespräch treffen, wir überlegen, welche Richtung das nehmen könnte. Ich finde interessant, dass er sagt, er sei ein stummer Reisender – ein konträrer Ansatz zu dem meinen, die ich ja als Gesprächsjunkie reise. Den Faden würde ich gerne weiterverfolgen, falls ich eines Tages mal meine Stimme zurückhabe. Er ist viel in Südostasien unterwegs gewesen, sein besonderes Interesse gilt kolonialer Architektur, wir unterhalten uns ein bisschen über Kambodscha. Er war unlängst dort, ich vor zehn Jahren, wieder einmal fällt mir auf, wie elementar wichtig beim Reisen die vierte Dimension ist, die Zeit. Erzählt man, wo man gewesen ist, gehört unweigerlich die Verortung in der Zeit dazu. Phnom Penh ist heute ein ganz anderer Ort, als es das vor zehn Jahren war.

Der Abend ist unglaublich nett, und zum Nachtisch gibt es endlich mal was, das nicht gut schmeckt, nämlich eine Getreidepampe, die einfach nach überhaupt nichts schmeckt, interessant, so was also kommt auch vor. Man bevorzuge zum Abschluss etwas Geschmacksneutrales, wird mir erklärt, Suppe oder Pampe; nehme an, dies dient dazu, das Mahl schnell in Vergessenheit geraten zu lassen, um das nächste in Angriff nehmen zu können.

Wir verabschieden uns und freuen uns auf ein baldiges Wiedersehen, verteilen uns auf Taxis und Fahrräder. Ich schlafe in meinem Himmelbett, man kann es nicht anders sagen, quasi kaiserlich.

31. August 2010
Peking

Sprachlos in Peking

Ich pfeife aufs Frühstück und koste bei Kaffee und Blog die Zeit in meinen Gemächern aus, lümmele auf dem Himmelbett, schlürfe den hervorragenden Kaffee Starbucks'scher Provenienz und würde glatt bis zur Auscheckdeadline um zwölf weiterlümmeln, sähe meine Tagesplanung neben exzessivem Klappehalten nicht auch einen Besuch bei Mao vor, der nämlich war das letzte Mal wegen Restaurierung geschlossen und hat heute nur bis 12 Uhr auf. Widerwillig also klariere ich bereits um zehn aus, finde eine U-Bahnstation direkt um die Ecke, die vor drei Jahren noch nicht existierte (also, die Station, die Ecke hat's schon gegeben), und fahre zum Tian'anmen.

Zur Besichtigung des Mausoleums muss sämtliches Gepäck abgegeben werden, eingedenk meiner Erfahrung mit dem Maschhader Schrein deponiere ich auch Feuerzeug und Zigaretten, smart move, Ersteres wäre sonst flöten gewesen, da sage noch einer, Reisen würde nicht bilden.

Die Menge der Besucher ist groß, wird aber zügig und diszipliniert durchgeschleust. Ich kann mich hiermit jetzt rühmen, die drei Großen Ausgestopften gesehen zu haben, Mao, Lenin, Kim Il Sung. Der Große Vorsitzende ruht vergleichsweise bescheiden, ich las, er selbst habe ein öffentliches Mausoleum gar nicht gewollt. Viele Besucher erwerben gelbe Blumen, die sie im Foyer vor einer Marmorstatue Maos ablegen. Zur Rechten wie zur Linken ziehen die Besucherströme dann an dem gläsernen Sarkophag vorbei, in dem Mao liegt und wächsern aussieht. Das Mausoleum protzt wenig, kein Vergleich mit dem Pomp Kim Il Sungs. (Meine Erinnerungen an Lenin sind etwas verschwommen, ich geriet versehentlich dort in eine Stalinistendemo zu dessen Todestag, aus der man nicht wieder ausscheren durfte, und war vom Stalinistentreiben ein wenig abgelenkt.)

Ich schlendere über den Tian'anmen, der genauso unglaublich groß ist, wie ich ihn erinnere, laufe dann auf einer Einkaufsmeile nach Norden. Es macht Spaß, mal wieder in einer richtigen modernen Großstadt zu sein, so viel Spaß, dass ich es gar ohne Klaustrophobieanfälle schaffe, eine Mall zu betreten und dort zwei Hemdchen und eine Hose zu erwerben, in denen man mich zu gesellschaftlichen Anlässen schamfrei präsentieren kann. Höre aus einigen Boutiquen hippe Musik, bei der ich denke, oh, cool, was das wohl ist; auch schön, war man mal ein paar Wochen auf Entzug.

Ebenfalls ein bisschen entzügig bin ich, was Stadtwanderungen angeht, und so laufe ich neun Stunden durch Peking. Komme durch den

Beihai-Park, in dem es historische Tempel und Pagoden zu sehen gibt, und am alten Glocken- und Trommelturm vorbei, gehe mich dann in den Gäßchen der Hutong-Viertel verirren, auch etwas, das man dringend in Peking tun muss. Beim Konfuziustempel tauche ich wieder auf, allerdings um kurz vor 18 Uhr, als dieser gerade schließt. Schade eigentlich. Trotzdem ein hervorragender Spaziergang, der ganz ungeplant Moderne und Geschichte, Kommerz und Kultur, Wolkenkratzer und Hutong-Häuschen verband. Auf der Dongsi-Straße, die letztlich zum Hotel führen wird, versorge ich mich ein letztes Mal mit Reiseproviant, bin um 19 Uhr im Hotel, hole meine Habseligkeiten, stelle mich dann an die Straße, um kein Taxi zu nehmen.

Verdammt. Kein Taxi. Ich behielt das schon seit Stunden im Auge, wie's um die Taxisituation so bestellt ist, bis eben noch fuhren ausreichend freie Taxen herum, jetzt natürlich: kein einziges.

Ich wanke zur nächsten Kreuzung. Ich schleppe mich zu zwei Luxushotels, vor denen auch kein Taxi steht. Ich wanke zur Kreuzung zurück. Ich wechsele die Straßenseite. Zeit vergeht, das Laub der Bäume beginnt sich zu verfärben, erster Schnee fällt. Ein freies Taxi fährt vorbei, aus dem Nichts tauchen Chinesen auf und sind schneller als ich. Goodbye, Shanghai.

Oder auch nicht. Es hält doch noch ein Taxi, das ich mir nicht abjagen lasse. Per Zettelchen gebe ich meinen Wunsch kund, zum Südbahnhof zu wollen, und erreiche diesen rechtzeitig. Zwar denke ich kurz, man hätte mich falsch verstanden und am Flughafen abgeliefert, es handelt sich aber tatsächlich um den Bahnhof. Mann, ist das ein Bahnhof. Sagt's nicht Fuhlsbüttel* weiter, das bekäme sonst Komplexe. Das Einchecken verläuft airportmäßig über Gates und gestaltet sich problemfrei.

Ein weiterer Businessclasszug – und der erste seit Europa, in dem überall Rauchverbot herrscht. Fies, hat sich China doch bislang sehr zu meinem Wohlwollen als Raucherland herausgestellt, besonders in Ürümqi und Xi'an, wo Hu Fan der wahrscheinlich einzige Nichtraucher provinzweit ist. Peking und Shanghai allerdings haben Rauchverbotsgesetze, Letzteres erst seit sechs Monaten, wie ich in der Zeitung lesen werde, schlechtes Timing meinerseits, tja.

Ich rauche noch schnell Stücker zwei auf dem futuristischen Bahnsteig. Der Zug ist voll mit Touristen, hier also habe ich sie wieder ein-

* Der Hamburger Flughafen.

geholt, meine Spezies. Im Abteil zwei chinesische Geschäftsleute, der eine spricht Englisch, wie nett, wir können uns ein bisschen unterhalten. Er fährt geschäftlich nach Shanghai und erzählt mir, wie lästig vieles während der Olympiade für die Pekinger war, der ganzen Einschränkungen des täglichen Lebens wegen. Einige der Wettbewerbe hat er sich aber auch angesehen. Sein Freund kommt gerade aus dem Urlaub in Tibet, er ist dort per Bahn gewesen, auf der berühmten neuen Eisenbahnstrecke, der höchsten der Welt. In allerletzter Sekunde springt noch ein Backpacker an Bord, ein junger Typ aus Mexico City, mit dem ich ebenfalls schnacke. Er hat einen Freund hier besucht und ist mit dem vier Wochen herumgereist, in eher kleineren Städten; anstrengend, sagt er, und ohne Chinesischkenntnisse bzw. einen Freund mit Chinesischkenntnissen nicht zu machen. Ein letzter traditioneller Bahnnudeltopf zum Abendbrot und ein paar Seiten *Stolz und Vorurteil,* dann lösche ich mein Lämpchen, das verblüffenderweise hell genug zum Lesen ist.

Bin ich aufgeregt, morgen in Shanghai anzukommen? Ja, bin ich! Und wie.

1. September 2010
Shanghai

Das Ende der Roten Linie

Und dann ist es so weit. Am frühen Morgen steige ich aus dem Zug, stehe auf einem weiteren futuristischen Bahnsteig und stehe am Ende meiner Roten Linie.

Der langen Roten Linie, die sich einmal quer durch Eurasien erstreckte. Durch Länder, die ich zuvor nur unter Schwierigkeiten hätte auf einer Weltkarte lokalisieren können und die nun in meiner Erinnerung Farben haben und Gerüche, Berge und Ebenen, Wüsten und Parks, Sprachen und Geschichten, Plovs und Schaschliks sowie Gesichter und Menschen, von denen ich ein paar persönlich und mit Namen kenne. Vom Westen Europas bis zum Pazifik im Osten. Jetzt ist kein Land mehr übrig, auf dem es sich ostwärts weiterfahren ließe.

Viele Leute werden mutmaßen, eine solch lange Linie, ich müsse die sieben Wochen ausschließlich im Zug verbracht haben. Nein, werde ich sagen, ich bin eigentlich wenig gefahren, meistens bin ich irgendwo gewesen. Es ist nämlich gar nicht so weit. Es ist eigentlich gleich um die Ecke. In der Nachbarschaft. Hier, auf unserem großen kleinen Planeten, der sich in siebenundvierzig gemächlichen Tagen schon fast halb umrunden lässt.

Vor siebenundvierzig Tagen stieg ich morgens am Hamburger Hauptbahnhof in den Zug. Jetzt stehe ich in Shanghai. Ich verweile noch ein bisschen auf dem Bahnsteig, um darüber zu staunen. Von Hamburg nach Shanghai. Das geht. Das kann man so machen. Und es macht mächtig Spaß, es zu tun. Jetzt bin ich hier, tatsächlich. Ich brauche ein bisschen, mit dem Begreifen hinterherzukommen. Dann schultere ich meinen Rucksack und gehe zum Ausgang, meiner neuen Shanghaimat entgegen.

Herbst 2015
Hamburg

Nachwort

Die von mir beschriebenen Orte gibt es so nicht mehr, denn der Reisende bewegt sich in vier Dimensionen: Raum und Zeit. Wenngleich sich die Verortung im Raum nicht verändert, hat sich die Welt seither fünf Jahre lang durch die Zeit fortbewegt. Einige Orte werden sich daher sehr anders anfühlen – ich hoffe, die traumatisierte Resignation der Teheraner nach den gescheiterten Protesten 2009 ist durch den Abgang Ahmadinedschads gemildert –, andere wahrscheinlich weniger – die Stans unter ihren Ewigen Präsidenten.

Ich habe in dem Blog, auf dem dieses Buch beruht, die politischen Dilemmata in den bereisten Ländern nur sehr zurückhaltend behandelt, ich wollte unterwegs weder mich noch die Menschen, die mit mir schonungslos offen sprachen, in Schwierigkeiten bringen und weder mir noch dem Leser mit Second-Hand-Wissen den Blick auf das unmittelbare Erleben allzu sehr verstellen.

Die Schilderung dieser Gespräche habe ich im Vorwort hier nachgeholt. Auf ausufernde Erläuterungen zu den politischen Verhältnissen habe ich nach längerem Nachdenken verzichtet, zum einen der Komplexität wegen, über die man sich tunlichst durch Nachrichten und Sachbücher informieren sollte, nicht nebenbei in einem Reisebuch. Zum anderen möchte ich (siehe: *12. Juli 2010. Angst & Apokalypse*) einen Blick auf die Welt teilen, der eben nicht in den Nachrichten auftaucht; eine Welt, die eben nicht nur aus Katastrophen, Elend und Unterdrückung besteht. Heute wieder nichts passiert in Kasachstan. Spaßhaben in Teheran. Wenn man Menschen begegnet, sollte man sich die Freude daran erst mal nicht durch einen Grauschleier nehmen lassen.

Eine Art ungeahnter Aktualität bekommt dieses Buch für mich allerdings heute, bei den letzten Überarbeitungen im Herbst 2015. *O Schengenraum, O Schengenraum, wie grün sind deine Blätter,* sang ich noch lauthals im Juli 2010, in diesen Wochen werden die Schengengrenzen wegen der Flüchtlinge geschlossen.

Ich war noch nie in Syrien, obwohl ich die Damaszener, die ich beim Tangofestival 2013 in Beirut traf, wahnsinnig gern besuchen würde. Vielleicht ist Amaer, der junge Anwalt, mit dem ich tanzte, unter den Flüchtlingen, ich weiß es nicht, unser E-Mail-Kontakt ist abgerissen. Ich bin mir aber ziemlich sicher, dass Menschen wie N., A., Ar., M., Alexej,

Asemkhan und B. darunter sein werden, ich denke an sie, während ich die Fernsehbilder sehe oder die Flüchtlingsgruppen im Hamburger Hauptbahnhof, von dem ich damals nach Osten aufbrach. Welche Schlussfolgerung daraus zu ziehen ist, kann ich nicht sagen. Ich weiß nicht viel, dies eine der Erkenntnisse, denen ich hinterherreise, in der Hoffnung, vielleicht ein klein bisschen weniger dumm zurückzukehren.

Danke

Grundlage dieses Buches ist der Blog, den ich unterwegs und während des Aufenthaltes in China für das Deutsch-Chinesische Kulturnetz des Goethe-Institutes führte, was entscheidend dazu beitrug, die Reise zu ermöglichen. Danke, insbesondere an Anke Rönspies, Maja Linnemann, Clemens-Peter Haase, Alexander Theobold, Corinna Cordes, Sabine Erlenwein – und natürlich an die Übersetzerinnen ins Chinesische, Zou Zhi, Shi Jingzhou und Leng Hui, die ich wahrscheinlich mit Worten wie „Nachbarnationendisstasche" zur Verzweiflung trieb.

Gefördert wurde das Projekt zudem von der Kulturbehörde der Freien und Hansestadt Hamburg, der ich generell danke, sowie namentlich Julia Dautel und Wolfgang Schömel, der mir diese Flause initial in den Kopf setzte.

Dank auch an die Menschen aus den Goethe-Instituten, die mir mit Logistik und Kaffee und großartigen Begegnungen weiterhalfen, z. B. Iftikhor Shomurodov, Barbara Fraenkel-Thonet, André Augustin, Kamili Abudukelimu, Sebastian Vötter, Helmut Forster, Udo Müller, Hu Fan, Dr. Clemens Treter, Zheng Hong, Wilfried Eckstein, Liu Ning und alle anderen.

Ohne Ziel kein Weg – großen Dank an die Shanghai Writers' Association, die mich mit ihrem Stipendium schanghait hat. Da meine Erlebnisse in den folgenden zwei Monaten China hier im Buch keinen Platz mehr fanden und namentliche Danksagungen zwei Extrakapitel füllen würden, hier nur ein kollektiver Dank an alle, denen ich dort begegnen durfte.

Durch den Logistik- und Bürokratiedschungel, den das Zurechtstricken dieser Reise bedeutete, hätte ich mich kaum ohne Unterstützung kämpfen können, Dank also an die gewieften und zähen Leute der von mir behelligten Reiseagenturen: Jochen Szech und Team und Partner-vor-Ort von *Go East*, Behrous Yuson von *Rastin Tours*, Merdan Arazgeldiyev und Lena Semergej von *Ayan Travel*.

Der Exkurs „Lebensform Tourist" erschien im *Hamburger Abendblatt*. Gruß an Maike Schiller und Thomas Andre!

Diese Reise bestand aus Begegnungen, aus Schönerem kann eine Reise nicht bestehen. Ich danke allen, die mich unterwegs einen flüchtigen Moment oder ein längeres Stück begleiteten, die mir ihre Zeit und ihr Vertrauen und noch manch anderes schenkten, die mir Dinge erzählten, die mich klüger machten (hoffentlich), mir zuhörten und mit mir Spaß hatten.

Der vorletzte Dank geht an alle Reisebegleiter, die lesend dabei waren, daheim und in China. Auch wenn ich unterwegs leider keine Zeit fand, die Blogkommentare zu beantworten – das Schreiben hat erst richtig Spaß gemacht durch die Rückmeldungen, nicht ins Leere zu schreiben. All die Freude hat erst richtig Freude dadurch gemacht, sie teilen zu können.

Danke natürlich auch an Birgit Radebold, Nadja Kneissler und den Delius Klasing Verlag. Und wie immer geht nichts ohne meine fabulöse Erzagentin Anja Keil.

Bibliografische Information der Deutschen Nationalbibliothek
Die Deutsche Nationalbibliothek verzeichnet diese Publikation in der Deutschen Nationalbibliografie; detaillierte bibliografische Daten sind im Internet über http://dnb.dnb.de abrufbar.

1. Auflage
ISBN 978-3-667-10472-4

Text und Fotos: Tina Uebel
Karte: Klaus Kühner, huettenwerke.de
Schutzumschlaggestaltung & Layout: Felix Kempf; www.fx68.de
Lektorat: Birgit Radebold
Druck: CPI, Clausen + Bosse, Leck
Printed in Germany 2016

Delius Klasing Verlag, Siekerwall 21, D - 33602 Bielefeld
Tel.: 0521/559-0, Fax: 0521/559-115
E-Mail: info@delius-klasing.de
www.delius-klasing.de

LESEPROBE

Benjamin Schaschek · Hannes Koch

Sailing Conductors

Zwei Leichtmatrosen auf der weltweiten Suche nach Musik

MIT 6 SONGS AUF CD

DELIUS KLASING

349 S., Format 13,5 x 21,5 cm, kartoniert
Euro 22,90 (D)/23,60 (A)
ISBN 978-3-667-10160-0
www.delius-klasing.de

E-book: 18,49 Euro

Ouvertüre

BEN

Manche träumen vom Segeln. Von wunderschönen Segelbooten und langen Weltumsegelungen. Manche träumen von großen Abenteuern. Vom Reisen und der Freiheit. Manche träumen vom Angeln und von großen Fischen. Es gibt welche, die träumen von der Musik. Vom Auftreten in gigantischen Konzertsälen. Von Musikaufnahmen in riesigen Tonstudios. Andere träumen vom Filme machen. Vom Filme schneiden. Davon, als Schauspieler vor der Kamera zu stehen. Einige träumen davon, Bücher zu schreiben. Andere davon, Internetseiten zu gestalten und zu programmieren. So wie wir. Wir sind Träumer.

Dies ist ein Buch über die Liebe zur Musik. Über die Liebe zum Reisen. Über die Liebe auf kleine Abenteuer. Über die Liebe zum Segeln. Über die Liebe zum Leben.

Unser Buch ist von zwei verschiedenen Autoren geschrieben. Von zwei völlig verschiedenen Typen. Zwei Freunden, deren Liebe zur Musik sie zusammengeführt hat und deren Freundschaft durch die gemeinsame Reise gestärkt wurde. Trotz vieler Auf und Abs. Unterschiedlicher könnten sie gar nicht sein: Der eine ist blond und wurde in der DDR geboren, der Brünette im äußeren Westen Deutschlands.

Warum sind wir ohne jegliche Segelerfahrung zu einer Weltumsegelung angetreten? Nun, es schien damals das einzig Richtige und Vernünftige zu sein. Auch wenn der Begriff Vernunft in unserem Fall wohl etwas paradox ist. Es gab für uns nach dem Studium keine Pläne, keine Ziele, keine Jobangebote und keine Freundinnen. Perfekt, um sich mal in ein Bötchen fallen zu lassen und dem Wind die Entscheidung des nächsten Kurses zu überlassen. Den Rückenwind zu spüren. Sich nicht zu viele Gedanken zu machen. Vor uns offen ausgebreitet lagen die unsichtbaren Reisepläne. Wir mussten sie nur noch irgendwie sichtbar machen. Haben wir uns damals gefragt, ob die enge Nähe zueinander auf dem Boot uns abschreckt? Zu zweit wochenlang auf zehn Quadratmetern?

Ohne es wirklich zu wissen, war bei unserem Start genau die richtige Zeit für unser Abenteuer auf einem Segelboot. Wir hatten ja keine Ahnung von Nichts. Wussten nicht, dass man heutzutage ein GPS-Gerät zur Navigation verwendet, das einen metergenau (in Zukunft sogar zentimetergenau) durch jeden Ozean oder bei Dunkelheit durch jede enge Kanaleinfahrt dirigiert. Hatten keinen Schimmer, dass es eine Selbststeueranlage und einen Autopiloten zum Steuern gibt, die unsere Nussschale auf dem richtigen Kurs halten. Hätten wir zufällig ein anderes Boot – eines ohne GPS oder Autopilot – günstig erstanden, wären wir eben mit handgemalter Piratenkarte los und hätten die Kiste selbst über die sieben Weltmeere gesteuert. Irgendwie. Hat ja schließlich früher auch so funktioniert. Obwohl früher ja beileibe nicht alles besser war!

Während die Crew von Magellan und Konsorten vor etwa 500 Jahren noch an Skorbut erkrankte, versorgen heute solarenergiegespeiste Kühlschränke den Langzeitfahrtensegler monatelang mit allem, was man zum Gesundsein braucht ... okay, und mit kühlem Bier, sofern der Vorrat reicht. Hätten wir keinen Kühlschrank bei uns an Bord vorgefunden, wären unsere Vorratsschränke voll mit Sauerkraut gewesen – das hilft gegen Skorbut. Und mit Zitronen. Leider kannte Magellan diese Zusammenhänge noch nicht.

Bei der Auswahl unseres Gefährtes hatten wir also Glück. Aber da wir ja beide Tontechnik studiert hatten, wollten wir zusätzlich noch ein komplettes Tonstudio mit auf Reisen nehmen. Doch so ein Studio passt wohl eher nur auf einen Luxusdampfer von der Größe des AIDA-Traumschiffes. Und auch hier wollten der Zufall und unsere Eltern, dass wir zur richtigen Zeit geboren wurden. Denn die Technik für Homerecording hat in den letzten Jahren einen riesigen Sprung nach vorne gemacht. Laptop, Soundkarte und ein Mikro: Fertig ist das Studio. Da muss der Profi schon genau hinhören, um den Unterschied zur wirklichen Studioqualität rauszuhören. Und zum Filmen gibt es erschwingliche digitale Spiegelreflexkameras, die HD-Videos in Kinoqualität aufzeichnen können. Und aus der ganzen Welt kann man seine Eindrücke und Abenteuer, Musik und Videos mit dem Rest der Welt per Mausklick über Facebook teilen. Und das sogar manchmal vom Boot aus mitten im Atlantik. Auch hier gilt: Hätte es das nicht gegeben, hätten wir es eben anders gemacht. Ganz einfach.

Tja, zuletzt bleibt wohl noch zu sagen, dass man sich – abgesehen von den vielen technischen Möglichkeiten – manchmal auch nicht allzu viel Gedanken über gewisse Dinge macht, wenn man jung ist, voller Energie und Tatendrang. Vielleicht war der Entschluss zur Reise auch nur eine Ausrede, um sich vor dem Ernst des wahren Lebens ein wenig länger zu drücken. Eine Möglichkeit, noch ein bisschen länger Blödsinn machen zu dürfen, während all unsere Freunde schon erschreckend fest auf zwei Beinen zu stehen schienen. Vielleicht hatten wir auch ein wenig Angst davor, was die Zukunft bringen würde. Angst vor dem Ungewissen. Wir wussten jedenfalls nur eins: Wir segeln raus in die Welt. Und nehmen dabei Musik auf.

13
Island Time

TRINIDAD UND TOBAGO

Ben

Es muss ein schöner Tag gewesen sein, damals. Windstill. Sonnig, aber nicht zu heiß, dass es unangenehm gewesen wäre. Es muss ein schöner Tag gewesen sein. In Washington, Seattle. Am Pazifik. Es muss ein schöner Tag gewesen sein. Irgendwann damals in 1976. Am Tag, als unser Motor seinen ersten richtigen Ausflug machen durfte. Unser geliebter Dieselmotor. Ein Prachtstück. Ein Yanmar YSE12. 12 PS. 37 Jahre alt.

Leider kennen wir ihn ja noch nicht ganz so lang. Erst schlappe zweieinhalb Jahre. Was ist das schon? Verglichen mit seiner langjährigen Erfolgslaufbahn als Spitzen-Leistungsmotor. Und er hat uns nun die ganze Zeit so treu begleitet! Aber jetzt scheint er sich doch langsam auf seine Pension zu freuen. Will oder kann er jetzt nicht mehr? Unser geliebter kleiner Rosthaufen. Unser Dieselmotor. 12 PS. 37 Jahre alt.

In einer der ersten E-Mails von Paul, dem Vorbesitzer unserer MARIANNE, hieß es bereits, dass das Boot zwar topp in Schuss sei, der Motor jedoch leider ein paar Probleme aufweise. Irgendwas mit dem Zylinderkopf. War es die Dichtung gewesen? Und obwohl ich mich schon darauf eingestellt hatte, nach der Bootsübergabe auf den Salomon-Inseln, die ersten Wochen hauptsächlich mit Motor und Mechanikern zu ringen, waren wir vom Glück gesegnet. Denn Paul hatte netterweise schon selbst ein wenig daran herumgewerkelt, sodass uns dieser K(r)ampf erspart blieb. Der Dieselmotor lief. Und wie er lief.

Zwar nicht immer sehr lange, dafür aber doch irgendwie recht zuverlässig, und es benötigte auch nur vier Mechaniker aus Australien, Thailand, Vietnam und Malaysia, bis wir alle notwendigen »Geheimtipps und -tricks« abgestaubt hatten, sodass wir uns ab sofort selbst um den kleinen Racker und seine Problemchen kümmern konnten. Und das ging dann auch lange ganz gut so. »Bester Mann an Bord« wurde er zeitweise sogar betitelt. Aber zu viel Lob und Preisung sind ja bekanntlich nicht gut auf Dauer.

Dann wird man unmotiviert und faul. Das Phänomen kennt man ja aus der Schule, wenn Lehrer einem wieder die 4+ gegeben haben mit der Begründung, dass einen das ja motivieren soll. Für das nächste Mal! Na ja, wir haben wohl zu viele Einsen an unseren Diesel verteilt. Denn in Kapstadt ging es dann los. Der Krampf. Der Kampf um das Überleben. Das Überleben unseres geliebten Dieselmotors.

Part one:
Kapstadt. Motor kaputt. Die Dieselpumpe. Teile verschlissen. Keine Ersatzteile lieferbar. Der Mechaniker (unter seinen Kollegen auch »Grumpy« genannt, da er scheinbar immer mies gelaunt war) kriegte die Pumpe zwar ohne jedwede Zuversicht, jedoch mit viel Schweiß und Zuspruch wieder ans Laufen. Guter Mann. Der Motor lief wieder.

Part two:
Rio de Janeiro. Motor kaputt. Wasser im System. Dieselpumpe und Anlasser wurden gewartet. Der Mechaniker baute interessant aussehende Dichtungsringe. Erster Verdacht auf defekten Kolbenring. Das Ersatzteil kostete ein paar Cent, doch hätte für die Reparatur der Motor aus dem Boot herausgeholt werden müssen – ein langwieriger Prozess. Wir aber hatten keine Zeit. Motor lief erst mal wieder, jedoch nur mit halber Kraft und halber Geschwindigkeit. Egal. Es ging weiter.

Part three:
Salvador. Motor kaputt. Erneut Wasser im System. Der Zylinderkopfdeckel wurde abgeschliffen und ein neuer Dichtungsring maßgefertigt. Warum das Ganze fast fünf lange Wochen dauerte, könnte wohl nur ein echter Brasilianer erklären ... Motor lief wieder. Immer noch mit halber Geschwindigkeit. Weiterhin Verdacht auf defekten Kolbenring.

Part four:
Fortaleza. Motor kaputt. Schon wieder die Dieselpumpe? Was war da los? Der Mechaniker war wieder dran.

Zu diesem Zeitpunkt waren es acht Mechaniker. Die meisten davon sprachen kein Wort Englisch, was das Ganze noch lustiger machte. Auf jeden Fall verbesserte ich von Tag zu Tag meine Fähigkeiten in Zeichensprache. Interessant auch, wie viel man mit den verschiedensten Geräuschen des Mundes ausdrücken kann. Vom Motorsound bis hin zum Ratsch-Klick-Peng des vom Mechaniker benötigten Werkzeuges. Jedenfalls konnte ich mich immer verständlich machen. Und die Stimmung verbessern. Wie viele Städte und Mechaniker werden wir wohl noch brauchen, bis wir wieder zu Hause sind? Wie viele Male würden wir noch unter Schweiß und Segeln in einen Hafen kreuzen müssen? Ein Retter in der Not hieß hier definitiv wieder mal Segelreporter. Nachdem die Jungs schon geholfen hatten, dass wir wieder reißfestes Segeltuch in den Wind halten können, versuchten sie zwischenzeitlich, auch unseren Propeller wieder ans Kreisen zu bringen. Danke, lieber Segelreporter, du bist super! Es blieb weiterhin spannend.

Ich wälze mich in der Koje hin und her. Es ist warm hier unten, doch der Wind zieht von hinten nach vorne durch das Boot, so ist es ganz gut auszuhalten. Mittlerweile sind es über zehn Mechaniker, die sich in zwei Jahren erfolglos an unserem Motor

HAMBURG
DEUTSCHLAND
BULGARIEN
Sofia
Istanbul
TÜRKEI
Türkmenbashi
TURKMENISTAN
Ashgabat
Teheran
IRAN
USBEKIS